幌馬車の歌

藍博洲＝著
Lan Bo-zhou
訳＝間ふさ子
塩森由岐子
妹尾加代

草風館

◆目　次◆

〈解説〉

【序文】

日本版に寄せて

藍博洲

『幌馬車の歌』が広く日本のみなさんにお目見えすることになり、大変喜んでいます。これは植民地台湾に生まれた若者たちの愛の物語です。そして彼らが植民主義に反対し祖国を探す物語でもあります。

侯孝賢監督の映画『悲情城市』、『好男好女』により、この物語はすでにスクリーンを通して日本のみなさんに届けられています。また福岡の友人たちの手によって初版の日本語訳は狭い範囲ではありますが日本のみなさんに紹介されています。このたび彼らの努力により増補改訂版を正式に日本の読者にお届けできることになりました。

この物語を読んでいただければ、台湾と中国の近現代史をより身近に理解していただけると思います。そのことが日中両国の人民の友好を促進し、将来の平和のために手を携えて努力することにつながると私は信じています。

二〇〇五年十一月

記録されたものはすべて存在する

侯孝賢

十七年か十六年前、私たちは皆、雑誌『人間』を読んでいたが、そこで藍博洲の「素晴しき世紀」と「幌馬車の歌」に出会った。この二篇が本当の先駆けだった。

同じ頃私は『悲情城市』を撮った。映画技術上の前進を言うなら、これは台湾で初めて「同時録音」を採用した作品だったが、それでもいくつかの部分はアフレコや吹き替えが必要だった。例えば獄につながれた難友たちが歌う「幌馬車の唄」、これは立体音が必要なため、スタジオでは録音できない。そこで金瓜石の廃鉱に捨て置かれている福利施設に行って歌った。四人だった。私、謝材俊、朱天心、そして唯一日本語ができる天心の母親（劉慕沙）。日本語の歌詞に注音符号で発音をつけ、録音したのである。

その後、おそらく多くの人の期待に反して私は道をそれ、李天禄翁の物語『戯夢人生』を撮った（翁が高齢だったので時間を急がねば間に合わないおそれがあった）。一九九五年の『好男好女』でようやく「幌馬車の歌」を題材とし、『悲情城市』の後半から結末にかけて圧縮した時空を改めて描き直した。また予算の一部を、受難者へのインタビューを記録したドキュメンタリー『我らは何故歌わない（我們為什麼不歌唱）』に回し、藍博洲と関暁栄が実質的な責任者となった。

『好男好女』がクランクインした時には健在だった蔣碧玉さんは、翌年一月十日に病気のため亡くなった。私たちは広東でロケ中だった。藍博洲（私に引っ張られて鍾浩東・蔣碧玉夫妻と共に大陸に赴き抗日に参加した蕭道応医師を演じていた）を始め、皆は知らせを受け取り、ただただ呆然とするばかりであったと思う。二十五日にロケを打ち上げて台湾に戻り、二十六日が告別式だった。参列者の多くが「台湾地区政治受難人互助会」の古い仲間たちであった。私はコンテ用のノートにこう書き付けた。「あと数年もすればすべては忘れ去られてしまう。人生は一度きり、これが自然の法則だ。生死毀成すべて逃れる場所はない」

それはいかにも無情ではないか。

この作品を撮るに当たって私が採用したのは、「劇中劇」、「現実」そして「過去のできごと」という構成であった。「劇中劇」は『好男好女』という題名の映画で、目下クランクインに向けて準備とリハーサルを行っている。背景は一九四〇年の抗日戦争から五〇年代の白色テロによる大規模逮捕まで。「現実」は一九九〇年代の台湾の現状、「過去のできごと」とは、蔣碧玉を演じる女優の恋人との短い同居生活であり、恋人が撃ち殺された後、彼女は和解金を得て今まで生きのびてきた。三本の線は最後に一つに綴り込まれ、女優は自身と蔣碧玉との区別がつかなくなり、恋人の死もまた鍾浩東のそれと入れ替わってしまう。彼女にはもう半世紀前若い男女が革命のために奮闘した理想世界なのか、半世紀後の現在の現実なのかわからない。

一見複雑な形式で野心的に見えるが、実は多分にある種の「逃げ」であった。このテーマに向き合った時の心身双方の準備不足による苦しさから逃げたのだ。今日撮るとしたら、私はダイレクトに素直に撮るだろう。

それゆえ、世の人々はこれらのことをどのように記憶していくのだろうか、と思うのだ。ある人は言う。「私たちは昔から今までずっと同じだ。良いほうに変わることはなかったし、これからもないだろう。歴史の中で私たちの罪のために犠牲になった人々、彼らの死はまさしく鴻毛のごとく軽いのだ。私たちはさらに多くの罪悪で彼らに報いている」

だとしたら「歴史と現場」というこの一連の書物はどういう役割を果たすのか。藍博洲が数十年来このテーマのもとに行ってきた追跡や研究は、無駄なのか？

歴史はまさに藍博洲のような一旦かみついたら離さないブルドッグを必要としている。藍博洲は、追いかけ、記録し、ただ一人で挑んでいる。記録されたものはすべて存在するものだ。

記録されたものは、人間が語った言葉であり、生きた証人である。勝手に改竄したり抹殺できるなどと思ってはならない。これこそが歴史の目なのだ。この目を持たない世界は一体どのような世界なのか！　私には想像だにできない。

『幌馬車の歌』は一九九一年に出版され、今日新版が出された。私はこの一文を以て、藍博洲とともに励みつづけることを誓いたい。

二〇〇四年九月

詩の真実と歴史の真実
――藍博洲著『幌馬車の歌』日本語版出版を祝う

陳映真

台湾の傑出した映画監督侯孝賢氏は、一九四〇年代末からの台湾の「国家」テロリズムによる抑圧をテーマに『悲情城市』を撮り、一九八九年のベネチア映画祭グランプリを受賞して一躍名を世に知らしめました。本書『幌馬車の歌』がこの映画の原作であることは日本では余り知られていないようです。

当時、『悲情城市』は一九八〇年代末の「統一か独立か」で意見が大きく分かれた台湾にあって大きな論争を引き起こしました。論争の内容は主に二つありました。一つは侯孝賢監督が『悲情城市』は単に二二八事件を描いた映画ではなく、「台湾人の尊厳を表現し」同時に「中国の風格」を表現した映画を撮ろうとしたのだと述べたことです。彼のこの言葉は一九八〇年代中期以降高まりをみせていた「台湾主体意識」論からの批判を招きました。二つ目は侯監督が検閲をパスするために『悲情城市』のストーリーを一九四五年から一九四九年までに縮めてしまったことによって生じた歴史認識の混乱です。つまり二二八の鎮圧と五〇年の「共産党粛清」とが混淆してしまったのです。

ですが、今日から見れば、当時の論争はすでにあまり意味を持ちません。優れた映画監督である侯孝賢の『悲情城市』と『好男好女』は、二〇世紀の四〇年代末から五〇年代にかけて、台湾の「国家」テロリズムの嵐の中、一度きりの青春を祖国と人民の解放事業に捧げた若者の烈々たる生と死をつぶさに表現しています。歴史の考証は確かに大切ですが、それは文学芸術が表現する「詩の真実」とは異なるものです。歴史や学術が探究するのは史的、知的真実です。文学・芸術は形象を以て（或いは「映像」を以て）思惟しますが、歴史や学術は実証と論理によって思考します。古代ギリシャの哲学者の「詩は歴史より更に真実である」という言葉は、形象（または「映像」）や美によって表現された現実は、現実から生まれたものではあるが、それに勝るものだと言っているに他なりません。ですから、侯孝賢監督に二二八事件と五〇年代の共産党粛清の違いについて問い詰めるより、台湾と日本の社会科学界が「植民地期五〇年は怒濤のごとき近代化の過程であり」そこから「台湾大のナショナリズム」が育ったというような巷説レベルの言説に甘んじて、台湾の社会と歴史に対する科学的研究を怠ってきたことこそを厳しく追及すべきなのです。

世界の冷戦のピークであった一九五〇年代初期、国民党政府は台湾に於いてアメリカの「国家」安全体制に従い、祖国の解放と独立そして統一のために闘ってきた若者を、大規模に計画的に粛清しました。そこには本省「台湾人」、外省の人々、さらに台湾の先住民も含まれています。虐殺者は犠牲者の遺体を密かに葬り、血痕をぬぐい去って、この激動の歴史を隠滅しようとしました。

一九八〇年代、何かに突き動かされるようにして、私は小説という形式で、詩人鍾喬は長詩の形式で一九五〇年代白色テロの物語を描き始めました。一九八八年、藍博洲は「素晴しき世紀」と「幌馬車の歌」の二作品を発表、冷戦と民族分断の凍土の下から英霊を発掘する台湾民衆史――歴史と詩とが融合した真実を刻む仕事を、今日まで孜孜として継続しています。彼の築き上げた英雄の碑《いしぶみ》は、これ以上論拠を欠く巷説の流布を許すことはないでしょう。彼の仕事は、作家金石範が一九九七年に上梓した、一九四八年済州島の四三事件を描いた『火山島』七巻の長編歴史小説を思い起こさせます。

『幌馬車の歌』が日本で公刊されることは、藍博洲の喜びであると同時に、台湾の彼の友人すべての喜びでもあります。横地剛氏はじめ、間ふさ子氏、塩森由岐子氏、妹尾加代氏など日本の友人たちの辛労に心から感謝し、深い敬意を表したいと思います。

二〇〇五年十一月

序曲　足枷の音を伴奏に大合唱

一九五〇年十月十四日。台北青島東路軍法処看守所。

朝六時きっかり。朝食を終えた直後、監房の門がガチャガチャと鳴り、鉄の扉がギーと音を立てて開いた。

「鍾浩東、李蒼降、唐志堂、開廷」

鉄扉の両側に、幼さの残る顔立ちの憲兵が二人銃を持ち、直立不動の姿勢で立っていた。その瞬間、房全体から渡り廊下にいたるまで、水を打ったようにしーんと静まり返った。鍾浩東校長は静かに同房の獄友一人一人と握手を交わし、それから憲兵に従い、彼が一番好きだった「幌馬車の唄」を歌いながら、従容として房を後にした。

すると、校長が歩くたび引きずられる足枷の音に合わせて、房の中からもかすかな歌声が起こり、それが次第に大合唱へと変わっていった……。

夕べに遠く木の葉散る
並木の道をほろぼろと
君が幌馬車見送りし

幌馬車の唄

山田としを――作詞
原野為二――作曲
ミス・コロムビア／桜井健二――唄

幌馬車の唄

山田としを 作詞
原野為二 作曲
ミス・コロムビア
桜井健二 唄

一、(女)夕《ゆうべ》に遠く　木《こ》の葉散る
並木の道を　ほろぼろと
君が幌《ほろ》馬車　見送りし
去年《こぞ》の別離《わかれ》が　とこしえよ

二、(男)想い出多き　丘の上《え》で
遥《はる》けき国の　空《そら》眺め
夢と煙《けむ》れる　一日《ひと》と年《とせ》の
心無き日に　涙涌《わ》く

三、(男女)轍《わだち》の音も　なつかしく
並木の道を　ほろぼろと
馬の嘶《いなな》き　木魂《こだま》して
遥《はる》か彼方に　消えて行く

去年の別離が永久よ

想い出多き丘の上で
遙けき国の空眺め
夢と煙れる一と年の
心無き日に涙湧く

轍の音もなつかしく
並木の道をほろぼろと
馬の嘶き木魂して
遙か彼方に消えて行く

蔣蘊瑜　私は蔣蘊瑜、鍾浩東の妻です。本名は蔣碧玉と言います。蘊瑜・浩東というのは抗戦の頃、丘念台先生がつけて下さった名前です。

この「幌馬車の唄」はとてもいい歌だと思います。歌詞はおおよそこんな内容です。

たそがれどき、枯れ葉の舞い落ちた道で、あなたの乗った馬車がガタゴト揺れながら遙か彼方へ消えていくのを見送った。

思い出に満ちた丘の上で、他郷の空を眺めやれば、夢のごとくに過ぎた一年の歳月が思い出され、思わず涙がこぼれてくる。

なつかしい馬車の音。去年あなたの馬車を見送ったのが、永久《とわ》の別れとなろうとは。

この歌は知り合ったばかりの頃、浩東が教えてくれたものです。

浩東は感情の豊かな人でした。ですからこの歌がとても好きだったのです。「この歌を歌うたび、南部の故郷の美しい田園風景を思い出す」と話してくれたものでした。

第一楽章　故郷

幼い頃、私には三人の良き友がいた。その中の一人は私の異母兄であった。私たちは皆大きな理想を抱いていた。四人のうち三人は順当に進学したが、一人は落第した。それが私である。このことが私に与えたショックは大きく、心は深く傷ついた。私はひそかに別の道を行って彼らに追いつこうという野心を抱いた。これが最初の動機であるが、それはまだ形を成してはいなかった。

あるとき私は初めて書いた短文（雨夜花―金持ちの令嬢が娼婦に転落する悲惨な物語）を改作し、異母兄に見せた。兄は黙ってそれを読むと、お前は小説を書くことができるかもしれないと不意に言った。この言葉がなにげなく発せられたものか、何か思うところがあったのか知る由もないが、私にとっては空恐ろしい言葉であった。兄はその後、台北から、後に日本に行った時には日本から、世界の文学や文芸理論に関する書籍（すべて日本語）を次から次へと送ってよこした。兄の言葉が私の心を動かしたとは言い切れないが、彼のこういった行為が私を文芸と常に接触させることになったのは事実である。私が文芸に携わるようになったのは、兄の励ましが大いに関係している。

――鍾理和「私が書くことを学んだ過程」

一九五七年雑誌『自由談』投稿のエッセイ

お宅のご子息は非凡な才能をお持ちです

鍾里義　私の名は鍾里義。鍾浩東は私の兄で、本名を和鳴といいます。鍾家の原籍は広東省梅県で、台湾に移り住んでからは代々屏東で農業を営んでおりました。父は本名を鍾鎮栄（一八九四―一九四三）といいますが、日本人の統治を快く思わず、戸籍調査の折、腹立ちまぎれに「鍾蕃薯」と届けてしまったのであります。蕃薯《サツマイモ》とは言うまでもなく台湾のことです。以前は大陸と台湾を股にかけて商いをしておりましたが、一九三二年、現在の美濃鎮尖山に移り住み、農場を経営しておるという次第です。植民地時代、屏東府知事は父を見かけると決まって、わざわざ自ら椅子を持ってきては父に勧めていましたよ。六堆一帯の客家の長老で、この鍾蕃薯を知らない者はまずおりますまい！

父には二人の妻がおりまして、私と和鳴は大母《はは》じゃの、理和は小母《はは》じゃの子であります。

蔣蘊瑜　浩東の母親、つまり私の姑が昔聞かせてくれた話ですが、易者が「旦那にお妾を持たせなさい。さもなくばどちらかが早死にしますぞ」と言ったというのです。姑はそれを信じ、舅にお妾さんを持たせました。

鍾里義　和鳴と理和は植民地時代大正四年（一九一五）、ほぼ同時期に生まれました。二十日あまり前後したにすぎません。子供の頃母から聞いた話によると、生まれたばかりの頃、家の者は色白で丸々して戌年だった理和のことは「小狗鬼《セーゲオグイ》」とか「阿成《アーサン》」と、一方色黒で痩せて小鼠みたいだった和鳴のことは「阿謝仔《アーシャエ》」という愛称で呼んでおったそうです。

当時、父は色白で丸々した理和のことは好んで抱き上げたが、和鳴のことはまだ目に入っていなかったようです。それから私たち兄弟は私塾で、大陸出身で犬肉が好物の劉公義先生について漢籍を学びました。

鍾理和　この先生は小太りで、艶のいい顔に生き生きした目をしていた。右の頬に大きなほくろがあり、声がよく通った。……難を言えば痰が多く、どこにでも吐いた。そして犬の肉、とくに仔犬を好んで食べた。当時村ではほとんどの家が犬を飼っていたから、犬の肉は簡単に口にすることができた。そのため、二年もしないうちに先生はますます太って血色が良くなった。そして痰もますます多くなった。

先生は三年間教えてくれたが、のちに首に大きな出来物ができ、あれこれ手をつくしたが効果なく、やむなく荷物をまとめて去っていった。聞くところでは、その後船上で息を引き取り、遺体は海に投げ込まれたという。犬の肉の食べ過ぎだ、と皆は噂しあった。ともあれ、教えかたのうまい真面目ない い先生だったので、村の人たちは大いに残念がった。

鍾里義　二年の間、阿謝が暗誦する時はいつも初めから終わりまですらすらと、一字一句漏らしませんでした。ただ一

六堆
一七二一年（康熙六十年）四月、屏東内埔客家の好漢杜君英と福佬人朱一貴指揮の客閩連合軍が鳳山県城（現左営）を攻撃。五月一日、台湾府城（現台南市）を陥落させ、朱一貴が中興王となり年号を永和と改めた。杜君英はこれを不服とし、赤崁楼において客閩の内戦が勃発するも虎尾へ敗走。南部客家の同郷人らは噂を聞きつけ、付近の閩庄に対し報復、客閩の分裂闘争を引き起こした。朱一貴は南部客家庄を撃つべく派兵を決定。五月十日、南部客家各庄の代表が内埔媽祖廟に集結、対策を協議、各庄を中堆（現屏東県竹田郷）、前堆（現屏東県長治郷・麟洛郷）、後堆（現屏東県内埔郷）、左堆（現屏東県佳冬郷・新埤郷）、右堆（現屏東県里港郷武洛）、先鋒堆（現屏東県万巒郷）及び巡ら隊等の自衛組織として配置し自己防衛することを決議。これが「六堆」の由来である。一七三六年（乾隆元年）から翌年にかけて開拓された美濃と高樹は右堆に所属した。

鍾理和（一九一五―一九六〇）

鍾浩東の同年の異母兄弟。作家。父親が経営する美濃尖山の農場で知り合った鍾台妹との結婚を「同姓」のゆえに阻まれ、一九三八年単身満州へ渡る。一九四〇年の帰郷の際台妹を連れて出奔、門司・下関・釜山を経由して再び満州へ向かった。奉天（現瀋陽）で運転手をしながら文学創作を行うが、その後従兄の世話で北平（現北京）に移る。北京では日本人社会とはかかわりを持たず、梅県出身の客家として石炭店を営みながら作品を書き続けた。一九四五年四月処女作品集『夾竹桃』を出版。彼の存命中に出版された本はこれ一冊である。

一九四六年三月天津より帰台。一度は屏東内埔初級中学で国文の教師となるが、結核のため辞職、一九四七年一月に台北の台大医院に入院する。二二八事件の時は現場の目と鼻の先にいて病床で聞き得たニュースを日記に詳細に書き留めている。一九四七年十月松山療養院に再入院、一九五〇年二度にわたる胸部成形手術を受け、十月二十一日退院、美濃へ戻った。時あたかも鍾浩東処刑の直後であった。

父から受け継いだ不動産は治療費などのためにあらかた売り払い、わずかに残った田畑や代書などの仕事で生計を立てながら作品を書き続けるが、反共文学全盛期にあって本省作家には発表の場がなかなか与えられなかった。病苦・貧困・愛息の病気や死・政治的圧迫など次々に襲いかかる試練のなか、黙々と彼を支えたのは妻台妹であった。一九五六年一一月には長編小説「笠山農場」が中華文芸奨金委員会長篇小説の部第二位（第一位は該当なし）に選ばれる。だがこれもついに生前の出版は叶わなかった。この頃から鍾肇政・廖清秀など本省籍作家との書信による交流が始まり、新聞・雑誌への発表の機会も少しずつ増えていったが、病魔はついに彼を捉えて離さず、一九六〇年八月四日、中編小説「雨」の推敲中に喀血し帰らぬ人となった。

彼の作品は大部分が彼の暮らす美濃の風光と人々の日々の営みを題材にしたもので、叙情と写実が見事に融和した文学世界を形成している。その死後一九七六年に張良沢によって編まれた全集は、折からの「郷土文学」

論争を背景に六版を重ねるベストセラーとなり、鍾理和は「台湾郷土文学の父」と称されるようになった。本土化が進む一九九〇年代以降、ますます注目を集める作家となっている。

　鍾理和は様々な角度から解読が可能な奥行きを持つ作家である。だが鍾理和の人と文学を読み解く際には、彼が日本語教育を受けた世代でありながら日本植民地時代から日本語ではなく中国語での文学活動を明確に志向していたこと、彼の「郷土性」は、自ら進んで選び取ったものであると同時に、その置かれた環境に規定されたものでもあること、これらのことは押さえておくべきだろう。

　鍾浩東と鍾理和は、兄が「動」の人であったとすれば、弟は「静」の人であったとも言えるが、自らの信じる道をひたすら歩み続け、志半ばにして倒れたという点では、非常によく似た兄弟であった。（間）

青年鍾理和

鍾理和と鍾台妹（1940年）

笠山農場十周年記念（1942 年）　鍾鎮栄（中央）と農場従業員

度だけ、ついうっかり一字飛ばしてしまったことがありましてね、傍らに座って本を熟視していた劉先生が間髪入れず、カズラの蔓で力いっぱい阿謝の尻を打ちました。すると阿謝は振り返って、手に持っていた本を劉先生めがけて投げつけ、ものすごい剣幕でこう言ったのです。

「二年間、僕はただの一字だって間違ったことなかったのに、なんで今の不注意くらいで僕をぶつんですか！」

阿謝が抗議したので、劉先生のほうもそれ以上は罰しませんでした。その夜、劉先生はわざわざ父を尋ねてきて、こうおっしゃったんです。

「鍾さん、お宅のご子息は非凡な才能をお持ちですぞ。今後は何があろうと、たとえ身代を擲ってでも教育を受けさせ、ご子息の才能を伸ばしておあげなさい！」

このことがあってから、父は見栄えのしない阿謝兄に初めて目をとめ、彼の教育を重視するようになったという次第です。

私塾で二年間漢詩文を学んだ後、一九二二年八歳の和鳴と理和は共に塩埔公学校へ上がりました。

民族差別の植民教育

汪知亭　一八九五年六月十七日、台北を占領した日本軍は始政式を行った。九月二十《ママ》日、総督府学務部は台北市近郊の士林芝山巌に学堂を開設、前後して二十一名の台湾人を日本語講習員として募集した。〔日本では芝山巌学堂における国語伝習の開始は七月二十六日とされているが、九月の時点で講習生が二十一名に達し、クラス編制などが行われている—訳注〕ここから植民地台湾の国民教育が展開していった。

一八九六年元旦、この台湾唯一の学堂は義民によって襲撃され、学校業務は停止。四月総督府は直轄諸学校官制を公布し、各主要都市に国語伝習所を設置した。経費は日本が負担し、植民地台湾の国民教育の拡充を図った。しかし「台湾人民の愛国心堅持、各地の治安不良、芝山巌の変および入学後徴兵されることへの懸念」などの要因により、当初の学生募集は決して容易ではなかった。

一八九八年七月二十八日、総督府は公学校令を公布。各国語伝習所を公学校と改め、経費は街・庄・社〔植民地時代、県・庁の下に設けられていた行政単位。光復後、街は鎮、庄は郷に改められた。社は先住民族村落の指称—訳注〕の負担とすることとした。八月さらに公学校規則を公布。就学年齢を八歳以上十四歳以下、修業年限を六年、履修科目を修身・国語（日本語）・作文・読書・習字・算術・唱歌・体操と定めた。

日本帝国はこれにより、植民地台湾における国民教育発展の基礎を確立した。

総督府は相継いで、一九一九年一月台湾教育令、一九二二年二月新台湾教育令を公布し、公学校の修業年限を六年と確定し、就学年齢を満六歳に引き下げ、日本史・手工実業科目等を追加した。

当時の公学校教育には軍国主義的色彩が充満していた。教科指導では指導要領に則った厳しい機械的詰め込み教育に主眼を置き、生活指導においては厳重な体罰という好ましからざる手段を用いた。そればかりか日本の歌を歌わせることや児童の勇敢さ、負けん気と競争心、がむしゃらさを助長する体育の授業等を通して台湾学童に皇民意識を注入した。

表面的には、植民地台湾の国民教育はある程度進歩したように見えたが、実際は台湾人蔑視の差別待遇がまかり通っていた。日台の児童は共学できないという差別教育の下、日本の学童が通うのは修業年限八年の小学校で、教科書のレベルも教師の資質も学校の設備も全ての面において公学校との差は歴然としていた。このため小学校卒業生の進学率は公学校卒業生のそれとはまるで比較にならなかった。

鍾里義　公学校卒業後、和鳴は学校の推薦を受け、無試験で長治公学校高等科へと進学することもできました。しかし、日本人が二年制の高等科を設置した真の狙いとは、実は「差別教育」にあったのです。まず「高等」という美名で台湾人を籠絡し、それ以上進学しようという意欲を失わせるわけです。しかも高等科というのは紛れもない簡易職業訓練の場で、上級学校とのつながりも乏しいため、進学を志す台湾人子弟に対し、最大限の制限を加えるものとなっていたんですよ。そこで和鳴は推薦を断り、幼なじみたち――邱連球・鍾九河および同い歳の異母弟理和らと共に高雄中学を受験しました。他の三人は晴れて合格できましたが、理和兄だけが身体検査でひっかかり、不合格とあいなってしまった。理和兄は大変なショックを受けたが、このことも一因となって、後に筆で身を立てることになるわけです。

汪知亭 日本帝国の植民地台湾における男子中学教育は、一八九七年四月に設立された国語学校語学部国語（日本語）科をもって開始を告げた。これは修業年限三年で、後に四年に改変されたが、それでも日本人が進学した五年制の尋常中学科より一年短かった。

一九一五年、本省中部仕紳の連名による請求を受け、ついに正式に台湾人子弟のためだけに台中公立学校（台中一中）が設立された。しかし依然として修業年限・入学資格や学習内容においても日本人が入る中学校とは明らかな差別があった。

一九一九年公布された台湾教育令は、台湾人の中学教育に対して三項目の改変を行った。一、日本人の中学校と区別するべく、台湾人の男子中学校を「高等普通学校」と改称する。二、入学資格を「年齢十三年以上ニシテ公学校第四学年ノ課程ヲ修了シ…タル者又ハ之ト同等以上ノ学力ヲ有スル者」から「修業年限六年ノ公学校ヲ卒業シタル者又ハ之ト同等以上ノ学力ヲ有スル者」に引き上げた。三、台湾人の男子中学校に「修業年限一年ノ師範科ヲ置キ公学校ノ教員タルヘキ者ヲ養成スルコトヲ得」とした。しかし、依然として修業年限は四年のままで、教育課程も日本語と実業科目に重点が置かれていた。

一九二二年公布された新台湾教育令は、中等以上の学校における「内台共学」制の実施を規定した。これ以降、植民地台湾において表面上は、日台学生間の教育政策上の差別待遇は大方撤廃された。とはいえ、日台人間で入学定員に差があった、入試問題は完全に日本の小学校が使用している教科書から出題されていた、いわゆる「録取会議」という日本語口頭試問を行う校長や教員の大多数は日本人であった等の理由により、台湾学生が中等以上の学校に進学できるチャンスは、やはり日本学生に遠く及ばなかった。

台湾総督府の一九二九年統計書および学年年報一覧の記載によれば、その年、台湾の中学校数十校、教員総数二二三名、内台湾人教員わずか四名、学生総数四五九七名、内台湾人学生もわずか一八七五名となっている。

祖国への素朴な想い

蕭道応　私は屏東佳冬で一九一六年に生まれた。一九二二年四月、満六歳になるとすぐ佳冬公学校に入学し、公学校、公学校高等科と順当に進級し、一九二九年高雄州立第一中学校に合格した。日本帝国主義の台湾人教育は、言うまでもなく我々の精神改造が目的で、日本の統治をより効果的に受け容れることを可能にした。私と鍾浩東は言うなれば、日本帝国主義が洗脳教育を通し、苦心して育成した「皇民意識発揚」世代の人間ということになる。

私は日本の台湾領有に抵抗し蜂起した抗日の旧家出身で、民族意識が強かった。公学校在学中も軍国主義的色彩に満ちた皇民教育が嫌でたまらなかったが、まだ幼かったので心の中で罵り、精神の独立を保っているほかなかった。

中学校に上がるとすぐ、意識的に日本の同化教育に抵抗し始めた。その頃、植民当局は中学生の生活管理と同化政策に大変神経を使っていた。しかし私は故意に校則違反を犯し、入学から一ヶ月経っても、台湾の民族服を着て通学していた。

このような態度により、当然学校からは厳重な処罰を受けた。だが、こういう反抗的な姿勢がきっかけともなり、同様に強い民族意識をもった客家の級友鍾和鳴（浩東）と知り合い、後に一緒に大陸へ渡り祖国の抗日戦争に身を投じることとなる。

鍾理和　真に中国に対する見方を教え感情を呼び起こしてくれたのは次兄〔和鳴〕であった。この兄は、生来のものというべき傾向―祖国大陸に対する熱い思いを年少の頃から持っていた。高雄中学の頃には「思想不穏」―日本人教師に反抗し、「不良書籍」―『三民主義』を読んでいた咎で過失記録処分を二回受け、父親も学校から呼び出しをくらった。

鍾里義　高雄中学在学中、和鳴は相も変わらず好んで日本人教師に議論を吹っかけておりましたよ。日本人たちは大抵彼の質問に答えられませんでしたね。あの頃、和鳴はすでにこっそりと『三民主義』を読んでおりました。そうそう、一度こんなことがありました。和鳴が大陸の作家の作品を盗み読みしていると、教師に見つかってしまい、その場でこっ酷く叱られた。しかし、黙って引き下がるような和鳴ではなく、すぐさま切り返してこうです。

「中国人が中国語の本を読んで、何がいけないんですか！」

高雄中学時代の蕭道応（前列右1）

さあ、教師は逆上して、教鞭を振り上げ和鳴をぶって大声で罵った。

「無礼者！　このチャンコロめが！」

その侮蔑がどうにもこうにも我慢ならなかったんでしょうなあ、和鳴は机の上の本を鷲掴みにして、教師に投げつけたのです。学校側は父兄に面談に来るよう通知してきました。ところが、日本人の言うことなど端からとり合おうとしない父は、理虎兄を学校へ遣りました。兄は兄で学校の責任者に対して「子弟を学校に預けた以上は、良いも悪いも全ては学校の責任であり、我が家とは一切無関係である」と言い放って来たというわけです。

この出来事に触発され、また日頃から愛読していた『三民主義』や五四運動期の作品の影響を受け、和鳴には祖国に対する憧憬が芽生えたようでした。この思いは理和にまで感染し、後に台妹を連れて大陸東北へ駆け落ちすることになるのでした。

中学二年の時、和鳴は父に大陸へ留学したいと言い出しましたが、父は賛成しませんでしたね。仕事の関係で、毎年大陸へ行き来していたので、大陸の事情には明るいほうでした。

鍾理和　当時、父は大陸で商売をしており、毎年のように視察に出かけていた。父の足跡は、北は青島・膠州湾から南は海南島まで沿海の各省に及んだ。中国についての見聞も広かった。書物から得たものもあったし、経験に基づいたものもある。村の人たちは父の中国の話を喜んで聞いた。原郷はああである、こうである、というのは皆が百遍聞いても厭きない話題だった。中国の話をするときの父の口ぶりは、かつては隆盛だったが今は没落してしまった母親の実家のことを話すのに似て、嘲笑二分、尊敬三分、そして嘆息が五分といったあんばいだった。そこには不満と、誇りと、悲哀がないまぜになっていた。

伯父の家が盛んなさまを見たいと願っているのに、現実は人々を落胆させるものだった。皆がこう言ってため息をついているのを私はしょっちゅう耳にしていた。「原郷、原郷か」

鍾里義　「大陸の教育は台湾ほど発達しちゃおらんぞ、このまま台湾で勉強したらどうだ」

父は思いとどまらせようとしましたが、和鳴は納得できずに食い下がりました。

「お父さんが見たのは、何年も前の大陸です。しかも今、国は青年が祖国のために立ち上がるのを求めているんです。祖国の発展には青年の力がなくてはならないんです！」

父は和鳴を説得することができず、結局好きにさせました。大陸遊学から戻った和鳴は父に「たしかにお父さんのおっしゃる通りでした。目下のところ大陸の教育事業は台湾ほど発達していませんでした」と報告しておりました。

鍾理和　兄は父の許しを得て「中国を見る」という念願を果たした。南京・上海などの地に一ヶ月余り遊び、蓄音機や蘇州・西湖など名所旧跡の写真を持ち帰った。その夜、我が家の庭は人で溢れた。私は庭の真ん中に蓄音機を持ち出し、皆に聞かせた。そして「原郷の」音楽を心ゆくまで楽しんでもらった。レコードには梅蘭芳（注1）の「覇王別姫」「廉錦楓」「玉堂春」があり、馬連良（注2）のや荀慧生（注3）のもあった。それに広東音楽の「小桃紅」や「昭君怨」、わずかながら流行歌もあった。

広東音楽は私を夢中にさせた。その低く激しく、心をかき乱すようなメロディに酔いしれ、自分がどこにいるのかさえ忘れた。これらの音楽と名勝の美しい風景は私の想像力をかきたて、海峡の向こうへのあこがれは深まる一方であった。

鍾里義　和鳴は大陸に渡る前、学校に届けもせず休学手続きもしていなかったので、学校側ははじめ「操行不良」を理由に退学処分にしようとしましたが、和鳴の成績が常に五番以内を維持していたので、「このような学業優秀な学生を退学処分にするのは実に惜しい」と考え、協議の末退学処分はとりやめ、その学期の成績を学年最下位とすることに決定したのでした。

白線入りの学生帽をかぶった青年

鍾里義　高雄中学四学年を修了した時、和鳴は同等以上の学力を有するという資格でもって、飛び級で台北高校に合格しました。翌年、和鳴の親友鍾九河も台北高校〔第十二期生〕に推薦入学しました。邱連球は屏東農業学校畜産科へ進学しました。

蕭道応　当時の日本の学校制度に倣って、中学校の修業年限は五年となっていた。しかし、自信がありさえすれば、四学年修了時点で高等学校を受験することもできた。

当時、高等学校は日本の八つの帝国大学に進学する唯一のルートだった。高等学校卒業生のみが進学できるということで、高等学校は中学生にとって目標であり憧れだった。日本全国に三十八校の高等学校があり、その一つが台湾にあって、台北高等学校略して台北高校と呼ばれていた。

汪知亭　台北高等学校の正式名称は「台湾総督府台北高等学校」といい、一九二二年四月「台湾総督府高等学校」の名で創立された大学の予備教育機関であり、尋常科が設置され、修業年限は四年であった。一九二五年高等科を増設し文科・理科に分け、修業年限を三年とした（戦時中は二年に短縮）。

台北高等学校高等科の入学資格は、この尋常科卒業もしくは中学第四学年修了者となっていた。入試科目は日本本土の高等学校とほぼ同じで、新入生の半数は入試合格者、残りの半数は尋常科や各中学校長からの推薦であった。台北高等学校や各中学校の校長はみな日本人だったので、日本人学生が台北高校に進学できる機会は自ずと台湾人学生のそれをはるかに上回っていた。

蕭道応　台北高校には毎年約百三十名が入学した。そのうち四年制の尋常科卒業生が四十名で、彼らは無試験で自動的に進学することができた。更に台湾全土の各公立中学校から推薦された新卒生或いは第四学年修了で入試を免除された優秀学生が十数名。したがって、実際に入試に合格して台北高校高等科に入学する学生は約七十名前後で、日本人が多数を占めていた。

鍾浩東（左 1）と台北高校の同期生（1934 年 4 月）

一九三三年高雄中学四学年修了後、私は熾烈な受験戦争を突破し、台北高等学校高等科第九期理科乙類に入学した。浩東は大陸遊学の件で一年遅れて入って来た。

楊基銓　私楊基銓は一九一八年に台中清水の旧家に生まれ、一九三四年四月台中一中の四修で台北高校第十期文科乙類に入学した。

台北高校は文科と理科に分かれており、おのおのがさらに甲・乙の二類に分かれた。文科学生の進路は大学の文学・法学・経済学および商学等の学部で、理科は医学・理学・工学・農学等に進んだ。甲類は英語を第一外国語、ドイツ語を第二外国語とする者、乙類の方はドイツ語が第一外国語、英語が第二外国語であり、いずれも必修科目であった。

我々第十期文科乙類には三十名の学生がおり、日本人が二十七名、台湾人学生は三名、すなわち鍾和鳴・林道生そして私である。私は鍾和鳴と比較的親しかった。

蔣蘊瑜　あの頃、高校生がかぶっていた帽子には徽章を中心に二本の白線が巡らせてありました。その帽子をかぶるのはそう簡単にできることではありません。とりわけ台湾人にとっては。ですから女の子の憧れの的だったのです。浩東が蕭道応・鍾九河など南部出身の客家青年たちと借りていた所は「白線寮」と呼ばれていました。

少女看護婦と青年患者

鍾理和（右2）・邱連球（左1）と
鍾里義（右1）屛東農業学校にて

鍾浩東と（後列右4）と台北高校の台籍学生

鍾里義　高校二年の時、和鳴は手紙を寄越し、肺病を患ったので台北医院（現台大病院）（注4）に入院すると言ってきました。父は我が子を夭折させてはならじ、いかなる手を尽くしても救ってやろうと高価な漢方薬を山のように買って送りました。幸いにも九河が帰省した時、和鳴は肺病など患ってはいないと報告したので、父はやっと胸を撫で下ろしました。

九河が言うには「和鳴は台北でほとんど夜中の一時、二時まで勉強し、朝は五時か六時には起きだして又勉強といった生活をしている。だから勉強のしすぎで軽い神経衰弱を起こし、風邪を引いて咳が止まらないので、自分は肺病ではないかと疑っているのです」ということでした。

そこで父は和鳴を休学、入院させました。半年の静養の後やっと退院しましたが、この入院中に和鳴は碧玉姉さんと知り合ったというわけです。

蔣蘊瑜　私と浩東が知り合ったのは戦争の暗雲が垂れ込め始めた頃でした。私はまだ十六歳、二年間の看護学校を終え台北医院に入ったばかりでした。その頃、台北高校に通っていた浩東は、勉強のしすぎで神経衰弱になり、入院して療養していました。

知り合ったきっかけは確かこうでした。

その日私はいつものように入院患者の様子を見回っていました。

国立台湾大学医学院付属病院

浩東の病室に来たら、突然あの人が話しかけてきたのです。

　浩東はまず日本語でこう尋ねました。「君も『しょう』という名前なの？」

　日本語では「鍾」と「蔣」は同じ発音です。そこで私は答えました。「そうです。蔣介石の蔣です。あなたは？」

蔣蘊瑜（右1）とナイチンゲールたち

　あの人は笑い、今度は閩南語でこう言いました。「僕は『鍾《ジオン》』、『蔣《ジュン》』ではない。だけど、それなら蔣渭水の蔣と言うべきだな……」
　「そうです！　私は蔣渭水の娘です」
　私はちょっと誇らしげに口を挟みました。

看護学校

　一八九七年九月、「台湾総督府台北医院」は看護婦養成内規を制定し、看護要員の募集と養成を開始した。養成所の規定では、応募資格は満十五歳以上二十歳以下の未婚女性で、公学校高等科卒業または高等女学校二年生以上の学歴を有する者であった。入試科目は国語（日本語）・数学・歴史・地理・作文などで、試験二日目には医院長の面接と身体検査があった。記録によれば、毎年約三十名が合格したが、民族間の差別待遇により日本人合格者二十五名に対し、台湾人合格者はわずか五名であり、競争率は非常に高かった。修学期間は二年で全寮制、学費および食費・寮費は免除であった。二年間みっちりと看護課程と実習をたたき込まれ、卒業後は一年間病院に残ってお礼奉公をするきまりであった。在学中あるいは奉仕期間中に男女交際或いは校則違反が発覚した場合は、退学或いは離職処分になり、奉仕期間であれば学費の返還も求められた。保守的な当時にあって白衣の天使はインテリ婦人の間で将来性のある高尚な職業とみなされていた。そのため台北医院看護婦養成所は、ナイチンゲール精神を貴ぶ各地の若い女性の憧れの地となっていた。

それから、私が渭水先生の実の娘ではないことを説明しました。蔣渭水は私の伯父で、第二夫人の阿甜〔陳精文〕が私を気に入ったので養女になったのです。実の父である戴旺枝は渭水先生の親友で資産家でしたが、財産のほとんどを渭水先生がやっていた抗日運動につぎ込んだのだそうです。私の父と自分の一番下の妹（つまり私の実母です）との縁談を進めたのも渭水先生だったという話です……。

こうして私は浩東と知り合うことになりました。

私は一九二一年に、渭水先生が台北市太平町二丁目〔現在の延平北路二段〕で開いていた大安医院の二階で生まれました。浩東は私より六歳上で、どちらの姓も日本語では同じ発音になるので、あの人は私を妹分にしてくれたわけです。

退院後の鍾浩東

その時、浩東はこんなことも話してくれました。一九三一年八月に父蔣渭水が亡くなったとき、彼はちょうど祖国の社会状況を知るために大陸に渡っており、上海で開かれた追悼会に行って声を上げて長い間泣いた、と。

台湾新民報　台湾社会運動の領袖蔣渭水氏逝去、訃報が上海に伝わるや、各界人士殊にこれを惜しむ。上海の有力紙はこぞってその逝去の報と略歴ならびに台湾にて従事せし解放運動の概要を掲載せり。このたび石煥長・

蔣渭水（一八九一―一九三一）

　宜蘭の人。台湾総督府医学校を卒業後、大安医院を開設し仁術を以て世を救う。台湾議会設置請願運動に参与し、台湾文化協会の立ち上げに関わる。一九二一年十月十七日台湾文化協会成立、台湾の抗日民族解放運動に新たな一頁を開いた。一九二七年台湾文化協会が左右に分裂したのち台湾民衆党を結成、民主政治の確立・合理的経済組織の建設・社会の不良制度の排除をスローガンとした。一九三一年二月民衆党を改組、総督統治に反対し階級闘争を宣伝したため、結社禁止処分に遭う。同年七月二十二日、重度の腸チフスにかかり台北医院に入院するが、八月五日に逝去。享年四十二歳。その遺言は「台湾社会運動は既に第三期に進入せり。無産階級の勝利は目睫に迫れり。凡そ我が青年同志は極力奮闘に努め、旧同志は団結を倍加し、積極的に青年同志を援助し、同胞の解放に努められんことを望む」であった。

医学生時代の蔣渭水

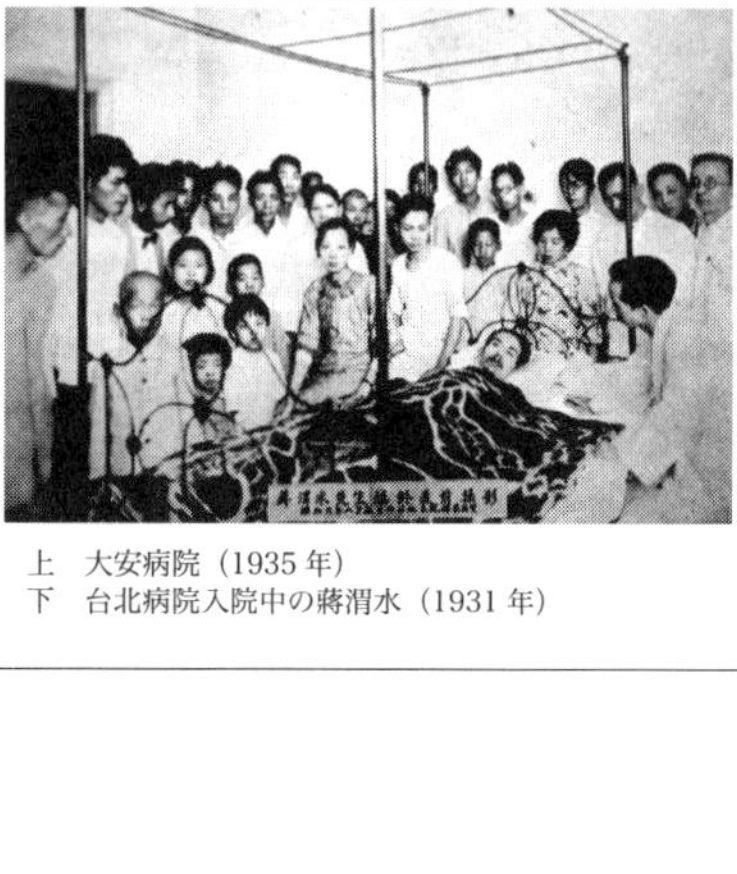

上　大安病院（1935 年）
下　台北病院入院中の蔣渭水（1931 年）

右上　看護学校在学中の蔣蘊瑜
左上　蔣蘊瑜（左）と同級生
下　　ピクニックを楽しむ蔣蘊瑜・鍾九河（右）・鍾棠華（左）

張月澄・荘希泉各氏の発起籌備により本（八）月十四日上海南市滬軍営東南医学院に於て蔣渭水氏追悼会を開催、市党部・市商会・各大学・各公私団体の参列を招請するに、斯日各界人士多数の出席を得て頗る盛況を呈す。午前九時開会、孫総理遺影に向かい敬礼、総理遺嘱斉唱の後、葬送曲の流れる内、全員起立して蔣氏遺影に一礼、経歴紹介・献花・弔辞弔電朗読に続き、追悼演説多数行わる。再び葬送曲起こり、式は終了、散会となった。

蔣蘊瑜　植民地の若者が共有する民族意識のおかげで、私たちはどんどん親しくなっていきました。浩東が退院したあとは、仕事帰りに古亭町の「白線寮」に浩東や蕭道応・鍾九河など南部出身の客家青年たちを訪ねていったものです。あの人たちは民族意識が強く、「白線寮」では日本語禁止という決まりになっていたのですが、客家ではない私は客家語が話せず、例外扱いでした。鍾・蕭・蔣は皆日本語で「しょう」という発音ですので、「しょうさん」と呼ばれてもどの「しょう」なのか分からないのでした。

「白線寮」で私は浩東に連れられ、あの頃の女の子の憧れの的だった白線帽の高校生と一緒に、本を読み、意見を交わし、クラシック音楽を鑑賞しました。休日には台北郊外まで山登りやピクニックに出かけたりもしました。

何人かで草山に登った時のことです。浩東と私は道に迷って皆とはぐれてしまい、山中の旅館にたどりついた時はもう暗くなっていました。山道に明かりがないので、あの人は部屋を一つ取り、そこで一晩過ごして夜明けとともに山を下りようと考えました。疲れていた私は横になるなり眠ろうとしました。ですが浩東はしばらくして身を起こし、私を揺り起こしながら言うのです。「何が何でも今夜じゅうに山を下りよう。でなければ大変なことになる…」

何の話かよくわからず、私は起きようとはしませんでした。でもどんなに拗ねても勘弁してくれません。仕方なく起きあがると、暗闇の中、後について山を下りたのでした……。

あの時、男女の愛についてまるで無知な少女だった私が、いつの頃からか、知らず知らず浩東を愛し始めていたのでした。

鍾九河の愛と死

蔣蘊瑜　一九三七年七月七日、日中戦争が始まりました。八月十日から台北では灯火管制が布かれました。八月十五日、日本帝国の台湾軍司令部は、全台湾が戦時体制に入ったと発表しました。後になって知ったことですが、抗日に身を投じることを決めていた浩東は、結婚はすまいと早くから心に決めていました。そこで、同郷の親友である鍾九河と私とを結びつけようとしていたのです。
九河さんも優秀な台湾青年でした。ベートーベンの「田園交響曲」を聞くと、目の前に私が花園の中から歩いてくる場面が浮かんできて、それは美しい、と言われたこともあります。知らず知らずのうちに浩東を愛していたからでしょうか、どうしても九河さんを恋愛の対象として考えることができませんでした。私にその気がないのを知った九河さんは、とてもつらかったようです。だから、身体が悪く、腎臓の持病があってお酒を飲めない彼が、高校卒業の日（一九三九年三月十日）、浴びるようにお酒を飲んだのです。
鍾潤生　うちは三人兄弟でな、わしが長男、九河は末っ子だった。あいつは子供の時分からなか

台北高校在学中の鍾九河

なかの男前で、公学校の頃、日本人の校長から「美男子」だとほめられたことさえある。高雄中学ではボートに夢中だった。そのため運動が過ぎて腎臓を悪くしたんだが、田舎の医者が見立てを誤り治療が遅れたばっかりに、慢性の腎炎になってしもうた。あの病気に薬はのうて、食い物に気をつけることしかない。塩辛いものは禁物さ。和鳴たちもよく気遣ってくれた。台北高校時代には和鳴たちと一つ屋根の下に住んでいたよ。いつだったかわしも訪ねて行ったことがある。あいつらは賄いのおばさんに煮炊きをしてもらっていたが、ひどく薄味のものを食っていた。客家の人間は普通塩辛い味を好む。だが九河の身体を気遣って、料理には塩を入れなかった。辛いものが食いたけりゃ醤油をかけて食っていた。若いもんは食うことにうるさいが、和鳴たちにはこんなことができたなんて、見上げたもんじゃないか。

蒋蘊瑜　大陸で戦争が起こったため、台湾総督府は広東戦区派遣軍夫選抜の命令を出し、広東語〔ここでは客家語を指す―訳注〕のできる客家の青年がまず徴用の対象となりました。そこで、高校に在学中だった浩東は日本へ行き、高校卒業と同等学力という資格で明治大学に合格、政治経済を専攻しました。

　出発前、私と九河さんとの仲が進展しそうにもないと見た浩東は、今度はもう一人の親友鍾棠華さんとの間を取り持とうとしました。もちろん彼もまた優秀で志の高い台湾青年でした。

浩東は日本から頻繁に手紙をくれました。学問について語ったり、中国での戦局を分析したり……。私も相変わらず古亭町に行っては、棠華さんや九河さんと本を読み、討論し、ピクニックや山登りにも出かけていました。ですが、恋愛感情などまるでありませんでした。

ある時、棠華さんが南部の実家に遊びにくるようにと誘ってくれました。南部に行ったことがなかったのでついていくと、鍾家の女性たちは「この台北のお嬢さんは、大鍋のフタすら開けることができない」と私を笑うのです。でもその冗談の奥にどんな意味があるのかわかりません。後に浩東にこのことを話しましたら、あの人は「嫁さん候補として見られていたのもわからなかったのか」と私のうかつさを笑ったものです。

鍾里義　和鳴が日本に留学した後、九河兄が腎炎で亡くなりました。肌身離さずつけていた腕時計を形見として和鳴に渡して欲しいと言い残しました。亡くなる前、さらに里虎兄にこう頼みました。

鍾九河告別式

「鍾君が今後金に困るようなことがあった時には、里虎兄さん、彼を援助してやってください。くれぐれも頼みます」

我が家の経理は、それまでずっと里虎兄が管理しておりました。中学時代、和鳴の月々の生活費は全て里虎兄を通して申請しなければならず、兄はいつもかけ離れた額しか渡していなかったため、九河兄が常に和鳴を援助していたのです。

思うに、九河兄はたとえ早逝しなくとも、いずれ必ずや和鳴と同じ運命を辿ったことでしょうよ。

蔣蘊瑜　九河さんは浩東に少々腹を立てていました。というのも日本から戻れば必ず九河さんを訪ねていたのに、大陸に行って抗日戦争に身を投じるという計画を漏らさなかったからです。浩東という人は、いろいろな方面に気配りできる人でした。九河さんがつらいだろうと思って話さなかったのです。

鍾潤生　九河はもともと高校を出たら京都帝大の法学部へ行くつもりをしておったのに、患ったせいで行かなかった。その時分、台北帝大農学部第三期卒業のすぐ下の弟進財まで患ってな、そんなことで九河が亡くなると、親父はこの不運続きは家の地相・家相が悪いせいだと信じ込んだ。それで風水師の勧めで、九河を母親の墓地に葬った。

「九河は所帯も持たず、跡取りもおらん。こうしておけば、この先供養する人間がおらんからといって、成仏できず亡者になることもあるまい」親父はそう言っとったよ。

楊基銓　鍾君は民族意識が強く、情に篤く、思想はやや左傾していた。先人たちが行った民族社会運動についても該博な知識を有していた。当時台湾地方自治連盟の責任者で、日本政府に地方自治を要求していた私の叔父楊肇嘉の考え方を私に質問したこともある。鍾君の台湾への思い、社会に対する関心は誠に得難い貴重なものであった……。

鍾和鳴は二年次の夏休み後、突然姿を消し再び登校してこなかった。意外の念を抱いたのも確かだが、彼の性情からすれば、きっとそれなりの理由があったものと思われる……。

黄素貞　私は汐止生まれですが、四、五歳の頃、養父に伴われて福州に移住しました。一九三七年に日中戦争が勃発すると、台湾人は日本当局によって福州から強制退去させられましたので、私たち一家五人はやむなく八月十九日の船で台湾に戻りました。

当時、台北では北京語を勉強することが一つの流行になっていました。そこで私は友人の紹介により台北高等学校と帝国大学医学部の学生の「北京語」教師をすることになりました。生徒には日本に留学し夏休みで帰省中の鍾和鳴、それから鍾九河・蕭道応などの客家や、許強（注5）など客家ではない人もいました。彼らは皆強い民族意

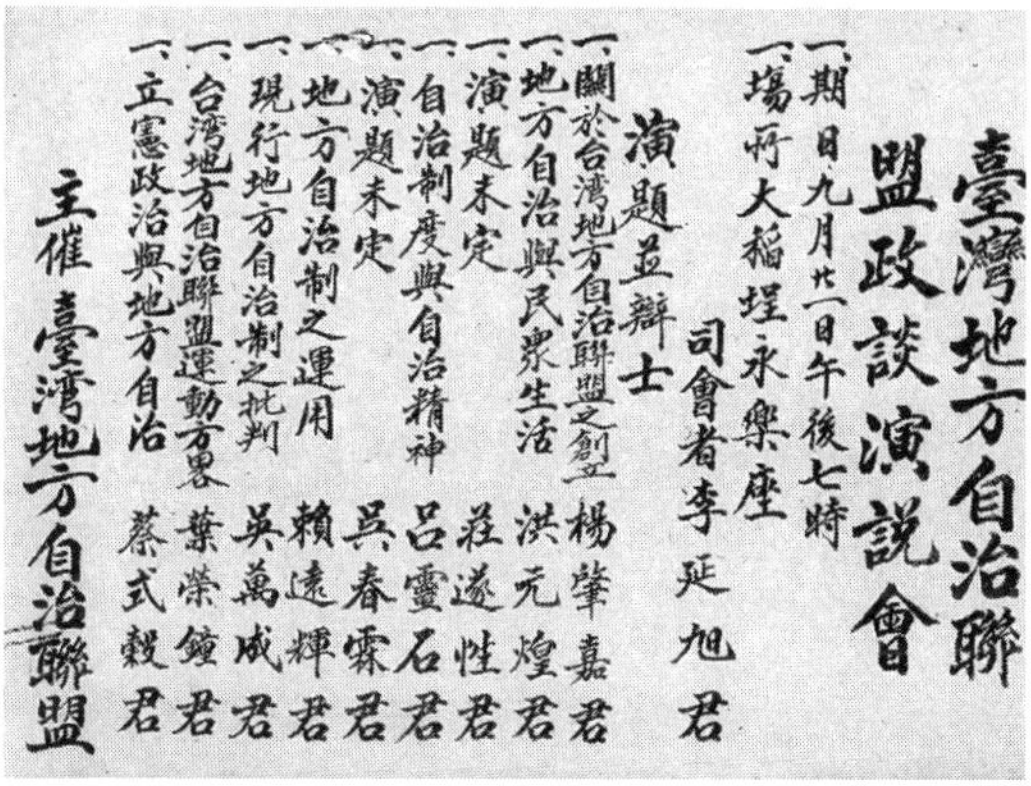
臺灣地方自治聯盟政談演説會
一、期日九月廿一日午後七時
一、場所大稲埕永樂座
司會者李延旭君
演題並辯士
一、關於台灣地方自治聯盟之創立　楊肇嘉君
一、地方自治與民衆生活　洪元煌君
一、演題未定　莊遂性君
一、自治制度與自治精神　呂靈石君
一、演題未定　吳春霖君
一、地方自治制之運用　賴遠輝君
一、現行地方自治制之批判　吳萬成君
一、台灣地方自治聯盟運動方略　葉榮鐘君
一、立憲政治與地方自治　蔡式穀君
主催　臺灣地方自治聯盟

台湾地方自治連盟政談演説会式次第

許強

識を抱き、祖国を熱愛していました。

蒋蘊瑜　七七事変の後、「白線寮」で知り合った台北帝大医学部の学生許強さんが分析してくれたおかげで、この戦争が実は日本帝国主義による中国侵略なのだということを知ることができました。いつだったか、「勝利」を祝う提灯行列にしぶしぶ参加したときのこと、行列が西門町のロータリーにさしかかった時、許さんは池の中で水を噴き出している四頭の水牛の銅像を指さして言いました。「ほら、僕ら台湾人民はあの水牛たちと一緒だ。苦労して働いて得た収穫を、日本帝国主義の圧迫と搾取のもとすべて吐き出しているんだ」許さんは総督府の前でわざと提灯を焼き、抗議の意を示しました。私も彼に倣って同じことをしました。

台湾地方自治連盟と楊肇嘉

一九三〇年八月十七日、台湾民衆党内の一部の「有産階級」は、民衆党が労働者運動を重視する傾向にあるのに異を唱え、台中市の酔月楼で「台湾の地方自治を確立する」ことを目的とした「台湾地方自治連盟」を正式に結成。顧問に林献堂、常務理事に楊肇嘉などの主要幹部を選出。構成員は日本人・御用紳士・豪商・地主などの「優越階級」であった。一九三五年十一月十二日、植民地台湾で地方自治制度改正の第一回選挙が行われた。連盟は推薦候補者を全力で支持し、頗る盛況を呈したが、それ以降自治連盟の存在は有名無実となり、活動のニュースは聞かれなくなった。一九三七年八月十五日の第四回全島会議ののち解散を宣言。

その自治連盟で主要な役割を果たした楊肇嘉（一八九二―一九七六）は清水（旧牛罵頭）の小作農家に生まれたが、五歳の時地主の家の養子となる。清水街長（現鎮長）を八年間務めた。一九二五年、台湾議会設置請願運動代表の一人として、請願のため上京（東京）。同年一家を挙げて東京に遷り、早稲田大学政治経済科に入学して勉学する傍ら、郷里の先輩である蔡恵如が創立した新民会の陣容を立て直す。一九三〇年招きに応じて台湾へ戻り、六年にわたって台湾地方自治連盟を主宰。一九三一年と一九三二年一月にも台湾地方自治制度改革の建議書を携え請願のため上京。

黄素貞　北京語のほか、「総理紀念歌」や「義勇軍行進曲」等の抗日歌曲も教えました。年齢が似通っていたせいもあり、授業が終わると思想問題や日中戦争の最新情勢についてよく意見を交わしました。

蕭道応　当時、我々は事物を認識する観念において、このように考えていた。世の中のあらゆる事象を観察するには、「運動」という観点を採る必要がある。——なぜなら今日の自分は明日の自分にあらず、今日の友もまた明日の友にあらざるゆえ、この世に動かざるものも永久に変化せざるものも何一つ存在しないからだ。いかなる事物も発生、発展、滅亡の歴史を有し、一連の運動プロセスを通過しなければならない。運動とは物質の存在形式と根本属性であり、静止とはすなわち物質運動の特殊形態である。つまりこの世に絶対静止のものは存在せず、いかなる事物も常に変化しているのである。「変化」は絶対的・恒久的・無条件的であるのに対し、「静止」は相対的・一時的・条件付きである。

黄素貞（1937 年 8 月）

我々が日常討論していた主な思想問題には、如何にして互いが「排外的動物本能」を排除し、閩客間に横たわる狭量な族群意識を捨て去るかということや、迷信・運命・家庭や宗教の問題において「反迷信」や「反宗教」はいずれも形式にすぎず、本質は封建意識に反対しなければならないといったことが含まれていた。

日本の植民統治反対という課題においては、我々は全員「改良主義」や「台湾人の権利を勝ちとる」といった名目の合法闘

横浜台湾人会の歓迎を受ける台湾議会設置請願団

争には一切反対であった。

民族の認同《アイデンティティ》においては、自分たちは中国人であり、華僑であり、日本人ではないと認識していた。しかるに、台湾にいる日本人たちは例外なく台湾は自分たちのものと決め込み、それゆえ自分らのことを「内地人」、我々台湾人のことを「本島人」と呼んでいた。これに対し、我々はせめてもの抵抗として日本人を「日本人」と言い、決して「内地人」とは言わなかった。日本人と話をするにあたり、どうしても「日本人」に言及せざるを得ない時は「あなた方」と言い換え、「台湾人」の時は「我々」と言った。これらは生活上、さしたる影響のない枝葉末節の問題ではあるが、我々は真剣に対処した。なぜなら問題全体の重点が「我々は中国人である」という事実を自分自身肝に銘じることにあったからだ。

このような認識が自ずと、我々がこの先歩むべき反帝・反封建の正しい道を決定づけた。

黄素貞　今次の戦争の実態は中華民族の生死存亡にかかわる戦いであり、台湾でこのように生きていくぐらいなら大陸へ帰り抗日戦に参加するほうがいいと彼らは考えていました。中国語の学習はそのためでもありました。その後、大部分のものが医学を学んでいるのだから、いっそのこと「医療奉仕団」を組織しようということになりました。

鍾理和　大陸での事業に失敗したのち父は屏東で商売を始めた。次兄は日本へ留学した。翌年、蘆溝橋事件が起こり、日本は国を挙げて騒然となった。それからまもなく私は防衛団に入れられた……。

戦争が激化してくると防衛団の活動範囲も広がっていった。出征軍人の見送り、提灯行列、防空演習、交通規制。四ヶ月の間に北京・天津・太原が相継いで陥落し、屏東の日本人は欣喜雀躍した。灯火があかあかとともされ、歓呼の声が夜通し響いた。

ちょうどその頃、兄が日本から慌ただしく戻ってきた。気が高ぶり張りつめているように見うけられた。目は充血し、ろくに睡眠も取っていない

左より蕭道応・鍾九河・呉文華・鍾浩東

台湾文化協会幹部　左より蔣渭水・蔡培火・蔡式穀・陳逢源・林呈祿・黃呈聰・黃朝琴・蔡恵如

様子である。帰省の理由が父には解せなかったが、兄は何も言わなかった。来る日も来る日もあちこちをかけずり回り、寝食を忘れるほどだった。ある時、兄は私をある田舎の家に連れて行った。十数人の若者が一堂に会していた。あらかじめ約束ができていたようだ。部屋には大きな寝台が置いてあり、皆は思い思いの格好でそこに腰掛けていた。母方の従兄〔邱連球〕一人を除き、知った顔は一つもなかった。

皆は流暢な日本語で話し合っていた。彼らの口から、文化協会・六十三号法律・中国・民族・植民地などの名詞が何回も飛び出した。これらの名詞に対して興味を感じたことがなかったので、その時聞いても一知半解であった。二時間ののち討論会は何の収穫もなく散会した。兄は失望した様子だった。

その夜兄は父の寝室に行き、二人で話し合っていた。初めはおだやかだったが、どんどんと声が高くなり、ついには言い争いになった。兄の激昂した熱っぽい声が隣の部屋にいる私の耳にも届いてきた。そして言い争いはピタリとやんだ。部屋を出てきた兄は鬱々としていたが、その目は烈火のごとくぎらついていた。一眠りして目が覚めると、兄が机に向かって書きものをしている姿が目に入った。

数日後、兄は日本へ戻っていった。別れ際、父は懇々と言い聞かせた。お前は学生なんだから学問に精を出せ。国事にかかわるんじゃない。父の口振りには幾分の申し訳なさと慰めがこもっていた。だが兄は悄然として父の話にも上の空だった。

李南鋒　鍾浩東校長は私とは従兄弟、つまり彼の母親が父方の伯母にあたる。私は日本占領下の高雄州屏東郡高樹庄大路関で、一九一九年に生まれた。公学校卒業後、村の私塾に入り四書五経などの漢文を学んだ。父は漢文の教師だった。当時父のほかは頼んで他所から教えに来てもらっていた。私の反日民族意識と祖国への熱い想いは、私塾で漢文を学んだこの二年間に芽生え、啓発されたんだ。

私と浩東は一緒に大きくなった遊び仲間で、よく一緒に集まってはとりとめもない雑談をしていたなあ。彼は民族意識が強くて、台北高校に通っていた頃はよく日本人学生と喧嘩していたよ。その後、彼は日本に留学したが、休みで帰省する度、寄り集まるのが常だった。

台湾文化協会

台湾の反日連合戦線的性格を持つ団体。前身は一九一九年に台湾知識人によって組織された啓蒙会であり、一九二〇年に新民会に改組された。一九二一年十月十七日、新民会は台湾のその他の進歩的団体や個人を連合し、台北で台湾文化協会を正式に結成。林献堂を総理に、楊吉臣を協理〔副支配人―訳注〕に、蔣渭水を専務理事に推挙。会員は地主・資産階級・学生及び一部の労働者など計千余名に達した。表向きは「台湾文化ノ発達ヲ助長スルコトヲ目的トス」としていたが、実際には台湾民衆が日本の植民統治に反抗する闘争を進めるよう働きかけ指導することがその主たる任務であった。一九二七年一月左右に分裂、地主・資産階級の利益を代表する林献堂・楊吉臣ら右派は脱退。同年十月十七日、新文協は第一回代表大会を開催、選挙によって左派の代表的人物である王敏川を委員長兼宣伝部長に選び、引き続き台湾人民の反日闘争を指導。一九三二年春、日本帝国主義と台湾反動勢力が連合して鎮圧し、文化協会は活動停止に追い込まれた。

李南鋒（1990年）

その頃彼は、日本帝国主義がまさに狂気の如く中国を侵略していて、台湾ではもう反日運動に関わることが困難になってきた。そこで有志を募って医療チームを結成し、中国内陸へ行って抗日戦争に奉仕しようと考えるに至ったんだ。だけど、この計画は参加する医学生が少なすぎて実行できなかった。そこで私と台湾大学医学部の蕭道応、黄素貞と蔣碧玉を誘って別にグループを作り、大陸に渡って抗日戦争に参加することになったわけだ。

鍾理和　二度目に帰省した時の兄は平静さを取り戻し、以前の激しさは影をひそめていた。この時国民政府は既に重慶に遷り、戦局は膠着状態を呈していた。日本は長期の計画を立てているし、中国も徹底抗戦の構えらしく、戦争は長引くだろうと

法律第六三号

一八九六年四月一日、日本帝国主義は植民地台湾に特別法令を施行し、法律第六三号を以て立法権を台湾総督の手に委任した。これがいわゆる「六三法」である。法律六三号第一条には「台湾総督ハ其ノ管轄区域内ニ法律ノ効力ヲ有スル命令ヲ発スルコトヲ得」と規定され、第三条には「臨時緊急ヲ要スル場合ニ於テ台湾総督ハ前条第一項ノ手続ヲ経スシテ直ニ第一条ノ命令ヲ発スルコトヲ得」と定めてある。つまり、台湾総督が台湾において発した緊急命令は、天皇が公布した緊急勅令と同等の効力を持っていた。当初時限立法として成立したが、再三延長された。啓蒙会、新民会が中心となって六三法撤廃運動を推進していくが、のちに弁護士となった林呈禄が「六三法の撤廃は、台湾人自らの特殊性を否定し、原首相及び田総督のいわゆる内地延長主義に基づく同化政策を肯定するものである」と唱え、六三法撤廃運動は台湾議会設置請願運動へと移行していく。

兄は言った。兄は大陸に行くことを決めていた。不思議なことに父ももはや自分の意見に固執しなかった。だが決して喜んでいる様子ではなかった。

私は従兄〔邱連球〕と高雄まで兄を送っていった。兄は北部にいる仲間たちと台北で落ち合う予定だった。新兵の見送りの行列が道中ずっと続いていた。新兵たちは赤い襷をかけ、周りの人々に笑顔で応対している。見送りの人たちは声を張り上げて軍歌を歌っていた。

天に代わりて不義を討つ　忠勇無双のわが三軍　……

兄は座席に深々と身を埋め、きびしい表情で口を閉ざしていた。私は日頃から兄を尊敬していたが、この時はその気概の非凡さがひとしお実感された。自分も大陸に行きたい、と私は言った。兄はかすかに笑みを浮かべ、おだやかに言った。わかった、お前の来るのを待っているよ。

鍾潤生　わしは鍾蕃薯と資金を出し合って商売をしておった関係で、和鳴たち兄弟のこともよく知っておる。わしの見たところ、里虎がやっていた布地屋は儲けた金はすべて女房の妹が握っており、簡単には持ち出せなかった。それで、和鳴が大陸へ行く費用は、全部頼まれてわしが工面してやった。

出発を控えて和鳴はいとまごいにやって来た。

「潤生兄さん、準備は万端整いました。行ってきます。……だけど、一つどうしたらいいか分からないんです」

「わしで力になれるかな?」ずばりと聞いた。

「僕は親不孝だ!」和鳴は自分を責めるように言った。「母のことが気がかりなんです!　あの世に行っているのならともかく、まだ元気でおりますので心配で堪りません……」

わしは即座に請け合ったよ。

「心配せずに行ってこい。わしがちゃんと面倒みるから」

その後果たして、和鳴のおふくろさんは息子のことを心配するあまり病気になり、よくぼんやりとそこいらを歩きながら、知った人を捉まえては聞いておった。「和鳴がどこへ行ったか知っとるかね？」

わしはおふくろさんを訪ねて行った。和鳴は元気にやっとる、じきに会いに帰ってくると慰め、老潭頭（屏東長治郷潭頭村）の長女の家か大路関の実家へちょくちょく遊びに行くよう勧めた。

「そうだね」とおふくろさんは頷いた。

蔣蘊瑜　冬休み、浩東が帰省してきました。話が蘆溝橋事件の真相などに至ると、浩東は驚きました。「だれがそんなことを言ったのかい？」許強さんだと答えると、あの人はつくづく言ったものです。「どうしてそんなことを君に教えたのかなあ。あと一、二年は楽しく過ごしてほしいと思っていたのに」このときようやく浩東は、しばらく学業から離れて祖国大陸へ渡り、抗日戦争に身を投じるため、積極的に同志を募っているのだと漏らしたのです。

たちまち私は厳粛な民族主義とロマンチックな革命心が兼ね備わったその計画に、言いようのない憧れを感じました。

ある日、浩東がとうとう私を誘いにやってきました。ですが、最初は何気ない風を装って「君と棠華とはどうなっているの」と聞くのでした。

「どうなっているって？」私は答えました。「みんないい友達よ」

「僕は結婚しない」あの人は藪から棒にこう言いました。

「あらそう！」そう言われて私は思わず不機嫌に答えていました。「あなたのお嫁さんになりたいなんて言っていません。それに、それが理由で二人とおつきあいをしないわけではないわ」

浩東は何も言わず、黙って私を見ていました。そして真剣な面持ちでこう言ったのです。「一緒に大陸に言って頑張ろう」

私は何のためらいもなくすぐに承知しました。それから家に帰り、実父の戴旺枝に報告しました。「あの男が進もうとしているのがどんな道なのか、お前分かっているのか」父はまず、苦労人らしい口ぶりで尋ね、さらにこう言いました。「若い娘が、婚約も交わさず、結納ももらわず、大陸へついていこうなど、とんでもない」

そこで私は父の意見を浩東に伝えました。

「結納の餅《ピン》〔台湾で結納の際に親戚などに配る月餅状の菓子―訳注〕が必要なら、そうするさ」あの人は笑ってこう言いました。「いくつぐらい要るの？　買って持っていくよ」

こうして、革命に志し独身を通そうと決めていた浩東が、私のために伝統の圧力のもと原則を放棄して私の家に結納を入れてくれたのです。結納の餅ができると、浩東は従兄の邱連球と弟の理和に鍾家の代表になってもらい、自ら私の両親のもとへ届けてくれました。こうして私たちの婚約はとりあえず整いました。その日、戴の両親は二卓の席を設け、親類縁者を招きました。婚約祝いを兼ねた私たちへの餞の宴でした。

〔注〕
1　梅蘭芳（一八九四―一九六一）京劇芸術家。江蘇泰州の人。旦角〔女形〕の演技で独自の芸術的風格を確立した。

2　馬連良（一九〇一―一九六六）京劇俳優。北京生まれの回族。一九三〇年代の四大鬚生〔鬚を蓄えた老け役〕の一人。瀟洒で粋なしぐさと伸びのある甘い声に特徴がある。

3　荀慧生（一九〇〇―一九六八）京劇俳優。河北の人。四大名旦の一人。天真爛漫で活発、情熱的な少女役を得意とした。

4　一八九五年六月、台北城外に大日本台湾病院を設立。一八九六年四月、台北病院と改称。一九三六年四月、台北帝国大学医学部開設。一九三八年四月、台北医院は正式に台北帝国大学医学部と合併、台北帝国大学医学部付属医院と改称された。

5　許強（一九一三―一九五〇）医学博士。台南佳里の人。台北帝大医学部卒。戦後、台大医院接収委員を務める。一九四六年、診療ストを断行し無給医師助手の権益を勝ち取った。ノーベル医学賞獲得の可能性を嘱望されるほどの逸材であったが、台湾省工作委員会台大医院支部組織事件に連座し逮捕、一九五〇年十一月処刑された。

第二楽章　原郷人の血

私は愛国主義者ではない。だが、原郷人の血は、原郷へと戻らないかぎり滾《たぎ》ることをやめぬ。次兄もしかり、そして私もまた例外ではなかった。

――鍾理和「原郷人」
一九五九年一月

上海にて

蔣蘊瑜　一九四〇年一月、浩東は従弟の李南鋒と私を連れ上海へ先行しました。上海では、内陸へ行って抗日組織に参加するルートを探しながら、浩東の高雄中学時代の親友である蕭道応夫妻を待っていました。台北帝国大学医学部の学生である蕭さんは、四月にようやく卒業なのです。浩東は蕭さんが「医療隊」を組織して大陸に戻ってくれることを願っていました。

黄素貞　一九三九年の春、管区の警察が、台湾放送局の中国向け放送のアナウンサーに応募しろとしつこく言ってきました。蕭道応は私が無自覚に日本帝国主義の手先となることをおそれ、「結婚を控えており、勤めに出るのは困る」という理由で断るよう勧めました。両親とも相談した結果、それがいいということになり、管区警察を納得させるため蕭と鍾九河が大龍峒の黄家に引越してきて私の一家と共同で家を借りて生活するようになりました。その後、私と蕭はごく自然に「同居」から結婚へと移りました。

抗戦「医療奉仕団」は結局いろいろあって組織されませんでした。

蔣蘊瑜　出発前、経費を作るため何度か瑞芳九份へ黄金を買いに行きました。当時植民地当局は黄金の売買を禁じていたうえに、出国時に持ち出せる現金の額も厳しく制限していました。黄金を買ってきた私たちは蕭さんの意見に従い、それを細い棒状にし、浩東・南鋒・蕭さんの男性三人が肛門に隠し、出国したのでした。

とはいえ、その黄金を売って作ったお金を上海で使ってしまうわけにはいきません。そこで浩東は日本人相手に商売することを思いつきました。米を買い入れ、日本人が経営している工場に転売するのです。「日本人から金を儲けて暮らそう」とあの人は言いましたが、それでも原則は守っていました。それは、米は租界では買わず、虹口の占領区で仕入れること。租界で米が足りなくなるのを避けるためです。この商売は私たちが上海を離れるまで続きました。やめるのがもったいないと思った私は、大陸と台湾を股にかけて事業をしている舅にこれを引き継いだら、と提案しました。ですが浩東はそれに耳も貸さず、「僕たちは生活のためにやむなく日本人とこんな商売をしているんだ。だが親父は僕たちとは違う。こんなことさせられるもんか！」と私を叱りました。

　四月になりましたが、やって来るはずの蕭夫妻は影も形もみえません。

黄素貞　夫が台北帝大医学部を卒業する

1940年の上海外灘

と、二人ですぐ「卒業後の視察」という名目で大陸行きのパスポートを申請しました。しかし台北北署の刑事はことごとく難癖をつけるのです。葡萄酒を半ダース贈ってやっとなんとか収めたものの、出発直前、南部の夫の郷里から高齢の祖母が危篤だという知らせが届きました。出発を延期する他なく、急遽佳冬の祖母のもとに駆けつけました。

祖母が危険な状態を脱した後も、私は夫の実家に残り祖母の世話をしました。夫は台北に戻り、河石教授が主任を務める第二外科で外科の医術を学んで戦地での必要に備える傍ら、毎週の休日を利用して草山から淡水まで歩き、これから身を投じんとする抗日戦のため積極的に体を鍛えていました。

蔣蘊瑜　五月、私たち二人は日本占領区に居ることができなくなり、イギリス租界へ移りました。同時に、前にもまして積極的に重慶の中央政府とのコネクションを探しましたが、何の手づるもみつけられませんでした。

七月、日本の占領区はますます広がりました。その頃には、内陸に入ろうとすれば、香港へ回って広東から入るしか方法がなくなっていました。でも蕭夫妻は未だにやってきません。浩東は苛立ち、一人先に香港へ行くことにして、私と南鋒に上海で蕭さん夫妻を待つようにと言いました。

「もし一週間以内に二人が来なかったら、お前たちは台湾に戻るんだ」出発前、浩東はわざわざこう言いつけました。「僕は一人で内陸に入るから」

浩東は筋金入りの愛国的民族主義者です。祖国に戻り抗戦に参加できないとなれば彼は生きていけないでしょう。それが分かっていたので敢えて口答えしませんでしたが、内心は非常につらかったのです。もし本当にそんなことになってしまったら、浩東といつまた会えるだろう？　もしかしたらこれが永遠の別れとなるかもしれない……。

幸い浩東が出発して三日もせずに蕭夫妻がようやくやって来てくれました。


黄素貞　七月頃、夫は鍾さんからの手紙を受け取りました。それによると、日本の占領地区は広がる一方で、重慶へ通じる道路の封鎖も一段と厳重になっている、八月一日までに必ず上海へ来てくれという内容でした。

情勢は緊迫しており延期の余地がないことは明白でした。その頃には祖母の病状も落ち着いていましたので、即上海に向けて出発することにしました。

私たちは基隆で乗船し、三日後無事上海に到着しました。下船すると、鍾さんの姿はなく、碧玉と南鋒の二人だけが迎えに来てくれていました。

香港九龍から恵陽へ

蔣蘊瑜　浩東が行ってしまうと私は食欲がなくなり、しばしば吐き気を催すようになりました。病気で気分が悪いのだとばかり思っていましたが、蕭さんが来て検査してくれたところ、つわりだったのだとわかりました。

私たち四人は客家の華僑になりすまし、さっそく船で香港へと向かいました。国に戻って抗日に従事する決意を示すため、持っていた日本のパスポートを船の上から海に投げ捨てたのです……。

香港に着いた時はもう日暮れでした。かねての約束通り中華旅館に向かいました。ところが旅館に着いても浩東の姿はありません。本当に焦りました。もしあの人に会えなかったら、見も知らぬ土地で途方に暮れてしまいます。

私たちは夜通し待つしかありませんでした。

不安な気持ちを抱えながら、浩東が奇蹟のように姿を現してくれるのをひたすら待ち続けていました。

「鍾様からお電話があり、上海から手紙は来ていないかとのことでしたよ」九時ちょっと過ぎ、ボーイがそう言いました。「荷物を上海行きの船に積み込んだ、一体どうなっているのか上海に戻って見てくる、ということでしたので、皆様がお着きだと申し上げました。九龍で会おうという伝言でした」

まさしく天をも拝まんばかりの気持ちです。ありがたいことに悲劇はついに起こりませんでした。その日の晩私たちは荷物を持って九龍へ向かい、浩東と合流しました。そして、寝ても覚めても思い続けた祖国大陸へ向かうこととなったのです。

翌日、広九線の汽車で広東に入り、一路北上して、沙奥村という小さな駅で降りました。それから歩き始めたのですが、途中、目にする景色といえば、日本軍に爆撃されて滅茶苦茶に壊れた農家ばかり。私は戦争の酷さを実感しました。何時間も歩いて日暮れ前に淡水に着き、そこで一夜をすごしました。

李南鋒　たしか九龍から淡水までは船だったよ、列車じゃなかった。だけど、もう随分昔のことだから、断言する自信はない。格別もの覚えがいいわけでもなし、ひょっとすると私の記憶に問題があるかも知れない。香港から内陸へ向かうのに、浩東が見つけることのできたのは、たしか密貿易用の道だけだった。やむを得ない状況の下、私たち五人は九龍で合流し、密輸船を調達して大鵬湾経由で恵州淡水まで行き、その晩は淡水に泊まった。このルートに関して、蔣碧玉と私の記憶が何故そんなに食い違っているのか腑に落ちないなあ。

蔣蘊瑜　その翌日、今度は二、三百人は乗れそうな木造船で、世に聞こえた広東水運の大動脈である珠江の支流―東江を遡り恵陽へ向かいました。東江は川幅が広く、二、三十人の船夫が太いロープを腕に巻き付け、川岸に沿ってエイヤエイヤとリズムを取り舟歌を歌いながら、一歩一歩船を引っ張り前進していきました。

船が恵陽に着いたときは夕暮れになっていました。船を下りた途端、恵陽前線指揮所所属の兵隊から身分証を見せろと言われました。当然身分証はありません。

「私たちは台湾から来た者です」浩東は彼らに説明しました。「抗戦のために帰国してきたのです。国民党県党部に連れて行ってくださいませんか」

私たちは実際のところ、その時、抗日を指導しているのは国民党の蔣介石である、としか知らなかったのです。

黄素貞　当時、私たち血気に逸る台湾青年五人は国内の複雑な政治環境がまるで理解出来ていませんでした。私たちの唯一の手がかりは、前台湾民衆党の主要幹部謝南光（注1）が重慶にいるということだけ。他は抗日の指揮に当たっているのが国民党の蔣介石だと知るのみです。道中、国民党の県党部が恵陽にあるということを聞き及び、「恵陽へ行ったら党部の手配で重慶へ行けるだろう……」と無邪気にも考えていたのです。

ところが、広東の駐屯防衛にあたる第四戦区十二集団軍所属の「恵淡指揮所」大隊本部のある大きな祠堂へ到着すると、良民証を持っていなかったため身元を証明できず、留置されることになりました。

蔣蘊瑜　身分調べが終わると、「もう遅いから今日は指揮所に泊まりなさい。明日県の党部に連れて行く」と誰かが言いました。

私たちは喜んで人夫を雇い五つのトランクとその他の手荷物を指揮所まで運びました。それは恵淡指揮所の駐屯地で、真っ暗で、大きな廟か祠堂のようでした。遅かったので、出前の夕食を取ると眠ってしまいましたが、朦朧とした意識の中、外で銃を背負った人が行ったり来たりしているような感じがしていました。

翌日目覚めると、自分たちが拘留され、自由を失ったことが分かりました。

サツマイモの悲哀

蔣蘊瑜　私たちは三日間拘留され、三人の軍官によって次々に尋問されました。ですが、動機や身分、そして救国の熱意をいくら説明しても、誰も信じてくれません。日本が送ってきたスパイ・漢奸だと決めつけ、どうしても銃殺にすると言うのです。
私は憤慨して思ったものです。「満腔の熱意を抱いて千里はるばる台湾から上海へ、そして香港を経由して大陸に入り、トランク五つと手荷物を提げ、祖国の土地の上で抗日組織を尋ね歩く台湾青年が『日本のスパイ』の扱いを受けるなんて。私たちのような格好をしたスパイがどこにいるというの」
黄素貞　尋問の内容は主に、「出身はどこか」「帰国の目的は」「企図は何か」「希望は何か」「台湾の家族の状況は」等でした。尋問は以下の手順で進行しました。尋問に当たる軍司法官がまず広東語で私たちに質問し、それを通訳が北京語に訳す、私たちが北京語で答える、それを通訳が広東語に訳して司法官に聞かせる。このようなやりとりですので、言語の疎通はかなり困難でした。そのため、私たちがいかに釈明しようとも、司法官は「口述が食い違い」信用出来ずと判断し、最後には五人は「日本のスパイ」「漢奸」であると断言し、銃殺に処すと強引に言い渡しました。

夫はそれを聞いて承服できず、その場で大声をあげて抗議しました。「私たちが国を愛するのも罪になるというのですか？」

蕭道応　後日東区服務隊の古参隊員の話を聞いたり、関連史料を読んだりすることで、ようやく少しずつ、当時の歴史的背景が呑み込めてきた。

一九三八年十月、日本軍が広州（二十一日）・

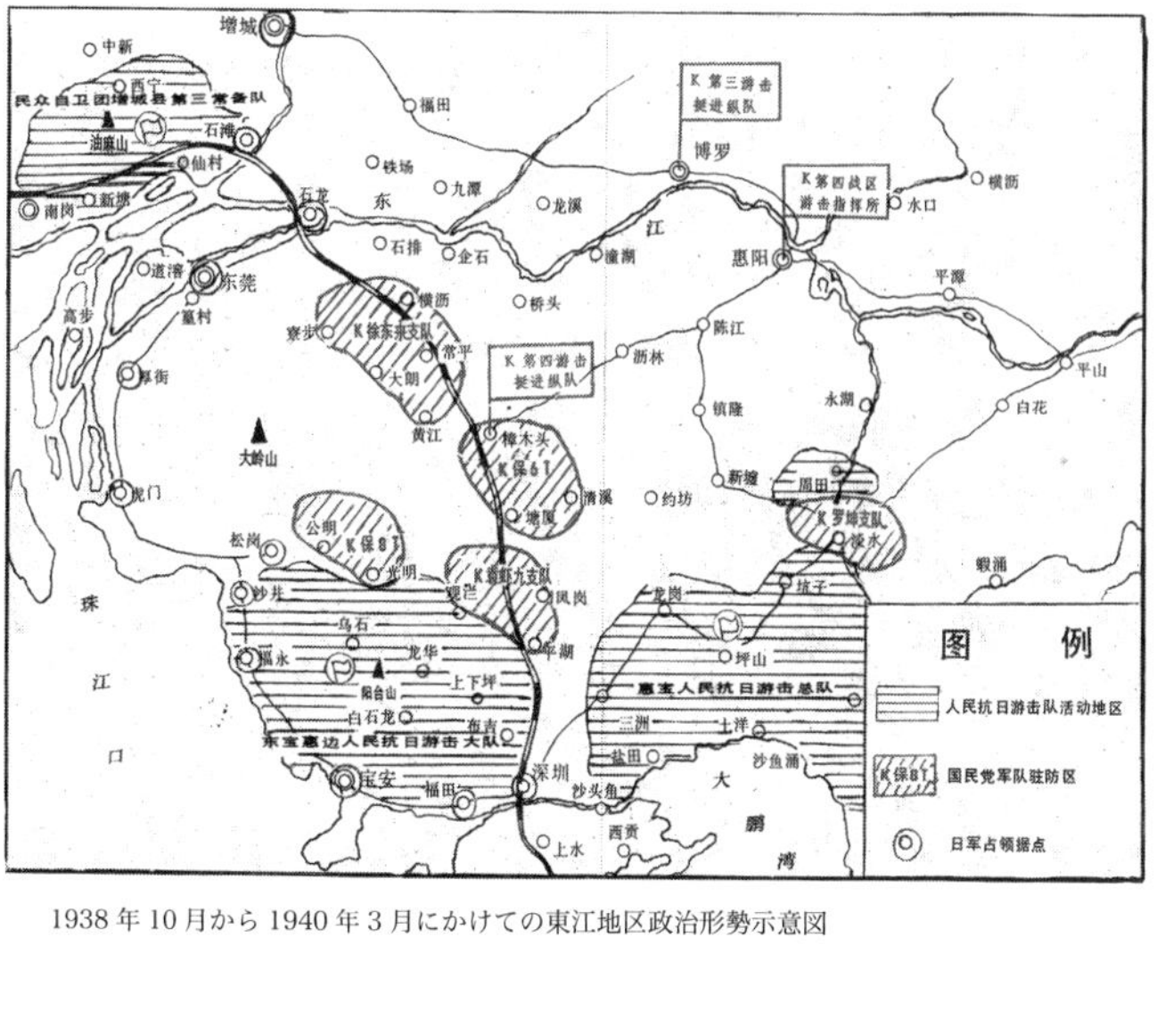

1938年10月から1940年3月にかけての東江地区政治形勢示意図

武漢（二十七日）を占領すると、全国の抗日戦争は「戦略的対峙段階」に突入した。共産党が指揮する敵後方でのゲリラ戦の展開と抗日拠点の迅速な拡大は日本軍の後方に深刻な脅威を与えた。日本軍はやむを得ず国民党に対して正面戦場における進攻作戦計画を一旦停止し、主力を共産党が指導する人民抗日武装勢力に注ぎ込む作戦に変更した。そのため戦争初期の国民党に対する「武力攻撃が主、投降勧告は従」の戦略を「投降勧告が主、武力攻撃は従」に改め、国民党に一段と強く投降勧告を迫ってきた。

国民党は日本と米英の投降勧告の下、「国共合作・共同抗日」から「消極抗日・積極反共」へと路線を転換した。一九三九年一月、国民党五期第五回中央全体会議は「溶共・防共・限共・反共」の方針を決め、直ちに各地で一連の反共事件を起こし、抗日戦争期間最初の反共の大きなうねりを巻き起こした。

反共のうねりは北から南下し、全国情勢の変化に伴い東江の情勢も変わってきた。日本軍が恵陽・博羅から撤退すると東江地区の情勢は安定した。すると国民党は共産党員に矛先を向けた。

一九四〇年春節前後、国民党東江遊撃指揮所は「東江華僑回郷服務団」の抗日を宣伝する団員を次々と逮捕しはじめた。四月、国民党東江遊撃指揮所主任香翰屏は曾生に大隊を恵陽に集め隊の整頓と訓練を行うよう命じた。曾生は、国民党が自分たちを壊滅させる罠と懸念し断固拒否した。丘念台が間に立って調整に努めたが失敗。曾生の部隊は坪山駐屯地を離れ東に撤退を始めたが、被害は甚大で多くの隊員が捕虜となり、国民党東江遊撃指揮所看守所にまとめて拘禁されてしまった。

折も折、国共合作が決裂した状況の下で、我々は両党の抗争という戦場にのこのこ闖入してしまったのであった。

思うに、彼らは我々を「共産党」と断定するに足る確証がないため、「日本のスパイ」という罪名を被せたのだろう。

黄素貞　まもなく私たちは指揮所の牢屋に拘留されました。その上、男性三人は三メートル以上ある長い板に足をはめ込まれました。こうして私たちはわけの分からぬまま、刑の執行を待つ死刑囚となったのです。監禁は三日に及びましたが、その間に南洋・シンガポール・マレーシア・フィリピンから隊を組んで帰国した青年男女のグループを見かけました。彼らもまた帰国手続きが曖昧だったため「共産党容疑」の罪名で拘留されていたのですが、かなりの人がマラリアに罹っており、高熱で苦しんでいました。夫は医者ですので、あれこれ助言を与えたほか、台湾から持ってきた薬もあげていました。……ここに至りようやく私たちにも中国の国情の複雑さが分かってきました。神聖なる抗日戦において、二つの党の摩擦闘争が存在していたわけです。そのため、多数の無辜の人々が、世人に知られぬまま、むざむざと犠牲になりました。

蔣蘊瑜　後になって知ったのですが、前線で日本軍か漢奸を捕らえると多額の賞金がもらえたのだそうです。あの軍官たちは賞金欲しさのあまり私たちの抗日救国の気持ちをないがしろ

東江華僑回郷服務団

一九三八年十月、日本軍の侵攻に恵州が陥落したニュースが南洋に伝わると、南洋在住の華僑は南洋英荷両属恵州華僑救郷総会を設立させ、香港の各団体と協議の上、香港恵州青年工作団と組織を統一し、東江華僑回郷服務団を一九三九年一月に正式に発足させた。間もなく南洋各地から五百余名の青年が東江に馳せ参じた。服務団は七つの団と五つの隊に分け東江一帯に配備された。ところが政府軍は団の勢力拡大を恐れ、同年九月、団を十二の隊に縮小、団員を二九五名に抑えた。さらに一九四〇年二月には政府軍が各隊を襲い、団員を次々に逮捕した。クアラルンプールの総会の強い抗議にかかわらず、その年の暮れには団は活動停止に追い込まれ、解散を余儀なくされた。団員の多くは曾生と王作堯が隊長を務める広東人民抗日遊撃隊に参加し、その後も遊撃隊の発展にともない、東江縦隊一員として抗日の戦いを全うした。

にしたのかもしれません。

　幸い指揮所には陳という軍法官がいて、私たちがどう見てもスパイらしくないので、銃殺するかどうか慎重に検討すべきだと頑張ってくれました。そんな時、折良く丘念台先生が前線から隊員の給与を受け取りに来られました。丘先生が組織する「東区服務隊」の駐留地—羅浮山区から恵陽まで徒歩で二日の道のりです。先生は一、二ヶ月に一回、給与を受け取りに後方に来るのです。

　陳軍法官は、丘先生は台湾との関係が深く台湾のことを良く理解していると承知していたので、私たちのことを丘先生に話しました。丘先生はそこで閩贛粤辺区総司令の香翰屏に、私たちに会って話をさせてほしいと願い出たのです。

　黄素貞　私たちは再び召喚され、荷物を取って来るよう命じられました。両手を後ろ手に縛られ拘留されて行った私たちですが、そのときは状況が変わり、ただついて行くようにだけ言われました。ある部屋まで連れて行かれ、中に入ると机の上に腕時計

丘念台（一八九四—一九六七）
　清光緒二十年甲午、台中潭子大埔厝に出生。名は琮、十五歳の時、父丘逢甲（一八六四—一九一二）が琮に念台という別号を定め、台湾を忘れずという意味を表した。日本留学中に同盟会に加入。一九二三年東京帝国大学工学部採鉱科を卒業後、瀋陽兵工廠及び遼寧西安煤鉱公司に勤務。九一八事変後、馬占山部隊に従い抗日、その後自ら義勇軍を組織し、長城抗戦に参加。国民政府が日本と塘沽協定を締結した後、広州に戻り教職に従事。抗日戦の期間中、第四戦区及び第七戦区少将参議に就任し、東区服務隊を指導。一九四三年、国民党台湾省党部執行委員に就任。一九四七年、国民党台湾省党部主任委員に就任、まもなく辞職して南京に赴き監察委員に就任。一九四九年十月、香港を経由して台湾に渡る。一九六七年一月東京にて病死。

が置かれているのが目に入りました。衛兵から傍の椅子に座るよう命令され、その後一人ずつ別室に連れて行かれ個別尋問を受けました。尋問長は色の褪せた黒いズボンの中国服を着ており、隻眼で、顔中ひげを蓄えていました。その後そばに控えていた衛兵の口から分かったことですが、その人が羅浮山区で東区服務隊を指導する少将参議丘念台だったのです。その日は合わせて二回尋問を受けました。一度は午前中で個別の尋問、一度は午後で全員そろっての質問です。丘念台と私たちの問答は二回とも北京語が用いられましたので、ようやく自分たちの意思を明確に伝えることができたわけです。

蔣蘊瑜　丘先生に会った時、私たちは日本のために働いているのではないことをきっぱり表明し、それぞれが祖国を思い慕う熱い気持ちを訴えました。丘先生は、亡父蔣渭水と知り合いであったばかりか、浩東の父や蕭さんの伯父上とも顔見知りでした。そこで先生は各自が陳情書を書いて上級に送るようにと言い、さらに銃殺の執行を延期して後方に護送し観察期間を置くようお願いしてくださいました。こうして丘先生は私たち五人の七つの命を救ってくださったのです。なぜならそのとき私と蕭さんの奥さんは妊娠していたのですから。

念台先生は恵陽を去るに当たり特にこう言って励ましてくださいました。「祖国に帰って抗戦に参加したいと思う気持ちは買うが、思慮の足りない点がいくつかあったな。まず入国手続きがはっきりしていない。第二に国情に疎く知り合いが一人もいない。それに、私は君たちの家族とは知り合いだが、君たち自身を知らないのだから、保証人となることはできないのだ。幸い、君たちの身の安全を完全には保証できないまでも、今のところ生命の危険はなくなった。君たちが態度で示すことができるよう政府に頼むつもりだから、確かに抗戦に参加するために来たのだということを行動によって証明しなさい」

そして、口調を変えて尋ねました。「中国の抗戦は長く、苦しいものだ。がんばれるか？」私たちの返事を待たず、丘先生は、もし何か困ったことがあれば「黄復」宛てに手紙を書き、第七戦区に送って転送してもらうように、とそれとなくおっしゃいました。そして一人一人と握手を交わし、「また会おう！」と言うと、手を振って羅浮山区に戻っていかれました。

恵陽から桂林へ護送される

蔣蘊瑜　丘先生が去ってからさらに一ヶ月以上も拘留され、それから桂林の軍事委員会まで下士官によって護送されました。船やトラックに乗ることもありましたが、ほとんどが徒歩でした。夜はたいていその土地の監獄で過ごしました。他の犯人たちと一緒の時もあれば、五人で一部屋に入れられることもありました。ごくたまに藁が敷いてあることがあり、それが最高級の待遇でした。当時の監獄は本当に生き地獄でした。手荒な扱いをされ、食事も砂や石が混じった玄米ばかり。お腹に子どもがいる私にはどうにも喉を通らないものでした。

黄素貞　私たちは恵陽から河源を経て、連平県忠信・忠信壩・連平と宿場ごとに引渡され、広東省戦時省都の韶関へ護送されました。韶関では国民党第十二集団軍軍法処の芙蓉山監獄へ拘禁されました。石板で築かれた廟を利用した監獄でした。

十数日後、私たち五人は呼び出され訓戒を受けました。

「気を落とすことはない、中央はかならず君たちに任務を割り振ってくれる」と励まされたのち憲兵隊へ移送されました。憲兵隊は田舎にあり、山を背に川に臨んだ景色の良い場所でした。そこでの生活は食事も住まいも申し分なく、そのうえ出入りも自由で、球技をすることも出来ました。これは自由獲得の前触れかもしれないと私たちは思いました。

十二月初旬、再び憲兵隊の一副官の護送のもと、列車を乗り継ぎ長沙を経て夕靄の中ついに山水煙る桂林に到着しました。

蔣蘊瑜　こうして私たちは、やっとの思いで宿場を一つ一つ越え、ついに桂林の軍事委員会に着き、そこでさらに一ヶ月間監視状態に置かれました。農村出身の当番兵がついたのですが、それは私たちの思想を調査するのが目的でした。分かっていましたが知らぬ振りをして、その兵隊に熱心に読み書きを教えました。

「お前ら知っているか」あとでその兵隊はわざと浩東に言ったものです。「お前らのそばにはトラがいるんだぞ」

「知っている」浩東は笑いました。

「知ってるのか？」兵隊は訝りました。

「あんただろ」浩東は更に大声で笑いました。

彼はさっと顔を赤らめ、頭を掻き、もじもじしていました。それからその兵隊と私たちの距離はぐっと縮まりました。私たちが桂林を離れる時、自分も一緒に行きたいと申し出たほどです。

黄素貞　桂林の軍事委員会では、大きな部屋が二間割り当てられました。男女各一部屋、各自にマットつきの鉄製ベッドが与えられ、掛け布団までありました。そこでの一ヶ月間は、外出こそ許可されませんでしたが、起居は自由で、三度の食事も充分与えられました。充分な休養と栄養のおかげで、身体は次第に回復しました。

私たちは毎日、部屋で習字の練習をしたり『三民主義』の類の本を読んで過ごしました。学びつつ待つという静かな日々の中、空襲警報による避難が唯一平静を破る出来事と言えました。

蔣蘊瑜　監獄は社会を学ぶ最良の大学だったと思います。

私たちは監獄の中で南洋からきた華僑の青年と知り合いました。この人も抗戦のため帰国してきたのですが、共産党と間違われ捕まったのです。彼は私たちに大いに共鳴してくれました。彼との雑談によって、私は国民党と共産党の抗争の激しさを知りました。

また、林という隣人が獄に繫がれていたのにも出くわしました。台北で戴の家の二軒先に住んでいた人です。台北中学（現在の泰北中学）に通っていた不良で、いつも私を待ち伏せしていました。私の弟戴伝李に「お前の姉さんが嫁にきてくれなければ俺は自殺する」と言ったりしていました。そのころ私はまだ幼く、泣かされてばかりいました。父が私を伴い、その人の家に行き父親に文句を言っても効果はありませんでした。まさか桂林の軍事委員会で再会しようとは！　ところが相手は大人になっていて私は全く気づかなかったのです。重慶から派遣されてきた女性と結婚したが、その女が裏切ったため、「日本のスパイ」として捕まったという話でした。そして自分が何者かはっきり言わずに、私の身辺の話題を持ち出すのでした。

「家は台北のどこ？」

「日新公学校の近く」

すると彼は途端に馴れ馴れしくなり、「伯父貴の家があの辺にあったから、昔ちょっと住んでいたことがある。……そうだ、金持ちに嫁に行った姉さんがいただろ？……」などと言います。

外見がすっかり変わっていましたし、はっきり言わないのでその男が以前のあの不良だなど気づくはずもありません。ずっと後になって、浩東が韶関の民運工作隊で訓練を受け、放送局に派遣されて大陸在住の台湾人向け放送をするようになって、ようやくその男の正体を知ったのです。

ある日浩東は一人の聴取者が放送局に送ってきた手紙を受け取りました。それには自分が桂林の軍事委員会で一緒に捕まっていたこと、浩東にお金を借りたこと、私たちがそこを去ってまもなく自分も釈放されたこと……などが書かれており、最後に「自分はあなたの奥さんの実家の隣人林才の息子です。今また逮捕されてしまいました。なんとか自分を救ってほしい……」と縷々書かれていました。

浩東はすぐに南雄陸軍医院にいた私に確認の手紙を寄越しました。それでようやくわかったのです。自分があの時あの男にごまかされていたことが。

黄素貞　私たちは料亭・役人・観光客が多いことで名高い賑やかな桂林で一九四一年を迎えました。家を離れて始めて迎える新年であり、ひっそりと寂しい新年でもありました。

それから間もなく、旧暦の正月を迎えようとすると頃、再び召喚されました。問題はすでに解決した、韶関へ行く準備をしろ、仕事が待っているというのです……。

その夜、私たちは宿願が叶うという興奮を胸に韶関へ向かう夜行列車に乗り込みました。

里子に出す

蔣蘊瑜　広東省韶関に送り返されたのち、浩東と南鋒は民運工作隊に送られ訓練を受けることになりました。蕭さんは医学部、私は看護学校の出身だったため、私と蕭夫妻は南雄の陸軍総医院で働くことになりました。このときすでに旧暦の年末になっていました。

黄素貞　南雄陸軍総病院は丸太や竹、茅などで普請した臨時の野戦病院で、内科・外科・眼科・皮膚科と一般民衆に奉仕する外来部からなり、他に急拵えの手術部屋も備えていました。

夫は上尉医官であったため、当初個室を宛がわれましたが、医療技術を磨いたり国事や人生問題を語り合うため、上海同済医学院卒の張医師と相部屋になりました。張医師に教えられ、私たちは祖国に対してより一層新たな認識を持つに至りました。特に国共抗争の歴史についても一段と理解を深めました。

私と碧玉は当初看護軍曹でしたが、間もなく看護准尉に昇進しました。前線から戻ってきた兵隊さんたちは体中に疥癬ができており、私たちの主な仕事は、彼らが脱いだ服や包帯、ガーゼ等の衛生用品をきれいに洗って煮沸消毒することでした。硫黄軟膏を塗る治療も行いました。

その頃、私と碧玉は一緒に病院が借上げた村の宿舎に住んでいました。木造二階建ての民家で十人一間です。私たちは二階に住み、衛生材料処で仕事をする傍ら出産を待っていました。

蔣蘊瑜　一九四一年の旧暦の正月（一月二十七日）を過ぎ、二月初めに長男継堅が生まれました。朝七時すぎに破水しました。お産を待つ間、わがままな私は蕭さんに「あの人を呼んで」と言い続けました。普段は短気な蕭さんがこの時ばかりは辛抱強く私をなだめるのでした。「よしよし、もう呼びに行ったから」

陣痛が午後二時過ぎまで続き、ようやく生まれました。泣かなかったので看護婦がつかんでおしりをたたいたらようやく泣き出しました。

月末には蕭さんの奥さんも長男継誠を生みました。

黄素貞　碧玉が男の子を産んでまもなく、多分二月二十八日だったと思うのですが、私も男児を出産しました。しかし物資の欠乏している戦地での育児は何分にも骨の折れることでした。

蔣蘊瑜　ある時、三ヶ月になった息子がどうしたわけか夜通し泣きやみません。私まで途方に暮れて泣いてしまいました。翌朝早く隣家の老婦人がやってきて「蔣さん、多分お乳が足りないんですよ。お腹一杯じゃないからあんなに泣くのよ。重湯を作って食べさせておやり」と言います。そして米を挽き、それを鍋に入れ、砂糖をちょっと加えて重湯を作るのを手伝ってくれました。重湯を食べた息子はそれからは泣かずにすやすやと眠りました。

南雄の陸軍医院では、朝から晩まで傷病兵の世話で大忙し、しかも子どもは日一日と成長していく……有意義で充実した毎日でした。

念台先生は私たち五人が釈放され曲江県韶関に送られたという知らせを聞くと、すぐに七戦区に対し、自分が率いている「東区服務隊」に派遣するよう要望しました。九月、院長は丘先生の手紙を私たちに回してくれました。手紙には、五人が前線に来て仕事に参加するようにと書いてあり、さらに、必ず五人揃って来ること、一人が欠けてもだめ、だが子どもは連れてきてはならない、と強調してありました。

この時、浩東が言うには、すこし前、重慶に謝南光という人がいるというニュースを新聞で読み、「もしかして謝春木先生でしょうか?」と手紙を出した。その際私たち五人の事情も報告しておいた、と言うのです。謝南光先生の返事には、確かに自分は謝春木である、幼い頃から私のことを知っている、さらに、重慶に来ることを歓迎すると書いてありました。

あれこれ話し合ったのち、私たちはやはり前線の「東区服務隊」に行くことにしました。もともと抗戦に参加するために帰ってきたのだから、後方に行ったら意味がなくなる。とはいえ「東区服務隊」に行くとなれば、私たちはたちまち大きな難題に直面してしまいます。つまり、仕事の必要のため、私たちは母子の情を断ち切って子どもを里子に出さなければならないのです。つらくてたまりませんでしたが、そうするしか道はありません。

たまたま、私たちは四戦区の張発奎司令（注2）の妹張三姑さんと知り合いになっていました。張さんは私たちの境遇と決意を知ると、非常に感動して、「きっと適当な人をみつけてお子さんを引き取ってもらいますからね」と言ってくださいました。

私と蕭さんの奥さんは三日三晩泣き明かし、ついに心を決めました。そして子どもを始興の張三姑さんのお宅へ連れていったのです。

黄素貞　私は台湾で一度堕胎していましたので、この子まで失うのはどうにも忍びない気持ちでした。それでずっと躊躇していました。最初は、四人には行ってもらい私は残って子供の面倒をみようと思いました。そんな時期、夫はこう言って私を説得しました。「俺たちは家庭を放棄し、すべてを犠牲にしてでも、国に帰り抗戦に参加しようとやってきたのだ。今更子供のためにこれまでの苦労を無にすることなど出来やしないだろう」彼はよく考えて決断するようにと言いました。それは私には確かに難しいことでした。子供を誰にも渡したくない。しかしこうも考えました。私たち五人はもともと抗日戦に身を投ずるため共に祖国へ戻ってきたのだ。皆が前線へ行って仕事をしようというのに、私が足を引っ張るのは間違っている。仕事の上で必要ならば、親子の情を断って子供を手放し、人様に育てていただく他はない。どれほど辛くても他に術はないのだ。そう考えた末、私は、子供を手放し東区服務隊へ行って抗日戦争のために心血を注ごうと決意を固めました。

蔣蘊瑜　その日の午後、子どもを置くと、私たちは始興の旅籠に戻って休みました。夜、蕭さんの奥さんがまた隣の部屋で泣いているのが聞こえてきました。そこで浩東は私をいさめました。「君は強いんだから、泣いてはいけない。君が泣けば、蕭さんの奥さんはもっとつらくなる」

その地方の習俗では、子どもをよそ様に里子に出したあとは、その子と縁を切らねばなりません。ですから、息子を引き取ってくれたのが蕭という家だということしか知らず、名前も住所も教えてもらえませんでした。ここで別れたらいつまた会えるものか。思い出すとつらくてなりません。

〔注〕

1　謝南光（一九〇二―一九六九）原名謝春木。彰化二林の人。東京高等師範学校卒。「追風」のペンネームで小説や新詩を発表。台湾民衆党機関報『台湾民報』主筆。一九三一年、上海に逃れ抗日運動に参加。一九四〇年、重慶で「台湾革命団体連合会」の設立準備に参加。戦後、国民政府駐日代表団専員担任するも、一九四九年四月、駐日代表団の共産党加入未遂の画策に関与し免職。一九五〇年米国の台湾侵入に抗議。一九五二年五月大陸へ渡る。

2　張発奎（一八九五―一九八〇）広東始興の人。保定陸軍軍官学校卒。卒業後粤軍に入り、主に広東・広西方面の抗日戦線を指揮した。

第三楽章　戦　歌

次兄が去ってまもなく、憲兵や特高が頻繁に家にやってきては兄の消息を問いただすようになった。兄がどこへ行ったのか、何をしているのか突き止めようというのだ。私たちは口を揃えて、知らない、と答えた。実際のところ家を出てから杳として音信がなく、大陸に到着したのかすら知るよしもないのだ。

兄への懐かしさで胸がいっぱいになった。もう重慶に着いただろうか、今この時、何をしているのだろう。兄が去ったあとの日々は中身を抜き取られてしまったかのように、むなしく意味のないものに思えた。一緒についていくべきだった。どこかで兄がずっと自分を待っていてくれるような気がした。

「お前も来いよ、待っているよ」兄の声がいつまでも耳元で響いていた。

――鍾理和「原郷人」
一九五九年一月

羅浮山山区にて

蔣蘊瑜　子どもを里子に出した私たちは、つらい事を考えないようにして、風呂敷包みを背負い、勇んで丘念台の東区服務隊を目指しました。

九月の天気は爽やかで、毎日五、六十キロ歩きましたがそう難儀ではありませんでした。日が暮れると小さな宿屋をさがして泊まりました。とはいえ、しまいには靴が破れ、足にはまめが出来、道もますますひどくなっていきました。幸い東江の下流には船がありました。こうして十二日間にわたる水路・陸路の行程を耐え、空が暮れなずむ頃、羅浮山の麓にある東区服務隊の駐屯地―博羅県福田郷徐福田村にたどり着いたのです。

丘念台　民国二十七年（一九三八）十月初旬武漢にて会戦、情勢利ならず。……この緊急時に広東でも戦闘が発生した。あらかじめ台湾に集結した日本軍四万は十月十二日南海大亜湾澳頭付近に艦艇数十隻及び航空機百余機の援護のもと強行上陸を行った。

我が現地守備隊は手薄で攻防術なく、淡水・恵陽・博羅・

東区服務隊隊部跡（三星書室）

増城・石龍等地は相次いで陥落、広州は日本軍の主要攻撃目標となるに至った。

当時広東防衛の国軍は多く十二集団軍所部に所属し、……広州放棄の前夜、即ち十月二十日夜、十二集団軍総部連絡官が突如、香翰屏副総司令と軍務を協議するよう伝えてきた。これは余漢謀総司令の意向であった。恵（州）・潮（州）・梅（州）所属の二十五県の民衆組織訓練工作を私に担当させ、即日出発、準備金毫洋（注1）二千元を支給、広東民衆自衛団統率委員会の指揮に従うよう指示を受けた。

翌朝、広州はすでに混乱状態に陥っていた。私は……直ちに全工作要員十二名を集合させ、軽装にて黄沙まで行き、小船を雇い佛山を経て四会に至り、民衆自衛団団長黄任寰に工作方針の指示を仰いだ。黄団長からは、余総司令の意向に従い、私に恵・潮・梅所属の二十五の県区へ赴き民衆の組織訓練を行い抗日戦工作に参加させ、名を「東区服務隊」と定めるよう指示があった。工作内容は各地の抗日に熱心な知識青年を糾合し、組織訓練を加え、政府に積極的に協力し民衆を動員して長期の抗日戦争を遂行することであった。

東区服務隊の成立当初、私は自ら作詞して工作内容と任務を詠った隊歌を作った。

南海の風波は激し、
恵・博・増は次々落ち、
白雲山下倭兵現る！
歩行二千里、東区服務隊、民衆を動員し自衛せん！
団結・厳格・自省・奮闘・献身！

嶺外三州を拠点となし、人民の苦しみを除き、
人民の暮しを改めん。
いざ共に奮起せん、老若男女すべての民、
必ずや失地を回復せん。

また広州陥落の十月二十一日を東区服務隊の立隊記念日とした。

蔣蘊瑜　羅浮山は、西は広州まで二百里余り、東は恵州まで百里ほど、増城県の東、河源県の西、博羅県の北、龍門県の南、四つの県にまたがり、全長数百里にもわたります。羅山と浮山とを合わせて羅浮山脈と呼ばれています。

当時、東区服務隊の隊部は徐福田の地元の徐氏祠堂を借りていました。隊員は全員地面に眠り一人ずつに軍用毛布と三、四尺四方の風呂敷が支給されました。この風呂敷の使い道はさまざまで、眠る時地面に敷けば湿気を少しは防ぐことができ、ひとたび行動となった時は衣服や書籍などを長方形に包み、縄で結んで背負えば準備完了でした。冬の寒いときは、村人から藁

丘念台（右４）と東区服務隊隊員

をもらい、風呂敷の下に敷きました。また毛布一枚では温かくないので、米を入れる麻袋を洗って乾かし、二枚を縫い合わせて布団代わりにしたものです。

このほかに、箸一膳と洗面用のコップが配給されました。コップはもちろん万能で、口を漱ぎ顔を洗うほか、水を飲んだりご飯を食べるときにも使えます。毎月三元の小遣いがもらえましたが、石けん一つ手に入れば上等でした。服務隊の生活条件はだいたいこんなものでした。

当初からのメンバーは十数名でしたが、私たちが入った時には二十数名に増えていました。うち女子隊員は五名でした。学歴もまちまちで、正規の大学卒業生は二、三人、他はみな高卒か中卒、中には小学校卒程度の人もいました。ですが、国を愛する気持ちは同じです。ですから誰もが熱心で団結していました。

黄素貞　丘念台先生はかつて陝北の延安特区へ出向いて、青年の組織訓練・民衆運動・ゲリラ戦術などを視察されていました。そのため東区服務隊の学習生活も「自治・自覚・自省・自立」を等しく重視する原則が採用されていました。

私たちの日課は大体次のようなものでした。

朝五時半起床、身の回りの整理整頓、駆け足・運動、歌唱練習。

七時、朝の勉強会及び反省会。炊事当番二人が買出しと食事の準備。

九時、食事。食後、仕事或は訪問に出かける、或は自習。

午後五時、夕食。食後は自由時間。民衆を訪ねたり婦女夜間補習班を実施。

夜八時より会議。内容は工作計画会・工作反省会・生活反省会・時事討論会・学習討論会など。

日曜の夜は親睦会を開催。

夜十時、定刻に就寝。

蔣蘊瑜　団体生活による学習のおかげで私はどんどん進歩しました。台湾で日本の植民地教育を受け、中国語の文章や会話があまり得意でなかった私ですが、自覚的に猛勉強したため、少したつと、話すことも書くことも、部隊にある多数の中国語の蔵書を読むこともできるようになっていました。

入隊後の主な仕事は日本人捕虜の尋問の手伝いでした。日本語ができ、穏やかな態度で彼らに接しましたので、情報的価値の高い話をたくさん聞き出すことができました。

また、羅浮山の周囲の、半占領区である「三者不干渉地帯」での街頭宣伝や民衆の組織など、敵の前後方における政治工作を行いました。

夜間婦人学級

蔣蘊瑜　後に服務隊は命令により羅浮山徐福田を離れ、恵州より東にある横瀝鎮へと移動しました。ここは前線よりやや離れた場所で、文化が遅れ、文盲の多い土地でした。そのため仕事は政治の安定と民衆の教育が中心となりました。服務隊は横瀝を中心として次第に周囲へ発展していき、保ごとに戦時小学校を作る計画でした。

半年間で、恵陽・博羅・紫金・河源など四、五の県に四十五の小学校を作りました。私たちも無報酬の臨時教師となりました。男子隊員は各学校の昼間部を担当し、女子隊員は夜間の婦人学級を受け持ちました。

広東梅県松口地区客家村

　私が大陸で見た客家社会は、基本的に非常に封建的な男女不平等の社会でした。そこではどんなに生活が苦しくとも男児を学校に入れ、そして海外に出すのです。財を成せば故郷に帰って屋敷を建てます。客家の女性たちの多くは、相手に会うこともなく、ヤミ貿易の商人に写真を預け、南洋にいる客家の男性と結婚します。ですから生きるために婚家の百姓仕事を手伝わねばならず、しかもそれが大変なのです。男はふつう百姓仕事をあまりしません。さもないと、女性同士が口論したとき、相手にこう罵られることになります。「旦那一人養う甲斐性もないばかりか、逆に仕事を手伝ってもらっているくせに」

　さらに、男は固いご飯を食べますが女は粥しか食べません。しかも食卓にはつけず、台所で食べるのです。普段は子どもに食べさせながら食事をとります。男の子を生めない女性は、夫に妾を持たせねばなりません。金持ちはみな妾を持ちますが、これでさえ妻が手配してやるのです。

　突然雨が降りだしたとき、ある家から男性が出てきて、干してあった洗濯物のうち男性と子どものだけ取り込みましたが、女性の洗濯物は濡れるがまま、などという情景を目にしたこともあります。

浩東と知り合ったばかりの頃、尋ねたことがあります。「どうして女性は嫁ぎ先で言いなりにならねばならないの」浩東はこう分析してくれました。「これは経済問題だよ。伝統的封建社会の女性は独立した経済力を持っていないから、男性と平等の地位になれないんだ」そしてこうも言いました。女性の問題は実は社会構造の不平等の一環であり、不平等な社会を改造しなければ、女性は本当に男性と平等にはなれない。

地元の女性たちの地位がそう簡単に変わることはないと分かっていました。ですからせいぜい婦人の夜間学級を通して、彼女たちに読み書きを教えることしかできません。私たちは、彼女たちが自覚して自分の問題と向き合ってほしいと願っていました。目が回るほどの忙しさでしたが、でもそれは充実した有意義な忙しさでした。

その後、東区服務隊は再び前線に戻されました。羅浮山の沖虚観に羅浮中学を作り、附近の小学校卒業生を受け入れました。予算補助をする力が政府になかったため、羅浮中学では「民衆から得て民衆に還元する」という原則を採用し、一歩一歩仕事を進めていき、ついに「教育は前線へ」のスローガンのもと、めでたく開校しました。

羅浮中学の校長先生はもちろん丘念台でした。

旅籠で出産

蔣蘊瑜　沖虚観にいた頃、私は思いがけずまた妊娠しました。仕事に影響が出ぬようなんとかお腹の子どもを流そうとしました。医薬品の足りない戦地では民間療法の漢方薬を服用するしかありません。その薬は苦く、ある時など飲みこんだ途端に吐き出してしまいました。飢えていたのでしょう、一匹の犬がその汚物を食べた所、その場で死んでしまいました。それほどに強い薬だったにもかかわらず、どうしても流すことはできませんでした。

まさにこの時、丘念台は、東区服務隊としての任務を終了し国民党の台湾党務工作を行うと皆に発表したのでした。

丘念台　民国三十二年（一九四三）春、抗日戦の新たな情勢に対応するため、〔中国国民党〕台湾直属党部が福建省漳州にて正式に成立した。翁俊明（台湾省台南出身[注2]）が主任委員に就任、過分にも私も執行委員を務めることとなった。しかし中央党部が発した辞令は、四川省重慶から江西省泰和へ郵送された後、広東省蕉嶺県を経て博羅県の前線へと転送されたため、同年冬にようやく受け取った。同時に翁主委の書簡も受け取ったが、その時は台湾党部成立からすでに数ヶ月も経過していた。……

台湾党務工作に専念すると決め、七戦区長官部に東区服務隊の隊務終結を申し出た。余漢謀長官は非常に喜び、率直にこう言った。「貴君の服務隊だが、重慶ではとかく噂の

中國國民黨中央執行委員會任用書
任用翁俊明同志
為直屬台灣黨部執
行委員會主任委員
總裁蔣中正
中華民
三月八日
翁俊明先生任台灣黨部主任委員任用書

翁俊明台湾党部主任委員任用書

種になっている。これを機に全隊を解散して党務に専念したまえ。隊員たちはよくやってくれた。希望するなら本部政治部も配属を考えよう」。ところが政治部主任が隊員たちを各部隊の政工隊に編入させようとしても誰も行こうとはせず、恵州に開設した中学や各保の国民学校に残って教えたいと言う。彼らは時期が来たら私に従って台湾工作を行いたいと願っていたのである。……

三十三年（一九四四）正月、漳州へ出立せんとした矢先、翁俊明主委暗殺の報を受け驚愕する。……翁主委逝去後、中央は王泉笙を送って主任委員の後任とした。氏は福建省泉州出身、フィリピン華僑のリーダーである。党部所在地は命により漳州から福建省臨時省都永安へ移動した。

李南鋒　一九四三年十一月二十六日、中・米・英三ヶ国の首脳がカイロ会談後、共同宣言（カイロ宣言）を発表し、同盟国の対日戦の政策を明らかにした。その中で「台湾は戦後祖国の地位を回復する」ことが決まった。それで私たちは台湾の将来に対して大きな期待を抱いたんだよ。

翌年二月、丘先生は浩東・蕭さんと私の三名の台湾籍隊員を伴って、広東恵州を出発し二十日間歩いて福建省永安まで活動報告に行った。

蔣蘊瑜　浩東たちが隊部を出てまもなくの三月、二番目の子どもの予定日がやってきました。陣痛が来そうな予感がずっとありましたが、羅浮山区の隊部には出産できる場所はありません。そこである男子隊員に付き添ってもらい、一日がかりの道を歩き、さらに二、三時間船に揺られて恵陽に向かいました。恵陽で数日過ごしましたが、そこでも適当な場所がみつかりません。身体はますますつらくなっていました。やむなく徒歩で横瀝鎮まで行きました。蕭さんの奥さんが横瀝から三十分ほど歩いた裏東小学校で先生をしていたので、さらに歩いてそこまで行きました。ところがそのあたりの村では、見知らぬ人間を家に入れてお産させることはしないのです。蕭さんの奥さんも出産できる場所を見つけることができず、私はやむなく横堀まで戻り宿をとりました。たまたま泊まり客の中に助産婦がいて、彼女の助けを借りて男児を出産しました。産後数日すると横壢一帯は水害に見舞われました。水が退くころには私の懐も寂しくなっていましたので、泥道を歩いて羅浮山区へ戻って行きました。隊部に戻ると、まるまる一ヶ月のあいだ、アヒルのタマゴをゴマ油で煮て食べ、それで産後の身体を養いました。一ヶ月後、横壢の旅籠から転送されてきた浩東の手紙を受け取りました。

あの人はこう書いていました。「おそらく君は衝動的に隊部に戻ろうとするだろう。だが、焦って戻らないように。まず心を落ち着けて産後の身体を養いなさい。すぐに送金するから」

二、三ヶ月後、日本軍は恵陽・博羅の両県を完全に占領しました。私と他の二名の教員は、学生を連れて山村に逃れ、野外で授業を続けました。

一九四四年末、不作のため、東江地区はひどい飢饉に見舞われました。そのため日本軍はあちこちで食糧を強奪し、戦利品で軍隊を養っていました。ある時、日本軍が夜中に米を奪いに来たので村人たちは次々に逃げ出しました。私は緊張のあまり厚手の服も持たず、おむつだけを持って赤ん坊を抱き、野外に避難して木の下で二晩過ごしました。後になって村人たちから笑われましたが。この時期、肉を口にすることができたのは、村人が猟から戻ったときだけでした。

在留台湾同胞に反旗を翻させる

丘念台　永安で党部主管者と台湾党務発展に関する工作計画数項を策定した。一、人員を派遣し、

台湾義勇隊と少年団成立（1939.2.22　浙江省金華にて）

廈門・汕頭・広州・香港に深く進入、各地に在留する台湾同胞と連携を取る。特に日本人に雇用されている台湾同胞を確保し、工作站を築く。二、福建東山島にも工作站を設け、遠洋漁船の船員を活用して台湾澎湖島に潜入し内情調査・情報収集の準備を行う。後者の計画を実行する準備として、私は彰浦・雲霄・詔安と迂回して広東に戻り、その足で東山島に渡り実地調査を行った。一週間余り滞在した末、環境は十分に整っていると判断した。

活動推進組織については、二つの機構を設けることを台湾党部書記長とも相談し定めた。一つは閩南工作団、一つは粤東工作団である。各々が活動を分担し、華南各省の淪陥区（日本占領区—訳注）の台湾僑民を活用し台湾に浸入、活動せしめることが目的である。

当時、台湾出身の李友邦が龍岩県に台湾義勇隊を組織していたが、これは三民主義青年団（注3）に所属しており、嘉義出身の劉啓光（注4）が江西に設立した台湾工作団は第三戦区長官部に所属、両組織とも戦地工作を行うのみで、論陥区の台湾僑民及び台湾本島へ浸入する任務は負っていなかった。そこで粤東工作団団長を私に担任させることとなったが、これは私が広東省恵陽・博羅両県に旧東区服務隊の幹部四十余名を擁しており、広東沿海の敵前及び背後の活動を担うことができたからである。閩南工作団団長は、当時漳州・龍岩・永安各地に駐在する台湾党部執行委員の中から人選を行う予定であったが、承諾する者がなく、粤東工作団の基礎が固まるのを待ってやはり私が兼任することとなった。

永安と漳州に約二ヶ月逗留し、ようやく広東省恵陽の駐留地に戻った。抗戦は勝利間近の苦しい段階に入っており、時機を捉え積極的に活動を展開する必要があった。そこで直ちに台湾省党部粤東工作団を立ち上げ、各学校に居た隊員全員を党部工作に投入、やはり羅浮山区の恵陽・博羅を根拠地とした。当地の駐留部隊及び地方政府の諒解を得るや、すぐさま団員たちを、行商人に変装して香港及び広州の各地へ深く進入

台湾義勇隊と李友邦

大陸各地に分散している台湾同胞に抗日戦救亡運動を呼びかけ、一九三九年二月二十二日、軍事委員会直属台湾義勇隊および台湾少年団が浙江省金華に設立された。対敵活動、医療、生産、巡回宣伝が主な任務。軍事委員会政治部は台湾独立党主席李友邦を義勇隊隊長および少年団団長に任命。一九四二年、金華陥落に伴い、事前に福建省龍岩に移転した。同年夏、上級の命により、義勇隊内に三民主義青年団中央直属台湾義勇隊分団部を結成。李友邦が団部主任を兼任した。台湾光復後、義勇隊および少年団は命により解散した。

李友邦（一九〇六―一九五二）は原名李肇基、台北蘆洲の人。台北師範を経て黄埔軍官学校第二期生。光復後、帰台し、国民党台湾省党部副主任委員および台湾省党部三民主義青年団台湾区団部主任を兼任。二二八事件に団員が多く関わったため南京に護送された。夫人厳秀峰の懸命な救出活動により、五月末に釈放された。一九五一年十一月十八日早朝、「共産党スパイ庇護、軍事機密漏洩」の罪名で再逮捕され、一九五二年四月二十二日処刑された。

させ、様々な方法で密かに連絡を取らせた。最もよく用いたのは、名刺に暗号文を書き腸詰の中に隠して情報の遺漏を防ぐ方法である。

このような浸入活動は三、四ヶ月を待たずして多大な効果を現し、各地の台湾僑民との連絡がついた。後は当方からの適切な指示を待つのみとなった。

李南鋒　私たちは丘先生と福建省永安まで活動報告に行った。その帰り漳州・龍岩まで足を伸ばして、台湾三民主義青年団の李友邦と連絡をとり、国民党台湾党部粤東工作団と台湾三青団粤東工作隊の二枚看板を持つことにした。

福建の視察から戻ると、丘先生は私と浩東並びに二名の大陸内地の同志を広州の日本軍占領地域に侵入させ情報活動や台湾同胞扇動工作にあたらせた。

その年の秋、国民党の情報員が偵察してきてわかったことだが、年齢およそ二十四、五歳の男が一名、石龍の日本軍検問所を通過する際、日本軍と何言かひそひそ話をして検査もされず、すぐに通行を許された。情報員はこの不審者を尾行監視した。この不審者は恵陽に着くとすぐに旅館に宿をとった。情報員はこの人物が陳明という台湾人であることを調べ上げた。すぐには確証が得られないので、即逮捕することはできず「スパイ容疑」で監視対象とした。

国民党はこの情報を丘先生に伝え、調査に協力するよう言ってきた。そこで丘先生は浩東、蕭さんと私の三名の台湾籍の隊員にこの任務を与えた。私たちは陳明が泊まっている旅館に投宿し、同郷のよしみということで接近し、たちまち懇意になった。探りを入れると、彼は日本軍の情報機関から恵陽に派遣され、専らＢＡＡＧ〔British Army Aid Group の略―訳注〕の状況を調査していることがわかった。この時初めて香港陥落後、ＢＡＡＧが恵陽一帯に撤退（ママ）して来ていることを知った。

香港と東江

日中戦争勃発後、香港とその後背地に位置する東江一帯は広九鉄道沿線を含め戦略的にも重要さを増した。一九三八年十月には日本軍が広東作戦を敢行、間もなく広州が陥落。一九四一年十二月には香港が陥落した。広東人民抗日遊撃隊（後に東江縦隊に改名）は拠点を広げ、根拠地を築き、日本軍と対峙すると同時に、後方奥深くに退いた抗日中心勢力と南洋華僑および国外とのルート確保に努めた。この道を辿って多くの南洋華僑の青年が抗日に馳せ参じ、南洋華僑は資金または物資援助を続けた。香港に避難した愛国民主人士および進歩的文化人を桂林・重慶に護送したのもこの遊撃隊である。彼らの多くが東江を遡り、韶関を経て、桂林への道を辿った。茅盾はじめ文学者・新聞人・教育者・演劇人・映画人ら三百余名に加え、国民党第七戦区司令長官余漢謀夫人も含まれている。イギリス、アメリカとの国際的協力も盛んで、香港大学医学部教授リンゼー・ライドは一九四二年三月にBritish Army Aid Groupを結成、イギリス人、中国人を中心にさまざまな国籍、身分の人々を組織して、東江縦隊などの協力の下、情報収集・脱走者援助・医療奉仕・通信連絡の活動を展開した。米軍は大戦末期の一九四四年十月になると、ここに東江縦隊と共同で通信連絡所を設け、敵情情報の蒐集にあたり、米空軍の対日作戦、華南上陸作戦に備えた。独立第十四航空中隊は後に興寧に連絡事務所を設けた。

そこで先生は陳明と面会し大義をもって諭し、広州に戻って日本軍の情報提供と台湾同胞を立ち上がらせ武装蜂起を促す手伝いをするよう説得した。彼は二つ返事で承諾した。

丘先生は国民党当局に状況を説明した後、陳明を広州に帰した。二日後、先生は再び浩東をリーダーとして、私と二名の大陸籍の隊員徐森源と鄧慧さんの四名を広州へ派遣した。

鄧慧　私は丘念台の秘書という名目で赴いた。丘念台は官級や爵位を与えるという方法で台湾同胞を抱き込もうとしていた。つまり誰それを武装蜂起軍指令に任命するとか、誰それを台湾の某市や某県の長にするといったやり方である。但し先方の名前は記入せず、それと丘念台の官職が印刷された名刺に紹介文を書いて、それを持って会いに行くのである。これらの書類を私に持たせた。

これらの書類を持ち歩くのが危険なことはわかっていたので、あれこれ考えて一つの方法を考えついた。つまり恵陽の郵便局で切手を包むパラフィン紙を買い、それから市場へ行き八斤のソーセージと五斤の羅浮山の乾燥野菜を買って来て、箸でソーセージに穴をあけ、書類をこよりのようにしてパラフィン紙で包み、ソーセージに詰め元通り塞いで印をつけておくという方法である。

私は中折れ帽を被り行商人に変装し、恵城から船に乗り石龍で下りた。予めある興寧人が営む筆屋に泊まることに申し合わせてあった。下船すると必ず検問所を通って、日本憲兵と汪傀儡政権軍の検査を受けなければならない。傀儡政権軍は鍾浩東、李南鋒、徐森源の検査はさっと済ませてすぐに通したが、私だけが引き止められた。日本の憲兵は汪傀儡軍に命じて私を厳重に検査させたが、疑わしいものを何一つ見つけることができなかった。日本の憲兵はまた私を睨みつけたが、私が堂々としていたのでやっと通行を許可した。

鍾浩東、李南鋒、徐森源は私が捕まって連れて行かれたと思い、日本軍の通訳をしている興寧人を通じて問い合わせ、何とか私を助け出そうと筆屋の店主と相談しているところだった。折しもそこへ私がひょっこり戻ってきたので、三人は仰天していた。

「鄧さん！　どうして自分だけ特別に足止め食ったかわかりますか？」日本語のわかる鍾浩東が率直に話してくれた。「あなたが下船するとすぐ、日本の憲兵はあなたのことを田舎者にも見えないし、行商人にも見えない。怪しいぞ！　と話していたんですよ」そこで初めて私の下手な変装が引き起こしたことだと知った。

翌朝早く、私たちはまた日本の船で広州へ向かった。

広州で陳明を尋ねて行くと、彼は鍾浩東と私を恵愛路（現在の中山四路）の禺山旅館へ、徐森源と李南鋒を河南地区の床屋の二階の宿泊先に落ち着かせた。その夜、同盟軍の飛行機（米軍機）が広

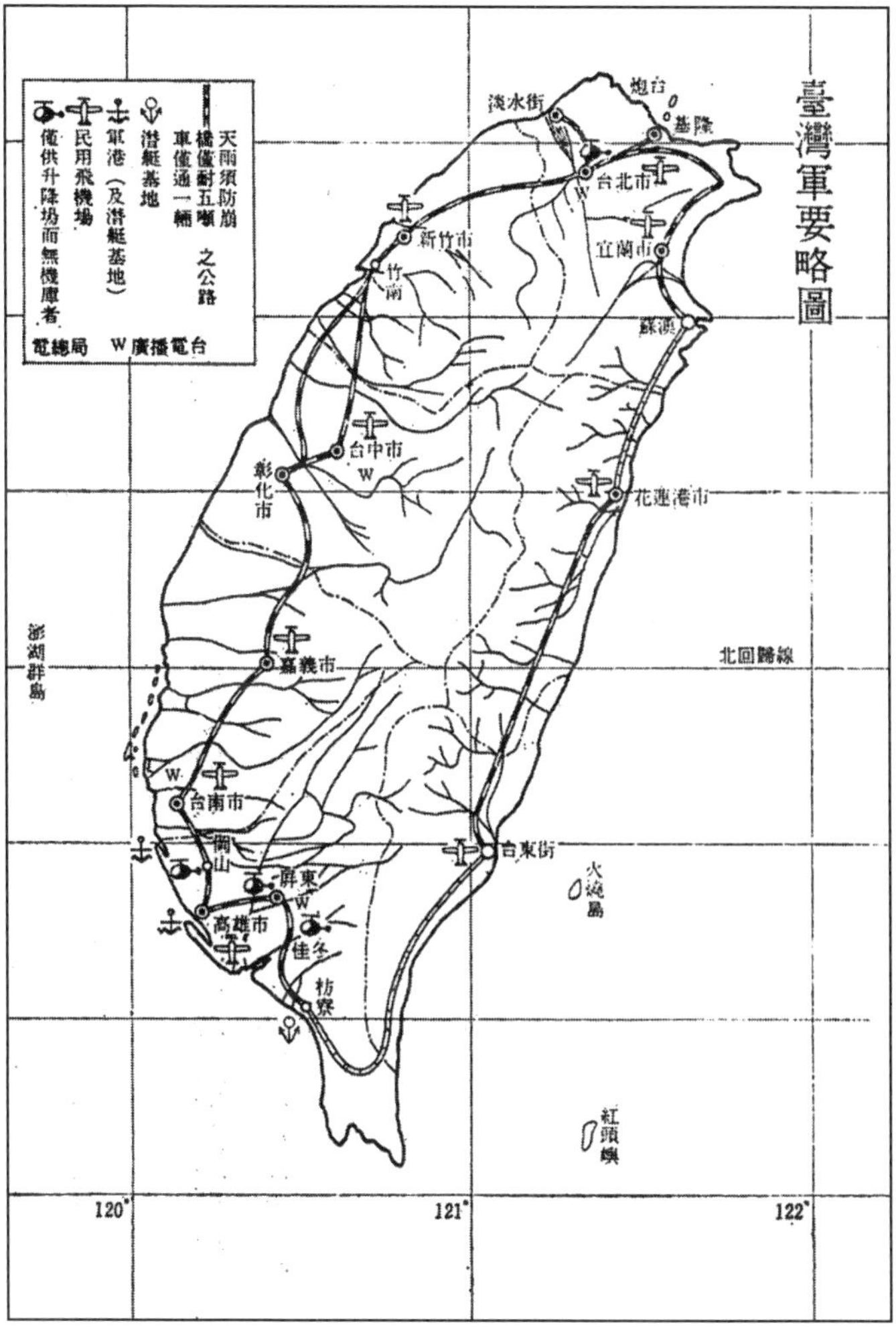

抗日戦末期、丘念台が国民党中央に提供した日本軍の情報

州を爆撃し、灯火管制が敷かれた。おおよそ一時間後、日本の憲兵が突然私たちの部屋に立入検査に現れた。

翌日、鍾浩東が陳明に事情を説明すると、陳は私たちを連れて太平南路の日本人が経営するホテルに宿を移した。ここは出入りが便利で検査もなかった。

太平南路交差点にある日本人がやっている喫茶店のホールで、陳明が見つけてきた三十名ほどの台湾同胞と座談会を開いた。……目下の状況をひと通り説明し、彼らが状況をはっきり認識し、組織して蜂起するよう、またもし内陸に行きたい者があれば、喜んで歓迎する等と激励した。

私たちは広州に六日滞在し、残りの書類は陳明に渡して戻って来た。

原郷を訪ねる

丘念台　民国三十四年（一九四五）一月、米国第十四航空隊は興寧に連絡事務所を設け、台湾の人士を募り台湾上陸の先導となそうとした。私は恵陽横瀝鎮にて、元東区服務隊所属の台湾党部粤東工作団団員を率いて興寧に向かうようにという閩贛粤辺区総司令香翰屏の電報を受けた。時あたかも恵州再陥落の只中、私は全団を伴い恵陽から梅県南口圩へ移駐させた。

蔣蘊瑜　浩東の原郷は梅県嵩山で、南口圩からさほど遠くはありません。浩東は行ってみたいと思いながらお躊躇していました。丘先生に叱られるのを心配していたのです。私は彼を励ましました。私たちはそっと隊を離れ、嵩山のあちこちを見たり、歩いたりして、地元の旅籠に一晩泊まり、隊部に戻ってきました。

丘念台　私の率いる台湾党部粤東工作団は、在穂（広州）・港（香港）・汕（汕頭）台湾同胞との連絡がついたため、三十四年（一九四五）七月、広東省梅県より福建省永安に赴き台湾党部に一年間の活動経過の報告を行った。そして台湾党部の閩南工作団を立ち上げ廈門及びその付近の臨海地区に向け活動を展開しようとした。

ところが天皇は八月十五日勅令を発し、正式に降伏を宣言、侵略というその凶暴な罪行を終結した。

私は永安でニュースを聞き及ぶや、情勢の急変を痛感し、我々の工作隊伍及び広東沿海各地の数万の台湾同胞に対し迅速なる措置をとる必要に迫られた。そこでその日のうちに急遽福建を出立し梅県に戻り、協議の上、団員の一部を率いて恵州に直行し、そこから広州に向かう一方、一部を汕頭に向かわせ連絡を取らすこととした。

当時粤東工作団は既に広州に工作站二箇所・移動工作站二箇所、香港に工作站一箇所、汕頭・潮州にも工作站一箇所・移動工作站二箇所を設けていた。我々は速やかに撤収し、接収工作推進に協力せねばならなかった。しかも数万の台湾同胞と現地軍民の間にはすでに種々の誤解が生じており、適切な慰撫が施されねば彼らが苦痛を感じるばかりか、情勢の変化が故郷台湾回復の前途に影響を及ぼすことは必至であった。

九月、張発奎と孫立人の部隊（新一軍）はすでに陸続と広州に急行していた。私は工作員六名を伴い梅県から興寧・五華・紫金を経由して恵州に至り、広州に移動した。

蔣蘊瑜　浩東は丘先生の命を受け、団員の一部を率いて汕頭工作站に向かい、接収および台湾同胞の慰撫に協力しました。このとき蕭夫妻と南鋒はすでに丘先生の工作団を離れ、広州に向かっていました。

丘先生は汕頭から戻った浩東に「蕭君や李南鋒も発った。君たちも行きなさい」と言い、一通の手紙を浩東に渡しました。「これは李友邦が君たちに宛てた手紙だ。彼を尋ねていくといい」

その手紙を読んではじめて、私たちがここを離れてしまうと仕事が滞るのではと心配した丘先生が李友邦の手紙を押さえていたのだとわかりました。

浩東は私を連れて李友邦に会いに行きました。そして台湾三民主義青年団第三分団の名義で広州の恵愛路に事務所を設け、広州にいる台湾同胞の帰郷の手助けを行いました。

丘念台　当時広州及び近郊に居留していた台湾同胞は約二万人。そこには日本の正規軍に隷属していた千六百人も含まれる。これらは植民地当局によって強制的に大陸へ送られ中国軍と矛を交えた者たちである。日本投降後は広東軍に移管されたが、うち三百人は看護婦であった。彼らは自らが置かれている立場や前途に対して漠たる思いに囚われていた。特に看護婦たちは、接収当初多数の者が不安のために自殺した。私は工作隊員と共に閩南語或いは日本語を用い、台湾の歴史の変化と、祖国に復帰すればあらゆる台湾人は中国国民に戻るという事実を説明した。こうして彼女らの気持ちは次第に落ち着いていったのである。

〔注〕
1　清朝末期、広東・広西等で通用した銀本位の貨幣。辛亥革命後、広東省の本位貨幣となる。広東広西発行の紙幣は毫洋を単位とし毫洋券と称された。広東省発行のものを粤幣、広西省発行のものを桂幣と称した。一九三八年一月一日より、広東省は法幣を本位貨幣と改め、広東毫洋券は、毫洋一・四四元を法幣一元とするレートで回収された。

2　翁俊明（一八九二―一九四三）台南市の人。台湾総督府台北医学校卒。同盟会初の台湾籍会員。「台湾の国民党の父」と呼ばれる。一九一三年、学友杜聡明と袁世凱暗殺を謀るも失敗。卒業後、廈門・上海で俊明医院を開設し、反日運動を掩護。一九四〇年、香港で中国国民党中央組織部直属台湾党部籌備処を立ち上げ籌備処主任就任。一九四三年四月、中国国民党直属台湾執行委員会主任委員就任。一九四三年十一月、福建省龍渓において毒殺さる。

3　三民主義青年団、略称三青団。国民党が青年を吸収した団体。一九三八年七月武昌に於いて成立。蔣介石が団長、陳誠が書記長に就任。抗日戦を名目として共産党から青年を奪取し、国民党統治地区及び淪陥区の多数の青年を同団の開設した軍事学校或は特務訓練班に吸収して、国民党軍事幹部或は特務の中核として養成した。

4　劉啓光（一九〇五―一九六八）原名侯朝宗。嘉義県六脚郷の人。台南師範卒。農民運動に身を投じ簡吉、趙港と共に、一時は三大農民領袖と呼ばれた。一九二八年大陸へ渡る。上海・福州・廈門等で抗日活動に従事し、その後重慶軍事委員会政治部で対敵宣伝工作を主管。一九四〇年から台湾接収工作に介入。国民党中央に台湾党部籌備処を設立し、台湾省党務の基礎を打ち立てることを建議。蔣介石の命を受け軍事委員会台湾工作団主任を担任、同盟軍上陸に協力すべく台湾青年を訓練。戦後帰台し新竹県長。一九四七年華南銀行頭取。

第四楽章　帰郷

広播信箱《ラジオのおたより》を出す。重慶台湾革命同志〔盟〕会鍾和鳴宛。まったく別の世界、地理的な隔たり——杳として手の触れようのない——ばかりか、生活感覚も隔たったもう一つの世界と、にわかには信じがたい便りを交わしているような気分である。隔世の感を強くする。

——「鍾理和日記」

一九四五年九月二十八日、北平

帰郷

蔣蘊瑜　一九四六年四月、浩東は広東省政府から貨物船「沙班」号を借り受け、台湾同胞たちを三回に分けて台湾に送り返しました。私は横壢恵安の旅籠で生まれた二歳になる次男恵東を連れ、蕭さんの奥さんや南鋒などと第一便で先に台湾に帰りました。浩東は第三便で戻ってきました。

こうして私たちは五年にわたる祖国での抗日の歳月を終え、台湾再建の隊列に加わろうとしていました。

李南鋒　私たちが乗った貨物船は、広東省政府から借り受けた日本人の置き土産の旧船だった。船は無事台南に着いた。上陸して目にしたのは、至るところ廃墟と化した戦後台湾の惨状だった。日本の占領以来、台湾の庶民生活の困窮ぶりは理解に難くない。

鍾里義　浩東の性格は、幼い頃から鷹揚で社交的でしたね。彼が高校の、たしか退院して間もない頃、こんなことがありました。父がわざわざ台北まで出向き、古亭町の下宿に彼を見舞った時のことです。父の話によると、二人で雑談していると、ちょうど友達がやって来て、少しばかり金を貸して欲しいと言った。すると浩東は何のためらいもなく「金ならそのハンガーにかかっている服のポケットに入っているから、要るだけ自分で取って持って行きなよ」と言ったそうです。話し終わると父は満足げにまた得意げにこう言ったものです。「は、人はこのわしのことを鍾蕃薯は太っ腹だと言うが、わしがどんなに太っ腹でも、あいつにゃ到底かないっこないわい。いやあ、参った、参った！」

こんな性格ですから、私服を肥やすなんてこととは、まるで縁がありませんでしたね。そう、終戦時も広州で接収委員を務めたが、何一つ自分の懐に入れるどころか逆に電報を打ってよこし、現地にいる台湾人を送り返すための船を借りなければならないので、銀貨三千円為替で送ってくれと言い出す始末でした。浩東が戻って来た時、そのポケットにはただの一銭たりとも残っちゃいませんでした。

私は思いましたよ、包公〔宋代の清廉潔白で名高い判官包拯―訳注〕の清廉さも浩東には敵うまいとね。

あんな質素な校長はいない

蔣蘊瑜　台湾に戻ると、私は台北放送局に務め、業務の仕事を担当しました。浩東は教育の仕事に就いて学校運営を行いたいと希望していました。その頃、政府の役人は、市長級以上ならハイヤーが使えましたが、校長は人力車しか使えませんでした。浩東は冗談めかして私に聞いたものです。

「お前は車に乗りたいかい、それとも人力車？」

もちろん浩東の志望はわかっていましたよ。丘念台先生はすでに東区服務隊でのキャリアが長い隊員三名を推薦していましたので、さらに浩東を推薦するのは具合が悪かったのですが、それでも推薦状を書いてくださり、鍾姓の先輩を訪ねるよう言われました。そこで丘先生の紹介状を持ってその方をお訪ねしました。その方は手紙を見るとすぐさま紹介状を書いてくださり、しかも私を「蔣渭水の娘」として教育処長の范寿康〔注1〕に会えるよう取りはからってくださいました。

光復間もなくの鍾浩東（前２列右２）と六堆からの旅行団

まもなく范寿康の返事が来ました。浩東に法商学院で教鞭を執れ、というのです。しかし浩東の志望は教鞭を執るだけではなく、学校の運営にありました。そこで浩東は自ら范寿康に会いに行き、赴任の意志がないことを伝えました。

范寿康は浩東にこう説明しました。「これは私の意見ではなく、丘先生の意見なのだ。私は丘先生の考えを伺ってみた。君に行政能力がなく、校長となるにはふさわしくないと考えているのは丘先生なのだよ」

浩東は丘先生がそのような偏見を持つとは信じられず、今度は丘先生を訪ねて行きました。その後丘先生から自宅に電話があり、浩東が校長になることを支持する、だが台北にはもうポストがないので、台北郊外の基隆中学を引き継ぐように、ということでした。

八月、浩東は高等部と中等部を持つ基隆中学での引き継ぎに着手しました。

浩東が赴任した日、恵陽の旅籠で生まれた次男が熱を出したので、私は放送局に出勤する気になれず休みを取って看病していました。流産しようと漢方薬を服用したため、この子は生まれた時ひどく醜く、身体が弱くてすぐに病気をしました。服務隊にいた時に大半の人がマラリアに罹ったのですが、私も同様でした。普通は、発作が起きたら生姜湯を作って飲めば治まります。この子もきっと同じだろうと思い、生姜湯を作って飲ませました。ところが熱が下がりません。慌てて台大病院の救急に連れていき、同時に人に頼んで基隆中学まで知らせに行ってもらいました。

急性のマラリアだったため、キニーネを飲ませても効果がなく、浩東が病院に駆けつける前に子どもは熱で脳をやられ、とうとう死んでしまいました。

この子は浩東にとてもなついていて、おしりを拭いてやっているところに父親が帰ってきたら、そのままだっこをねだったりしたものです。ですから、浩東は子どもが亡くなったことをどうしても受け入れられませんでした。

「土下座してでも、医者に助けてもらうよう頼まなければ」と夫は私を責めました。

翌日、浩東は心痛の余り一日中伏せっていました。その後、校長室の日本植民地時代には天皇の写真が置いてあった場所に子どもの骨壺を置きました。また火葬に付した頭蓋骨を机の上に置き、あの子を思うたびに手にとって撫でるのでした。

このとき私は三番目の子どもを宿していました。抗戦のために長男は里子に出し、やっとの思いで生んだ次男は自分のうかつさから夭折させてしまった。それを思うと、つらくて、浩東に申し訳ない気持ちでいっぱいでした。ですから、まもなく生まれてくるであろう三番目の子どもをしっかり育て、母親としての責任を全うしようと心に決めたのです。

陳徳潜　私は基隆中学の第十六回生です。在学中は級長及び全校学生連盟代表を務めました。

鍾校長は人情味あふれる方で生徒に愛情深く接していました。貧しい家庭の子弟には自腹を切って学費を立て替えてやっていましたが、自分の家族はというと学校の裏山の粗末な木造の家に住んでいました。

鍾里義　浩東が校長をしている時、ある同郷の長老が仕事で台北へ行ったついでに、基隆中学に彼を訪ねたことがありました。その人は浩東の質素な身なりに驚き、帰ってくるとそこらの年寄りに「あの鍾和鳴という御仁は、校長にまでなっておりながら、今もってあんなに謙虚で、分相応な服さえ着ておらん！」と話して聞かせました。

年寄りの中にはにわかに信じがたく、台北へ行く用をこれ幸いに、自ら基隆中学に浩東を尋ねて行き、それでやっと納得する人もいたくらいです。戻ってくると皆はしきりに、いやはや何とまあ腰の低い、まるで年季の入った百姓みたいな校長ではないか！と噂しあっておりました。

こんな具合で、六堆一帯の客家庄で北は美濃から南は内埔に到るまで質素な鍾浩東校長を知らない者はまずおりますまい！

基隆中学全景

四方に人才を求める

陳徳潜　鍾校長の思想と教育は非常に進歩的でした。しかも多芸多才で、多くの一流教師を基隆中学へ教師として招聘していました。

李南鋒　帰郷後、私は直ちに台北へ行き、蔣碧玉と一緒に台北ラジオ放送局に就職し、二人とも業務に携わった。当時の放送局局長は林忠さんだった。福建にいた時から、私も浩東も林さんとは面識があり、その頃彼は国民党直属台湾党部の書記だった。

一九四六年九月、浩東が引き継いだ基隆中学の新学期が始まる前、私は放送局を辞め、基隆中学で教育に携わることにした。当時の私の職務は訓導処管理組長というものだった。浩東はおそらく東区服務隊での活動経験を台湾でも活かし、若い世代を立派に教育することを望んでいたんだと思う！

李清增　終戦の翌年すなわち一九四六年二月末、日本から台湾に戻って来た。郷里の屏東長治へ戻るとすぐ、屏東工業学校の教員になった。同時に同郷の邱連球と協力して、その一帯で日本人勢力に媚びへつらって悪事を働いていた不逞の輩どもを懲らしめていた。

その年の夏休みのある日、連球の家で鍾浩東と出会うこととなった。浩東の高名は植民地時代からかねがね聞き及んでいたし、鍾浩東・鍾九河・蕭道応が六堆一帯の客家庄で最も優秀な青年であるというのは誰もが認めることだった。

あの日、たしかこんなやりとりをしたように記憶している。

「基隆中学に来て、一緒に学校運営をやってみる気はないかい？」

「僕の専門は機械です。製糖工場で働くほうが、まだしも向いていると思います」

今思い返すと、その年はまだ基隆中学を運営する前だったから、きっと台湾全土を東奔西走して、広く優秀な教師を招聘していたんだろう。これをきっかけに、浩東が用事で南部に戻ってくる度、僕たち数名はいつも寄り集まって討論をするようになった。

李旺輝　一九二二年、私は高雄美濃の貧しい小作農家に生まれた。一九四一年三月、宮崎県の宮崎工業高校を卒業後、上京して株式会社鹿島組〔現鹿島建設株式会社―訳注〕で働き、一年後いくらか蓄財ができたので、再び東京の研数専門学校に入った。

日本の降伏後、一九四六年三月台湾に戻ってきた。

光復後、台湾経済は不況に喘いでいて、職にありつくのもままならず、教職に就くにも賄賂とコネがあって初めて教壇に立てるといった有様だった。しかし鍾浩東校長が運営していた基隆中学では、そのような不正は一切通用しなかった。どこそこに良い教師がいると聞きつけると、必ずやすぐさま自らが赴いて熱心に招聘するのが校長のやり方だった。私は基隆中に数学・物理・化学の専任教師の欠員があったため、鍾校長本人に熱心に誘われ、基隆中で教員を務めることになったという次第だ。

その年の四月、初め高雄中学で数学を教えることになったが、学校の汚職の風潮に我慢ならず、十月比較的美濃出身者が多い高雄工業高校に移った。ところが思いも寄らないことに、工業高校の風潮も腐りきっていて、もっと酷い汚職がはびこっていたのである。

まるで社会全体が堕落腐敗していくような気がして、将来に関しても絶望的な思いだった。

ちょうどそんな折の冬休み、鍾浩東校長が従兄の邱連球に伴われてやって来た。邱連球も当時、基隆中学総務処で事務局長の職に就いていた。彼の岳父が我が家の近所に住んでいたが、私は両名とは面識がなかった。

鍾校長はこう言った。弟の鍾里志が美濃に李旺輝という教師がいて、高雄中学と工業高校で数学を教えているが、教え方もなかなかのものだと言うので、是非とも君に会ってみたくてやって来ました。

鍾里志とは面識はあったが、それほど親しいというわけではなかった。友人の中には彼と親しくしている者もいたので、ひょっとすると鍾里志がその友人らに私のことを尋ねて、鍾校長に紹介したのかも知れないと思った。

1955 年、兄鍾理和（右 2）を訪問した鍾里志（左 1）

私は高雄工業高校の雰囲気にとっくに嫌気がさしていたし、鍾校長の印象がとても良かったので二つ返事で引き受けた。

陰暦の正月が過ぎて学校が始まるとすぐ基隆中学に赴任した。

鍾里志　鍾里志です。浩東は私の異母兄で、私と理和はどちらも小母《はは》じゃの子ということになります。浩東が基隆中学校で校長になった後、私も招かれて基中に行き、総務部で出納係長を勤めました。

たしか隣の宿舎に住んでいた藍明谷先生は理和が北

京にいた時から親しくしていた文学青年で、台湾へ帰った当初は教育会に勤めていたのですが、その後理和兄の紹介で基隆中学で国語を教えるようになりました。

戴伝李　鍾浩東は僕の姉婿にあたる。基隆中学の校長になった時、僕は台湾大学政治系の一年生だったが、義兄に招かれ教壇に立つことになった。そこで僕は台北高等学校の卒業証書を免状代わりとし、高校一年の英文と数学を教えることになった。当時満二十歳になったばかりで学生とは一、二歳しか違わなかった。僕の授業はちょうど大学の授業がない月・水・土曜日に組んであり、毎日六時間、週十八時間を受け持った。その他の時間はそれまで通り大学に通っていた。

楊基銓　台湾が光復し、国民政府の官員たちが陸続と来台してくると、台北高校時代の台湾人同級生鍾和鳴が、高校二年の夏休みに姿を消して以来十二年ぶりに忽然と私の前に現れた。この時はすでに鍾浩東と改名し、省立基隆中学校長に任命されていた。数回顔を合わせたが、じっくり話し合う機会はなかった。私は彼の依頼により、東京帝国大学の後輩である張国雄を基隆中学の英語教師として推薦した。

学生時代の藍明谷

張国雄は台中県出身で、東大法学部に入学後まもなく病気のため休学、台湾に戻って療養していた。台湾光復の頃にようやく病が癒えたが、東大には戻らず、台湾大学に転入して勉学を続けることもなかった。当時台北市長黄朝琴が英語のできる人材を求めており、張君は英語に堪能であったため、市政府の募集に応じ、優秀な成績で採用され、台北市政府に服務していた。のち、黄市長が市政府を離れ、張君の才能を発揮する場がなくなったため、私の紹介によって基隆中学で教鞭を執ることとなったのである。

鍾和鳴と張国雄の両人が一九五〇年代初頭の白色テロの時期に、共産党スパイとして治安部門に逮捕され、銃殺に処せられようとは、全く思いもよらぬことであった。この事に思い至るたび、非常な痛苦を感じる。とりわけ張国雄に対しては、「我、伯仁を殺さずと雖も、伯仁、我に由って死す」〔晋の王導が事情を知らずに恩義ある周顗（字伯仁）を死に追いやったことを知り、大いに嘆じて発した言葉—訳注〕の感を禁じ得ないのである。

黎明華　私は黎明華、一九二三年広東梅県生まれの客家です。一九四二年冬、丘念台の率いる東区服務隊に参加し、鍾浩東・蔣蘊瑜・李南鋒と蕭道応・黄素貞の五人の台湾青年と知り合った。一九四四年初め東江縦隊に転入したが、日本が降伏した後、東江縦隊の主力が北に撤退したため郷里に帰った。

その後、鍾浩東が基隆中学の校長になり、東区服務隊の大陸籍隊員の何人かが彼について基隆中学で職についたという話を耳にした。そこであちこち問い合わせて基隆中学

東江縦隊

日本軍の広東作戦が始まると、香港在住の恵州出身者は香港恵陽青年会回郷救亡工作団を組織、それを母体に帰郷して二つの遊撃隊を組織した。遊撃隊は政府軍から正式な認可をえて活動、指導は駐香港八路軍代表廖承志が行い、民族統一戦線が組まれた。指導者の曾生（一九一〇—一九九五）は香港海員ストライキを指揮した共産党員である。

一九四〇年九月、戦区編成変えに伴い、東江一帯は第七戦区に編入され、曾生率いる広東人民抗日遊撃隊第三大隊および王作堯率いる第五大隊に改編された。しかし政府軍との軋轢は日増しに深まり、一九四三年十二月、共産党は「東江縦隊設立宣言」を発して、全ての遊撃隊を糾合、広東人民抗日遊撃隊東江縦隊（通称東江縦隊）を発足させた。司令官は曾生。一主力大隊・五地方大隊・一護衛大隊を管轄。一九四四年には人口一二〇万を擁する遊撃根拠地を築き上げた。一九四五年、部隊は九千余名、九支隊に発展した。一九四六年六月、重慶国共会談の合意にもとづき、主力部隊は山東解放区に撤退した。

で訓導主任を担当する徐森源の連絡先を突き止め、手紙を書いて台湾へ行って仕事を探したい旨伝えた。十日を待たずして徐森源からの返信を受け取った。

「台湾へのお越しを歓迎する。仕事のことは台湾に到着したうえで考えよう」と書いてあった。

母に相談するときっぱりと承知してくれ、その上些かの土地を売って旅費の工面をしてくれた。

一九四六年十一月十五日、船で汕頭まで行き、廈門を経由して一週間後基隆に着いた。上陸するとそのまま汽車で八堵まで行き、基隆中学を訪ね、鍾浩東と蔣蘊瑜夫妻・徐森源・李南鋒・鍾国員・黄素貞・鍾国輝夫妻・徐新傑等の東区服務隊の旧友と再会した。学期が始まってだいぶ時間が経っていたので、鍾浩東校長もすぐに私に仕事を割り振るわけにはいかず、外で仕事を探すのも容易ではなかったので、しばらく基隆中学の教員宿舎に居候することになった。

一九四七年二二八後の三月下旬、私は鍾校長の世話でようやく正式に基隆中学訓導処幹事の職に着いた。

民主的キャンパス

李旺輝　基隆中学の校風は、前の二校とはまるで違っていた。基隆中に来て最も感銘を受けたのは、とにかく学校の雰囲気がとても民主的であるということ。

校長自らが全権をもって教務主任や訓導主任および教師の招聘にあたってはいたが、教務主任と訓導主任は職員会議で選挙によって選ばれた。当時、こんなことが行われていたのは全省でもここだけであった。たしか私の三年にわたる基中在任時代の教務主任はずっと、客家語の堪能な若い外省人方弢だったと記憶している。彼の夫人は張奕明といって、学校の職員をしていた。二人には幼い子供がいたが、後に夫婦とも相継いで銃殺刑になってしまった。

他の教師たちは初め私を訓導主任に選ぼうとしたが、私はあまり国語（北京語）が話せず、日本語で授業しなければならなかったので辞退した。そこで、弱冠二十八歳の外省人教師陳仲豪が主任に選ばれた。

基隆中学校舎

学校全体が上は校長から下は用務員に到るまで、一丸となって学生のことを第一に考え、権利や利益を奪い合うようなことはなかった。したがって、教職員間も和気藹々として派閥もなかった。

一方、学生の民主的気風も旺盛で、クラス会の討論で可決されさえすれば、教務処に対して、どの教師にどの科目を教えて欲しいと希望を出すことができ、教務処は速やかにやりくりして、カリキュラムを組んだ。

王春長　私は基隆中学第十六回卒業生で、一九四八年に卒業しました。

台湾光復後、基隆中学の最初の校長は呉剣青先生でした。一九四六年八月、呉校長は職を去り、鍾浩東校長が後を引き継ぎました。当時先生は三十をすこし過ぎたばかりでした。これほど若くて校長になれるのだから、非常に優秀なのだと皆思っていました。

鍾校長の指導方法は大変民主的でした。私の記憶では、彼の在任中、基隆中学では軍事訓練はありませんでした。ただ毎週、週会がありました。学生は長髪が許され、ネクタイをして通学することもできました。彼自身は背広の他、だいたい中山服を着ていました。また鍾校長はスポーツが好きで、硬式テニスが大変上手でした。よって我々学生もほとんどがテニスを好んだものでした。

王億超　私は基隆中学第十七回卒業生で、一九四九年に卒業しましたが、鍾浩東校長の在任中の基隆中学は、なかなか自由な校風でしたね。例えば、普通、当時はどの中学校も早朝に国旗を掲揚し国家を斉唱しなければならなかったんですが、鍾校長の在任中は、この儀式はすべて省略されていましたね。

郭進欽　私は基隆中学の第十七回卒業生です。高三の年、全校風紀隊の総隊長をしていると、鍾校長がやって来て私に質問したことがありました。

「どうして君が選んだ風紀隊員の半数は不良学生なのかね？」

「校長、僕たちが取り締まらねばならないのはこのような学生だけでしょう？　もし、彼らを風紀隊員に任命すれば、模範となって全校生徒に示すことができます。そうすれば、キャンパスの風紀もたちどころに好転するのです！」と答えました。

鍾校長はしばらく考えてから、こうおっしゃった。「理論的には君の言うことには筋が通っているようだが、実際実行するには、おそらく大きな問題を生じるだろう」

私は校長に三ヶ月試しにやらせて欲しいと頼みました。もし効果があればこのまま継続、駄目なら、あらためて校長にこれらの学生の処分を申請するということで、鍾校長も了承してくれました。

王億超　学校は八堵駅に近く、駅前には撞球場がありました。当時ほとんどの生徒がそこで玉突きをするか、隣の店でかき氷を食べていました。今でも忘れませんが、ある時、教育庁督察が学校へ視察にやって来たんです。鍾校長は自転車にとび乗って撞球場へかけつけ、大声で生徒に知らせたんですよ。「早く、早く、すぐ戻るんだ。教育庁督察が視察に来た」

鍾校長はこんなふうにたいへん気さくで、校長風を吹かせて威張るようなことなど一度もなく、始終生徒と仲良くやっていました。教職員に対しても、いつも自分の兄弟のように遇していました。

何文章　私も基隆中学の十七回卒業生です。一九四九年に卒業しましたが、当時の校長は鍾浩東先生でした。鍾校長は一度たりとも学生に圧力を加えたことはなく、先生が校長をされていた時期の基中を思い起こすと、快適でのびのびとした日々だったと感じます。毎日が楽しく、先生と生徒が非常に仲良くやっておりました。

あの頃、大陸から来た先生方は、物質面で大変なご苦労がありました。基隆に自分の家があるわけではなく、学校が用意した、ごみごみした狭い宿舎に住んでおりました。基隆は雨の多い所で、校舎の中には雨具を置いておく部屋があったのですが、何人かの先生はその部屋を仕切った狭い場所に住んでおられましたね。

呂鎮川　私は基隆中学第十八回卒業生で、一九五〇年に卒業しました。先生方は校内の学寮に住んでおられましたが、ひどく狭くて窮屈そうでした。布の幕で小さな部屋に仕切っているだけで、幾人かの先生は音楽教室や騎楼〔歩道に突き出たベランダ―訳注〕の下の廊下を仕切って部屋とし、一家で住んでおられました。どの先生も随分苦労なさっているようでした。

何文章　とは言うものの、先生方はそれを苦にするでもなく、生徒たちの招きに応じて、「媽祖迎え」など地元の伝統行事にも熱心に参加していました。高二の時、放課後になるとクラス担任の方弢先生が市場に買い物に行く姿を目にしておりましたが、これは我々にはきわめて物珍しい光景でしたよ。なぜなら自分の父親が家事をする姿など見たこともなかったからです。よって、大陸から来られた先生方が我々に与えた印象は、開けている、というものでした。

王春長　鍾校長は大陸にいたことがあり、しかも実家が高雄の美濃だったため、彼が招いた教師は大部分が広東か南部の客家でした。とはいえ、僕らは閩南語で鍾校長と会話をすることができました。客家語を話すこともありましたが、会議の進行には必ず中国語を用いました。

何文章　当時、先生方が授業の際に使っていたのはすべて中国語です。ところが日本植民地時代に皆が学んだのは日本語でしたので、中国語が分かりません。いつだったかの中間考査で中華民国国歌を書けという問題が出たのですが、一人として完全に書けた生徒がいなかったんですな。先生方は我々に中国語文の力をつけさせるため、教科書以外の書籍も閲読しなさいとおっしゃいました。『観察』『展望』といった雑誌は、当時先生方が推薦された読み物でありました。

呂鎮川　藍明谷先生には国語を教わりました。光復初期、だれもが日本語しかできず、中国語は分からないため、先生は魯迅の短編小説「故郷」を日本語に訳して中国の小説を読むことを教えてくださいました。

先生方は「中国語の上達には、教科書以外の本を沢山読むことだ」とよく言われました。

「教科書以外の、どんな本を読めばいいのですか」という質問に、魯迅・巴金・茅盾等の著作を

『観察』『展望』『華商報』

上海発行の『観察』『展望』と香港発行の『華商報』は内戦が勃発し、政府が『周報』『民主』『文萃』に代表される「民主刊物」二六三種を停刊に追い込んで後、その封鎖を打ち破るべく国民党統治地区で発刊された民主党派の週刊雑誌および日刊紙である。いずれも内戦停止、民主政治の実施、連合政府成立を主張した。また台湾情勢についても絶え間なく報道し、時には評論を加え、両岸理解に努めた。

『観察』は一九四六年九月一日上海で創刊、観察社発行。一九四八年十二月二十四日「動員勘乱政策」違反の罪名で発行停止、一九四九年十一月北京で再刊、一九五〇年五月十六日終刊。儲安平主編。一般自由思想知識分子を代表し、不偏不党を旨とし「民主・自由・進歩・理性」を原則に各方面の幅広い評論を掲載した。当初は発行部数一万、第四期には五万部に達した。華北・台湾航空版も計画された。

『展望』は民主党派の黄炎培・楊衛玉が発起人となり、一九四七年十月七日上海で創刊。中華職業教育社発行。創刊後、直ちに停刊処分を受けた。一九四八年五月一日再刊、王元化主編。一九五〇年七月一日終刊。最大発行部数五万三千部。内戦の戦局分析と報道を毎週掲載し、読者の人気を得たが、政府から頻繁に警告を受け、差し押さえ、逮捕が繰り返された。

『華商報』は一九四一年四月八日香港で創刊、太平洋戦争勃発により停刊。戦後の一九四六年一月四日復刊、一九四九年十月十五日終刊。劉思慕が総編輯。内戦で香港に避難した全国の民主人士、進歩的知識人に議論の場を提供、全国の民主運動はじめ文芸運動推進に寄与した。

雑誌『観察』

何冊か紹介してくださいました。当時国共は和平交渉中であったためこのような左傾の書物もまだ街で買うことができたのです。

連世貴　光復後、基隆省中で初めて国語の学習を始めました。皮肉なことに国語学習で覚えた最初の歌は、現在の中華人民共和国国歌――「義勇軍行進曲」で、学校の教官が指導してくれました。「二二八事件」の年、私は中等部の三年で、学生自治会の学術係長をしていて、自治会図書室の図書管理責任者でした。自治会図書室の蔵書のほとんどは「アカの本」でした。私はもともと読書が好きで、学校の成績も悪いほうではなかったが、本を読めば読むほど思想が左傾化していきました。

王春長　鍾校長が自ら僕たちを引率して瑞芳侯硐の瑞三炭鉱を見学しに行ったことがあります。地下百、二百メートルの深さの坑道に下りて、炭鉱労働者の労苦をつぶさに肌で感じたものです。

〔注〕

1　范寿康（一八九六―一九八三）浙江省上虞の人。東京帝国大学にて哲学・教育学専攻。マルクス経済学の泰斗河上肇の影響を強く受けた。教育現場・教育行政に携わり、終戦後は台湾へ渡り教育処処長となった。

第五楽章　二二八前後

三時牛乳を飲み終え正面玄関を出る。放射線科の南側の通路に、たった今五、六人の学生が担ぎ込んできた少年の死体があった。十五、六歳だろうか、緑のキャンバス地の担架の上に横たわっている。蝋のように蒼白い顔、紫色の唇、片手を下腹の上にのせ、昏々と眠っているかのようだ。頬や鼻、額にはところどころ土がつき、黒い中山服の上着に草色のズボンをつけている。まくり上げられた腹部に、ごく薄い血の跡が幾筋か見えるが、はっきりとはわからない。銃弾は左胸から入り、右脇へと抜けている。弾丸が入ったところには、深く、暗い洞のように見える傷口があり、出口には、弾丸が抜けるときに着いてきた小さな肉片が貼り付いていて、少女の乳頭のように見えた。

――「鍾理和日記」
一九四七年二月二十八日、台湾大学病院

連絡がつく

蒋蘊瑜　一九四六年十二月、三番目の息子が生まれました。仕事の関係で校長は学校の宿舎に泊まることが多く、私の方は仁愛路の日本家屋に住んでいました。子どもの一ヶ月のお祝いには浩東もわざわざ基隆から戻り、植民地時代の抗日の先達などを大勢お招きして祝宴を催しました。それ以降、我が家に出入りする人の数もどんどん増えていきました。

その頃、詹という名の本省人新聞記者がいて、よく浩東を訪ねて来ていました。それが呉克泰でした。

呉克泰　私は本名詹世平、一九二五年宜蘭三星郷の小作農家に生まれた。台北二中（現在の成功中学）に在学中、一級下の後輩戴伝李から彼の姉蔣碧玉と夫君鍾浩東及び台北帝大医学部第一回生蕭道応等台湾青年五人が自らグループを組織して大陸に渡り抗日戦に身を投じたことを知った。それで私も彼らに見習いたいと思った。

日本政府は一九四三年九月二十三日、翌年より台湾で徴兵制を施行すると発表した。凡そ満二十歳に達した台湾の成年男子は、日本の青年と同様兵役につかねばならない。私は丁度第一回の召集対象となっていた。徴発され日本兵としてアメリカと戦うぐらいなら、祖国に帰って日本帝国主義と戦う方がいいと私は考えた。

一九四四年八月上旬、大陸で日本軍通訳となる資格を取得。九月初、わずか一年余の台北高校での学業を放棄して上海に渡り蔣碧玉や鍾浩東らの消息を尋ねた。しかし結局彼らの行方は掴めなかった。

一九四六年三月中旬、上海から台湾へ戻り台湾大学で学業を再開する一方、新聞社の記者となった。四月下旬ようやく張志忠（注1）氏を通じて台湾の地下党と連絡がついた。その後はキャンパスとジャーナリズムの世界で積極的に活動を行った。

安全局　共匪中央は三十四年（一九四五）八月、蔡孝乾（注2）を派し台湾省工作委員会書記と為す。蔡匪は同年九月延安を出発し間道を潜行すること三ヶ月、同年十二月初、江蘇省淮安に至り匪華東局（元華中局と称す）書記張鼎承・組織部長曾山に対し来台幹部の異動に関する相談を為す。三十五年（一九四六）二月、蔡匪は幹部張志忠等を伴い分散して上海に至り、匪華東局上海駐在の要員と協議を行う。一ヶ月学習の後、同年四月第一期幹部が先ず張志忠統率の下、上海より乗船し基隆・台北に潜入して活動を開始す。蔡匪は同年七月台湾に潜入、組織を指導、正式に「台湾省工作委員会」を発足させ自ら書記に就任、……張志忠は委員兼武装工作部長に就任、海山・桃園・新竹等地区に於ける工作を指導す。

若き日の呉克泰

呉克泰　ちょうどこの時期、碧玉姉のご主人鍾浩東氏が香港から戻ってきた。帰国当初はひどく悩んでいるように見えたが、

何度か訪問して話をするうち、すっかり元気を取り戻した。彼はあれこれ話した。大陸へ戻り丘念台の指導する東区服務隊に参加するまでの紆余曲折、その後近くにいた共産党の東江縦隊と連絡が取れたが入党を目前にして日本が降伏したため、縦隊は国共両党の協議に基づき北へ撤退したこと、指示に従い香港へ行き『華商報』と連絡を取ろうとしたが、結局うまくいかず、ひとまず台湾へ戻るほかなかったことなど。

彼は突き詰めて物事を考えるたちで、しょっちゅう髪の毛をつかんで考え込んでいたため少々禿げ上がっていた。台湾へ戻ると、役職や役得を追い求める「半山」〔大陸帰りの本省人―訳注〕とは異なり、教育事業の道を選んだ。私は早速彼を入党させた。張志忠の批准を経たのちは、私から単線連絡〔地下組織等の連絡形態。指定された一人とのみ連絡をとること―訳注〕を行った。彼は私が入党させた最初の党員でもある。

安全局　抗日戦勝利後、鍾浩東は政府に従い帰台、台湾省基隆中学校長に就任す。三十五年（一九四六）七月、共匪台湾潜入分子詹世平の紹介により正式に匪党に入党。

隊員たちは何処へ？

蔣蘊瑜　私の知る限り、浩東は若い頃蔣介石を崇拝し、蔣を孫中山先生の信徒であり、全中国人民の抗日を指導する英明なリーダーだと思っていました。一九三六年に西安事件が起こったとき、浩東があまり泣くので、悲しみが度を過ぎないよう父親がやむなく新聞を隠したという話を義弟から聞いたことがあります。

高雄中学時代には、簡明版の『資本論』を読んでいたため日本人教師に処罰されたことがありました。その後どこへ行くにもポケット版の『資本論』を携行していて、暇さえあれば読んでいました。恵陽で拘留された時、警戒心の鋭い浩東は、ポケットの中にあったその『資本論』をご不浄の中に捨てたのです。

とは言え、その頃の浩東はまだ素朴な社会主義者に過ぎませんでした。民族の情感こそが浩東が私たちを伴って祖国へ戻り、抗戦に参加させた主要な要因だったと思います。抗日の末期になって、国民党の階級性に対しより深い認識を持つようになってから、浩東はだんだんと左傾したのでしょう。

東区服務隊では延安に行って民衆の組織や遊撃隊の戦術を視察したことのある丘念台先生が延安の方式を採用し、隊の上から下まで、共に生活し共に仕事をしていました。また歌や芝居・絵画・スポーツ・作文などの娯楽活動を通して民衆に近づき、民衆の中に入って、民衆の心をつかんでいきました。さらに丘先生は延安から大量の書物を持ち帰りました。これらの活動や書物が服務隊の同志にある程度の影響を与えたのは当然の成り行きでした。

安全局　鍾浩東は日本統治期、異民族の専横統治に不満を抱き、民国二十九年（一九四〇）一月、李南鋒・妻蔣蘊瑜等を伴い五名で上海へ渡り香港を経て内地へ向かう。広東省恵陽へ至り漢奸容疑に因り逮捕さるも丘念台を通じ保釈を得、我が政府機関に服務す。

鍾等は内地到着後一切がその理想の如くに非ざりしため、政府に対する信奉は低落し、第七戦区に於ける工作時屡々匪党地下工作員の誘惑を受け、奸匪の書籍を多数閲読し思想は次第に反動化す。

丘継英　生まれは広東省の蕉嶺で、光復後はかつて地方制度改革後の新竹県苗栗区の区長を務めておった。

一九三八年の初め、中山大学の教授丘念台が広東から陝北に視察にみえることになり、私や卓揚など陝北公学で学んでいた客家の若者が数名、延安の中央招待所までこの同郷の先達に面会に行ったんだ。教授は私らにたくさんのことを話して下さった。話の最後に、こう強調しておられた。「今回視察してみて思ったのだが、共産党の対日作戦は揺るぎないもので、しかもあるやり方を確立している。最も大切なことは民衆を信じ、民衆に依拠していることである。これは国民党には為しえないことであり、学習に値する」と。

丘継英（1995年）

夏の初め、教授は広東に戻ると、第十二集団軍総司令余漢謀に働きかけ、司令部少将参議の役職を手に入れ、抗日救国団体設立の準備をされた。私や林啓周などは陝北公学を卒業すると広東へ戻り、教授の許で進歩的青年を団結し民衆を立ち上がらせ、抗日宣伝工作を行っていたが、十月下旬広州陥落後は梅県に撤退した。そして東区服務隊が正式に成立し、国民党承認の

陝北公学

一九三七年、中国共産党中央が延安東門外に設立した初の抗日幹部養成学校。「堅持抗戦・堅持持久戦・堅持統一戦線・実現国防教育・養成抗日幹部」を教育方針とし、社会科学概論、抗日民族統一戦線、遊撃戦争、マルクス・レーニン主義、弁証唯物主義、政治経済学などを教授した。毛沢東自身も抗日遊撃戦争問題や持久戦論、国共合作問題などを直接講義した。その後合併統合される度、一九三九年華北連合大学、一九四八年華北大学と改称し、一九五〇年より現在の中国人民大学となる。

下、公然と活動できる合法的地位を獲得した。

梅県では党地下組織の指導の下、すぐに東区服務隊中国共産党支部が成立した。卓揚が支部書記になり、私が組織の管理を任されたが、直接的指導は梅県中心県委員会が行った。当時党員と支部のことは隊の中では秘密にされていて、学習や組織活動はしばしば郊外の野原まで出かけて行なっていたんだ。

蔣蘊瑜　抗戦が勝利に近づきつつあった頃、私たちや梅県に移った粤東工作団のその他の団員たちは、後方の都市の党員幹部が贅沢三昧の生活を始め、物質的な豊かさを享受し、とくに外国製品を手に入れることを無上の栄誉としているのを目にしました。前線で苦しい日々を送っている私たちのような人間は、自分たちの長い苦労に何ら報われるところがないばかりか、時には社会から軽んじられることすらあったのです。

そのせいで隊を離れる人が次々に出てきました。この人たちはどこへ行ったのでしょう？　曾生が指導する東江縦隊へ入ったのだと、勝利の後ようやく知ったわけです。

その頃、東江縦隊の人たちは私たちを丘念台の腹心だと思い、敢えて接触してきませんでした。普通の国民党員は、東区服務隊のやり方は共産党と同じで、丘念台以外はみな左傾分子だと見ていました。私たちはこのような微妙な立場にあって、自らが信奉できる党を見つけられずにいたのでした。

私たちは決めていました。主義の如何にかかわらず、人民の立場に立って本当に人々のために仕事をする党でありさえすれば、どこでも参加する、と。

徐森源　一九四四年、羅浮山に於ける現地地下党の指導の下、私は密かに鍾浩東ら東区服務隊隊員を党の外郭組織—抗日民主同盟〔民盟〕に加入させ、地下党と連絡が取れ次第東江縦隊へ移動するよう手筈を整えた。年末、丘念台より、鍾浩東・李南鋒・鄧慧の三同志と共に深く広州の淪陥区へ進入し、台湾同胞の反日工作を策動せよとの命を受けた。四人は広州での任務を終え恵州へ戻ったが、この間、鍾浩東同志は抗日工作のいずれに対しても熱意をもって当たり、全力を注いだ。東江縦隊へ移動して抗日武装闘争に参加するよう地下党に求められた際にも心からの同意を示した。これは鍾浩東同志の政治的自覚が大いに向上したことを明確に表すものである。

一九四五年初、丘念台が「粤東工作団」を率いて羅浮山区から恵州へ撤退し、更に梅県に撤退すると、私や鍾浩東同志等は元来の計画に従い東江縦隊へ移動しようとした。羅浮山麓長寧郷の地下党員劉鄒熾同志に密かに羅浮山に戻って羅浮山沖虚観に設けられた東江縦隊司令部と連絡を取ってもらう一方、鍾浩東と李南鋒の両同志は福建省龍岩の李友邦のもとを訪ね、「三民主義青年団直属台湾第三分団」の看板を持ち帰り、東

民盟

抗日戦時期の中間党派である政治連盟—中国民主政団同盟を指す。一九四一年三月十九日、重慶において秘密裏に結成された。そのメンバーは主に民族ブルジョアジー、上層プチブルとインテリ階級である。同年九月、香港で機関報『光明日報』を創刊、十月に発刊告示を掲載して中国民主政団同盟が重慶で既に発足していたことを宣言し、同時に抗日主張の貫徹・民主精神の実践・国内の団結を強化する設立宣言及び綱領を公布。一九四四年九月中国民主同盟へと改組し、内部の左派勢力を強化。一九四五年十月、「中国民主同盟綱領」等の文書を通じて、中国を真に自由で独立した民主国家に築き上げようと提起。一九四六年初、中国共産党と協力して、政治協商会議開催の促進を働きかける。十一月、お手盛りの国民党大会をボイコット。一九四七年十月、国民党当局は、中国民主同盟を非法団体と宣言、民盟総部は上海で解散を宣言せざるを得ない状態に追い込まれる。一九四八年一月、香港で中央指導機構を回復し、中国共産党と手を携え中国の民主・平和・独立・統一の徹底実現のため戦うことを明確に宣言した。

江縦隊へ向かう道中の国民党軍事警察の取調べに備えた。

八月、劉鄒熾同志が東江縦隊政治部主任饒璜湘が我々に参加を求めているという知らせと、縦隊までの旅費を携えて羅浮山から戻ってきた。九月、我々は「三青団台湾第三分団」の看板を隠れ蓑に東江縦隊に向かった。予定の連絡地点である石龍鎮に到着すると、羅浮山まで案内してくれることになっていた劉鄒標同志（劉鄒熾の兄）が、国民党の新一軍（孫立人部隊）が羅浮山を包囲したため、東江縦隊はすでに他所に移動したと言うのである。そこで暫時計画は取りやめ、光復後の広州市に向かい、新たな手立てを考えるほかなかった。広州ではやはり「三青団台湾第三分団」の看板を使って台湾青年に対して些かの革命宣伝活動を行った。

一九四六年初、東江縦隊から分散してきた鍾国輝同志（党員、台湾客家）及び元東区服務隊隊員丘継英・鍾浩東や私など同志数名は協議の上台湾へ渡り地下工作を行うことを決めた。同時に、鍾浩東と劉鄒熾の二人が鍾国輝同志に同伴して香港へ行き、党組織と連絡をつけてくることも決めた。鍾国輝同志は香港で地下党の指導者饒彰風同志を尋ね当てたが、彼は我々一行が台湾に渡り工作を行うことに大いに賛成し、我々の組織関係を以後台湾へ移すことを承諾した。そこで、私と丘継英等は一九四六年四月一足先に台湾へ渡り、次いで鍾浩東・鍾国輝等の同志も久々の故郷―台湾へ戻ったのである。

台湾民主同盟設立準備

徐森源　一九四六年五月、私は基隆八堵の基隆中学に招聘され事務主任に就任した。同年八月、鍾浩東同志は丘念台と李友邦の推薦により、基隆中学の校長を引継いだ。私は訓導主任に配転となり、鍾国輝同志が事務主任となった。

基隆中学では、我々は当初中共地下党員を中核に、教職員の積極分子や中国民主同盟の友人たちをまとめ革命活動に取り組んだ。教職員間で秘かに学習グループを組織し、進歩的な書籍を読んだり、時事や中国革命の問題等を討論することが中心であった。同時に学生にも啓蒙教育を行い、学生会を作り、進歩的な書籍新聞を購入して読ませた。校外に於いては、台北などにいる進歩的な友人たちと連絡を取って「中国民主同盟台湾省臨時工作委員会」の立ち上げを準備し、より多くの進歩分子をまとめ反米反蒋闘争に参加するようにした。

広東省民盟宣伝部　光復後、中国民主同盟の盟員らは相継いで台湾省に渡り、中国共産党の地下活動に携わる同志たちと協力して闘い、革命活動を推し進めた。最初に台湾に渡ったのは広東焦嶺籍の盟員で黄徳維同志であった。一九四六年年頭、当時台湾を接収管理していた国民党六十二軍司令官黄濤とのつながりで台北市にやって来て職を得た。同年四月、民盟南方総支部の責任者陳柏麟同志は丘継英（焦嶺人）・徐森源（焦嶺人）・鍾浩東・鍾国輝の四名の盟員（中国共産党員でもある）を台湾に派遣した。この年の夏、楊奎章（梅県人）も民盟南方総支部の任命を受けて台湾省に赴き活動した。彼らは黄徳維同志の家を拠点に民盟の活動を展開し、まず民盟台湾省工作委員会の設立準備にとりかかった。

「二二八」

蔣蘊瑜　「二二八」が起こる前、蔡孝乾が浩東を訪ねてきたことがあります。彼の第一印象は芳しくありませんでした。言うこと為すことが商売人のように調子が良すぎて、革命工作に携わる人には見えませんでした。後に、彼と妻の妹との関係を取りざたする噂を聞きました。組織が彼を台湾に派遣してきたのは事を誤る結果になるのではないかと心配でした。彼は台湾にいい思いをしに来ただけなのだと思います。

数日後、台北市延平路天馬茶房附近で、ヤミ煙草取り締まりの際に当局側と民衆との衝突が起こり、それがきっかけで「二二八」の烽火が燃え上がったのです。

李南鋒　二月二十八日夕方には台北での暴動のニュースは基隆まで伝わり、その夜八時過ぎ基隆でも暴動が起きた。群衆が三、四人ずつ一組になって素手で各地の派出所を襲撃して派出所の銃を奪い、長らく人民を抑圧してきた貪官汚吏の宿舎も民衆によって全て叩き壊された。街中のありとあらゆる場所で「阿山」をリンチにかけていた。とりわけ、高砂劇場や中央劇場で芝居見物していた「阿山」で難を逃れた者は一人もいないだろうな。

そんな中で校長はまる一日姿を見せず、どこへ行ったかわからなかった。彼は中山服を着ていたし、長年大陸にいて外省人っぽく見

三男を抱く蔣蘊瑜と二人の妹

えるので、「阿山」に間違われて袋叩きに遭っているのではないかとみんなで心配した。私は校長を捜しつつ、暴動の様子も観察しながら、街の中を歩き回った。

夜が更けると鉄道も車も止まり、一切の交通手段が遮断された。至るところで見張りに立つ憲兵や巡らの武装警察の姿が目につき、路上では一斉検問が行われていた。校長を見つけ出すことができないまま、慌てて学校の宿舎に引き返した。遠方でも近くでもひっきりなしに銃声が響き、街全体が興奮と恐怖のるつぼと化した。

蔣蘊瑜　事件が起こった時、私は基隆にいました。二十八日の夜、本省民衆の一群が学校にやってきて、兵器庫を開けて学校での軍事教練用のライフルを使わせろ、と言いました。校長は留守でした。教務主任の鍾国輝も肺病のため故郷の高雄内埔に戻って療養していました。他に二人いた主任はどちらも外省人でしたので表に出られません。やむなく私が応対しました。どうしても倉庫を開けようとしない私に、彼らは「あんたも本省人だろう、さっさと開けろ！」と怒鳴るのです。

困った私は、「銃が要るのなら自分たちで開けてください。ですが、鍵をお渡しするわけにはいきません」と言うしかありませんでした。人々は入口を壊して倉庫に入り、すべての銃を持ち去りました。

台北から戻った浩東は、私の話を聞くと、「それでいい、よくやった」と褒めてくれました。

戴伝李　三月一日。早朝、基隆要塞司令部は正式に戒厳令を敷き、基隆はゴーストタウンと化し、市中では武装兵士が巡回しているだけだった。午後、基隆市参議会（市議会に相当―訳注）は臨時大会を開き、僕ともう一人の教師藍明谷（岡山出身）が危険を覚悟で傍聴に行った。会議は副議長楊元丁（注3）によって進められ、参加者には参議員もいれば民衆代表もいて、傍聴人たちは非常に激昂し、押し合い圧し合いしていた。どの民衆代表も争って壇上に上がり、陳儀の暴政を痛烈に批判し、戒厳令の解除を要求し、何項目もの政治経済改革草案を提出した。

夕方、八堵へ戻る途中、軍のトラックがトンネルにさしかかると、中に向けて二発発砲してから、おもむろにトンネル内に進入していくのを見かけた。僕たちは敢えて危険を冒してまでトンネルに入ることはせず、線路伝いに瑞芳まで歩き、友人宅で一夜を過ごした。

鍾理和　三月一日、相変わらず晴れたり曇ったり。……（台湾大学）病院（第一内科病棟）の煉瓦塀にもたれて外を眺める。道は人通りも少なく、人影が途絶えたと言ってもよいほどだ。……鳩が二羽、悠々と歩いている。本日聞いた話では、事件は北は基隆から南は高雄まで、ほぼ全省に波及したらしい。鉄道は今日も含め既に二日間不通となっている。人心は動揺し恐怖におののいている。午前、佐富〔父方の甥〕来る。学校から阿東〔鍾浩東〕の安全を確認するためわざわざ台北に来たという。阿東が中山服を着ているので、碧玉が安心できないでいる。……

午後、見知らぬ少年来る。鍾枝水と名乗る。潤生兄〔鍾九河の兄〕の長男の由。数日前初めて私が入院していることを阿東叔父から聞き、今日は休みなのでわざわざ見舞いに来たという。……

戴伝李　三月二日。急いで学校に戻った。途中何度も民衆と憲警軍隊との衝突を見かけた。午後六時、市参議会の要求により要塞司令部は戒厳令を解除した。

呉克泰　三月一日から台北の「二二八」闘争は二つの戦線のもとに進行した。一つは処理委員会の議会闘争で、もう一つは中共の台北に於ける指導者廖瑞発が指導し組織した武装闘争である。三月一日午後、廖瑞発は、社会各界人士の強い要求に従い我々はすでに全島的な武装闘争委員会を組織したと通知してきた。それ以後私は、昼間は大衆を組織して武器を探させ、夜はラジオを聴いて

「ラジオ速報」を編集し各地人民の闘争のニュースを伝えた。

この間、鍾浩東には取りたてて任務を与えなかったが、二二八事変が起こってまもなく彼がそう長くない壁新聞を書いたことを知っている。文章は簡潔で分かりやすく大変レベルの高いもので、それを義弟の戴伝李等に多数謄写させ街頭に貼り出した。

鍾理和　三月二日、夜雨、終日気圧が低く陰鬱な天気。乱れ雲飛び交う。……正午前、藍〔明谷〕さん来る。基隆からトラックに乗って来たという。だが途中何度もエンコし、とうとう松山で動かなくなったので、そこから歩いてきた由。基隆の状況の厳しさは台北にも劣らないという。また、銃剣を帯びた兵隊を満載したトラックにすれ違ったが、高等学校の学生が一人捕縛されていたとのこと。

「汽車は今日は動かないから、明日もまた来るよ。あと数日滞在できるかもしれない」と藍さんは帰りしなに言った。

「学校には戻らなくていいのかい」

「ストライキしているんだ、あいつら」彼は苦笑した。「だけど、これは今度の事件とは関係ないようだ。国内のストライキに呼応してやっている」

徐森源　蜂起が起こると鍾浩東同志は基隆中学で教師学生大会を召集し、台湾人民の反米反蔣闘争への共感と支持を呼びかけた。

連世貴　事件発生後、基隆市の各校では学生自治会が組織され、続いて基隆中学・基隆女子中学・水産学校・家政学校が学生自治連合会を結成し、基隆市街を行進して抗議しました。学生らが基隆市憲兵隊を包囲すると、憲兵隊はこちらに機関銃を向けたが、誰も恐れている様子はありませんでした。
広東省民盟宣伝部　二二八事件発生の時点では、民盟台湾省工作委員会はまだ誕生していなかったが、盟員同志たちはみな積極的にこの闘争に参加した。鍾浩東・黄徳維ら同志たちは直接武装蜂起総部と連絡をとり、鍾浩東と基隆中学の盟員らは学生の中で教育と扇動工作を押し進めた。だが武装蜂起は国民党反動派によって瞬く間に鎮圧され、これらの活動は展開する間もなかった。
李南鋒　三月三日、港湾労働者の一団が第十四号埠頭の軍用倉庫を襲撃したが、武装警察に撃退され多数の死傷者が出て、全員海に投げ込まれたらしい。
三月四日。市内は僅かに秩序を取り戻し、交通も徐々に動きはじめた。夕方、校長も戻ってきて、私たちにこう警告した。「目下の情勢はまだ混沌としているので、軽挙妄動は慎むように」同時に、学生たちに全力を挙げて外省人教師の身の安全を確保するよう呼びかけた。
徐森源　「二二八蜂起」の期間、鍾浩東同志は台北へ数回足を運び民衆大会に参加した。当時、基隆中学にいた地下党同志は「二二八蜂起」は長引くだろうと予測し、必要な時は山に入ってゲリラ戦を行うことを考えていた。そこで家族を台湾南部屏東県の鍾浩東同志の郷里へ疎開させ、長期にわたるゲリラ戦に備えることとした。
蔣蘊瑜　事態が長引き拡大すれば、食糧が不足して学校にいる何人かの外省人の同僚は餓死しかねません。そこで浩東は彼らを南部の故郷に疎開させることにしました。また、汽車に乗れば日本刀を持った台湾人が誰何するに違いないと考え、日本語が出来る事務課長の連球さんと李南鋒を護衛につけ、自ら台北駅まで送っていき、皆を南へ向かう汽車に乗せました。
その夜、浩東はまだ学校に戻ってきていませんでしたが、私は大陸からの増援部隊がすでに上陸したとの噂を耳にしました。

李南鋒　事件発生から四日目…つまり三月四日だな。私と連球は数名の外省籍の同僚とその家族を引率して、基隆から列車で南部の屏東へ向かった。道中ずっと、台湾青年と民兵が各地の治安と秩序の維持にあたっているのが目についた。

戴伝李　三月五日。暴動鎮圧のため、国民党軍と憲兵が間もなく台湾に上陸するという噂が流れ、人々は恐れおののいた。

三月七日。市内各所に様々な宣伝ビラやスローガンが現れ、市民に呼びかけた。「打倒陳儀！」「要求！　台湾自治」「同胞諸君、国民党軍が我々を殺しにやってくる。抗戦準備にかかれ、奴らを上陸させてはならない！」同時に、各地の暴動の状況を報じる日本語「速報」まで大量に出回った。

三月八日。午後三時過ぎ、憲兵第四団護衛の下、閩台監察使楊亮功（注4）が基隆に到着し、要塞司令部と憲兵とで市民の挟み撃ちを開始した。至るところから銃声や砲声が聞こえた。夜の十時過ぎまで続いたもよう。市中の暴動が鎮圧されるのを待って、ようやく楊一行が上陸し、軍のトラックに分乗して一路台北へ直進した。途中やはり民衆の襲撃があった。

三月九日。上海を発った第二十一師団が到着し、上陸と同時に一大殺戮を開始した。同時に石延漢（注5）市長指揮の下、警察もあちこちで人を捕まえては、足首に針金を突き刺して三〜五人を数珠繋ぎで一まとめに縛り上げ、海に投げ捨てた。要塞司令の史宏熹も部隊を率いて、連日大捕殺を繰り広げ、しかも二十名の青年や学生の耳や鼻、生殖器を切り落とした上、銃剣で止めを刺した。ついには基隆参議会副議長楊元丁も「反逆者」と見なされ、刺殺され海に投げ込まれた。

楊奎章　来台当初、私は基隆要塞司令部軍墾農場にいた。それを知った鍾浩東同志は、二二八事件直後、農場で寝返り策動工作を行おうと言ってきた。私は一人の仏教徒の軍法官を策動対象に選び、工作を行った。談話を重ねて大義を説いたため彼の思想には変化が生じ、ついに、もし台湾人民の蜂起闘争がさらに展開していくのであれば、一部の軍官を押さえて中立を守るか、あるいは人民側につきたいと表明した。「二二八」蜂起が鎮圧されたため、この策動工作は頓挫することとなった。

事件のあと

蒋蘊瑜　事件後、台北の延平学校・建国中学……など各校の学生が大量に失踪しましたが、基隆中学の学生は全員無事でした。浩東はわざと私に聞いたものです。「僕の教え子たちはどうだい？　外省籍の先生を守って、何事も起こさなかったよ」

浩東が日頃学生にむやみに目立ったことをさせないようにしていたその心がけを私はやっと理解したのでした。

まさにそのため、事件後多くの本省籍の中学校長が解任されましたが、浩東は無事でした。ある時浩東が教育処の

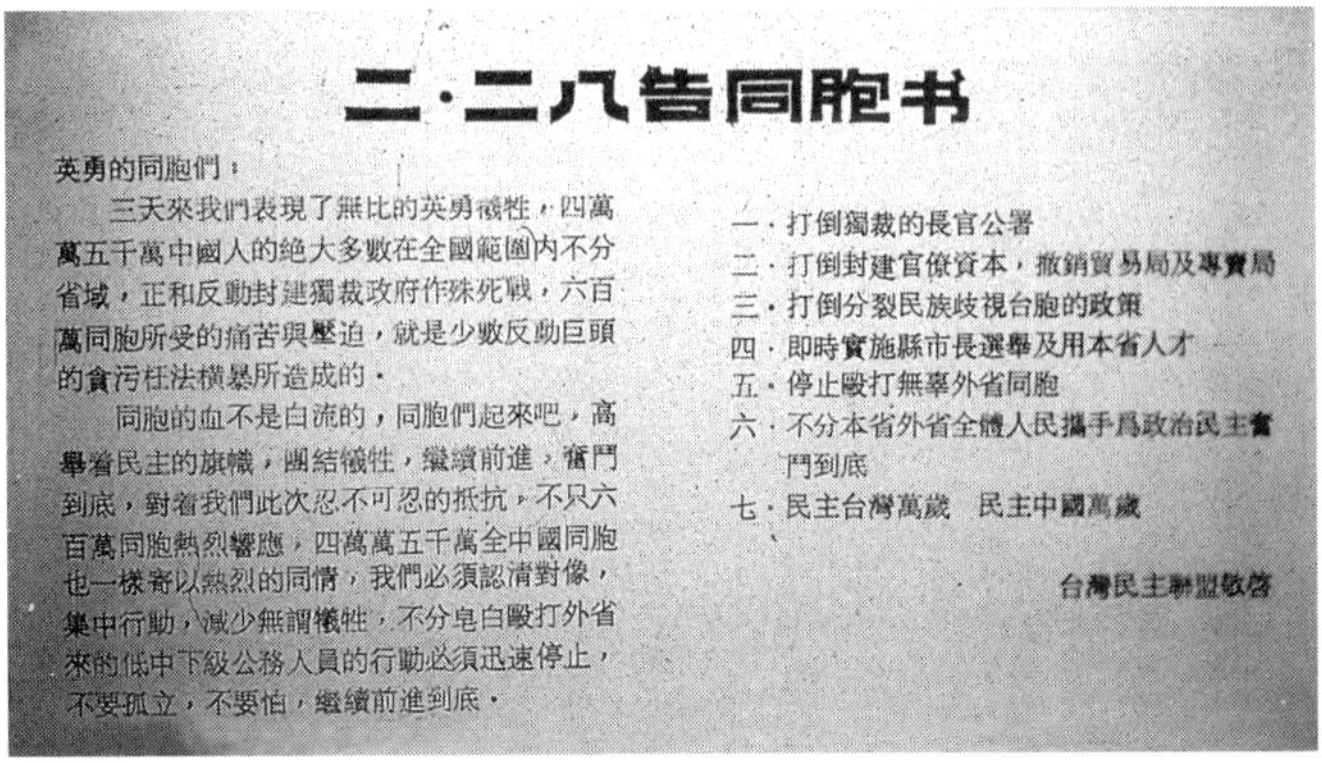

二·二八告同胞书

英勇的同胞們：

三天來我們表現了無比的英勇犧牲，四萬萬五千萬中國人的絶大多數在全國範圍內不分省域，正和反動封建獨裁政府作殊死戰，六百萬同胞所受的痛苦與壓迫，就是少數反動巨頭的貪污枉法橫暴所造成的·

同胞的血不是白流的，同胞們起來吧，高舉着民主的旗幟，團結犧牲，繼續前進，奮鬥到底，對着我們此次忍不可忍的抵抗，不只六百萬同胞熱烈響應，四萬萬五千萬全中國同胞也一樣寄以熱烈的同情，我們必須認清對像，集中行動，減少無謂犧牲，不分皂白毆打外省來的低中下級公務人員的行動必須迅速停止，不要孤立，不要怕，繼續前進到底·

一·打倒獨裁的長官公署
二·打倒封建官僚資本，撤銷貿易局及專賣局
三·打倒分裂民族歧視台胞的政策
四·即時實施縣市長選舉及用本省人才
五·停止毆打無辜外省同胞
六·不分本省外省全體人民攜手爲政治民主奮鬥到底
七·民主台灣萬歲　民主中國萬歲

台灣民主聯盟敬啓

二・二八同胞に告ぐるの書

会議に出たら、「この鍾校長は、身なりはまったく構わないが、一番のやり手だよ」と言われたそうです。

李旺輝　台湾の知識青年の十中八九がそうであったように、事件後私のイデオロギーもまた出口のない苦悶に苛まれていた。台湾はどこへ行くのか？　この度の陳儀の接収政権に対する民衆蜂起を通して、私のナショナリズムと民族認《アイデンティティ》同は重大な危機に陥ってしまった。台湾はどこへ行けばよいのか？　私は寝ても覚めても、悶々としてこの問題を考え続けた。

ちょうどそんな折、鍾校長が我々のために二二八事件の発生原因を科学的に分析した。本質的には一種の偶発的事件にすぎないが、陳儀の接収体制の政治的・経済的搾取がもたらした物質条件により、瞬く間に各地に拡大した。然るに結局は台湾人民の政治認識と正確な階級意識の不足により、今回の自発的民衆蜂起も国民党軍の武装鎮圧の前にあえなく壊滅してしまった、と校長は考えていた。

その後、鍾校長自らが主宰する「時事討論会」というグループ学習を通して、戦後の国内情勢の推移に対する認識や階級的立場を確立することで、祖国認《アイデンティティ》同というひと頃の危機感も自然に落ち着きを取り戻してきた。

〔注〕

1　張志忠（一九一〇―一九五四）本名張梗、嘉義新港の人。廈門の集美中学に学び閩南台湾学生連合会発行の雑誌『共鳴』の編集を主宰。一九三二年共産党に加入、台湾共産党の組織再建のため台湾に戻る。日本警察に逮捕されるも脱走し八路軍に加入、対敵宣伝工作に従事。二二八事件の折嘉南で武装蜂起し、一九四九年十二月台北で逮捕、一九五四年銃殺。

2　蔡孝乾（一九〇八―一九八二）別名蔡前。彰化花壇の人。彰化公学校卒。上海大学社会学系在学中、中国共産党加入。一九二八年、日本共産党台湾民族支部結成と同時に台湾共産党中央委員兼宣伝部長就任。一九三二年江西ソビエト区に潜入後、長征にも同行し党の役職を歴任。一九四六年台湾省工作委員会書記就任。一九五〇年逮捕後転向。

3　楊元丁（一八九八―一九四七）日本植民地時代の台湾民衆党幹部。抗日戦勃発後、大陸で抗日工作に参加。勝利後帰台。一九四六年基隆市参議員・副議長に推薦され、二二八期間は基隆地区のオピニオンリーダーとなる。

4　楊亮功（一八九七―一九九二）安徽省巣県の人。北京大学中文学部卒。スタンフォード大学教育学修士、ニューヨーク大学哲学博士号取得。教育職を歴任後、一九三三年監察委員。一九三八年より皖贛・閩浙・閩台監察総署監察使。

5　石延漢　安徽省績渓の人。第一高等学校卒後、東京帝大入学、理科専攻。終戦後、接収前の総督府気象台に派遣され、台湾省気象局を設立。その後三十七歳で基隆市市長就任。

第六楽章　白と赤

国共は重慶で政治協商を行う一方、全国各地で竜虎の闘いを展開しているが、これを「戦いかつ談じる」という。この合間に国民の呻きと悲鳴が混じっており、一般の汚職役人どもはさらにその上に立ち、大声で呼ばわりながら、必死で銀貨——国民の血と汗を懐へ掻き込もうとしている。これが勝利の後の中国が有するすべてである。

——「鍾理和日記」
一九四六年一月四日、北平

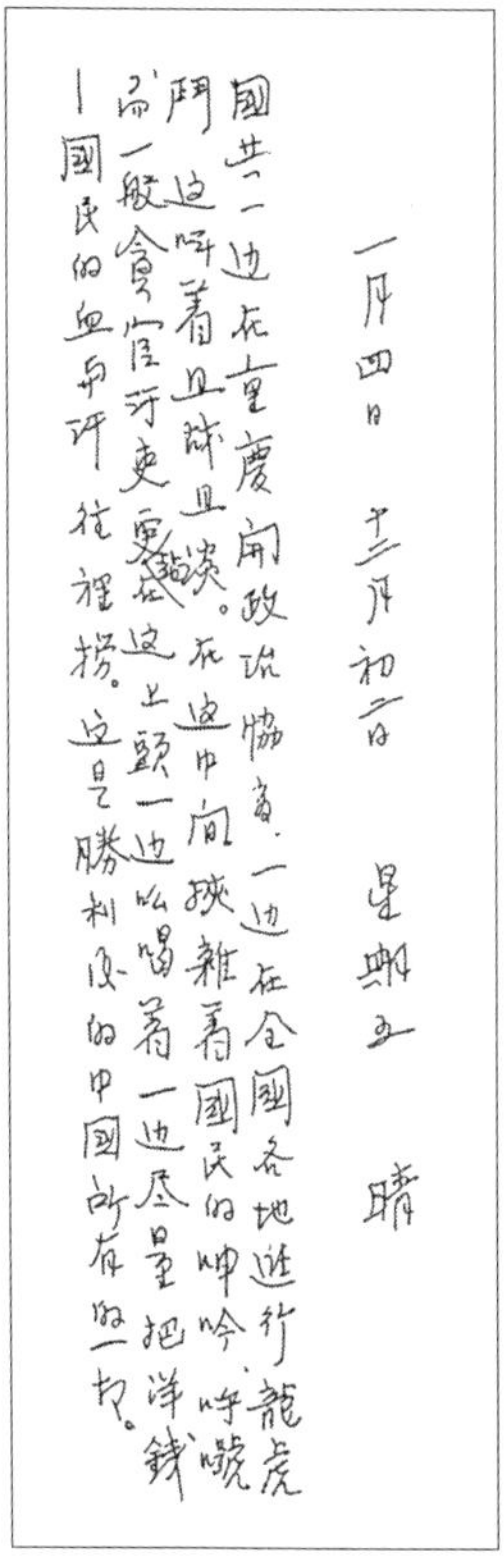
一月四日　十二月初二日　星期五　晴
國共一边在重慶開政治協商，一边在全國各地進行龍虎鬥，這邊喊着且戰且談。在這中間挾雜着國民的呻吟、呼號，而一般貪官汙吏要在這上頭一边叫喝着一边盡量把洋錢——國民的血與汗往裡撈。這是勝利後的中國所有的一切。

鍾理和の日記

地下組織

李旺輝　一九四七年四月から一九四八年六月にかけて、国共の内戦は足かけ二年に及び、ここに来て根本的な変化が起きた。この時共産党人民解放軍は南の戦線でも北の戦線〔主に黄河を挟んで南（陝西・山東・河南・安徽省から大別山一帯）と北（吉林・遼寧・河北・山西省一帯）─訳注〕においても防御から攻撃に転じ、一方国民党は攻撃から防御への転換を余儀なくされていた。戦闘は主に国民党の統治区内で展開していた。

同時に一九四七年九月、共産党は河北省平山県西柏坡村で全国土地会議を開催、中国土地法大綱を制定して、封建的・半封建的搾取を行ってきた土地制度を撤廃し、「耕す者が其の田を有す」という土地制度の原則に基づいて、農村の全人口に土地を均等に分配することを定めた。

広東省民盟宣伝部　二二八事件後、台湾社会のさまざまな対立がかつてないほど激化した。国民党反動派が行った二二八事件に対する血なまぐさい弾圧は、台湾人民の更なる反発を引き起こした。このような情勢の下、南京民盟総部は呉今同志を台湾に派遣し、間もなく台北において民盟台湾省工作委員会が設立を宣言した。呉今が主任委員、鍾国輝・何子陵（興寧出身）が組織委員、徐森源・黄徳維が宣伝委員となった。

一九四七年六、七月、民盟総部は黄若天同志を派遣し、民盟の活動の拡充に協力した。九月、民盟台湾省工作委員会は基隆中学で会議を開催し、今後の活動方針について討論を行った。何子陵・徐森源・鍾浩東・鍾国輝・丘継英・黄徳維同志が出席した。会議ではさらに黄若天を副主任委員に

李友邦（前中央）・李蒼降（最後列左６）と三青団台湾区団第一期幹部（1945.12.30）

選出すると同時に、黄を総部との連絡係に指名した。

その後、民盟台湾省工作委員会の同志は中国共産党台湾地下組織の支持、助力を得て、基隆中学・台南民衆教育館を拠点として、一連の闘争を進め、組織を拡大し、隊伍を強大にしていった。

劉茂常　私は広東人で、鍾浩東・蔣蘊瑜夫妻は東区服務隊の古い同志です。二二八事件後の五月、汕頭から船で基隆へ来ました。鍾浩東の計らいで先ず丘継英が区長を務める苗栗区公所の職員になりました。七月二十三日、国民党は丘念台を省党部主任に任命しましたが、彼は教育庁長の職を望んでいたため断固として就任しませんでした。結局希望は叶わず、八月二十六日ついに就任しました。この頃、東区服務隊の古い同志王華（広東省大埔出身）が省党部秘書兼省立台南民衆教育館の長に就任したので、私も台南民衆教育館に転任しました。月給百二十元でした。

当時、私たち仲間は社会教育に対する情熱に燃えていましたので、東区服務隊の「楽しみながら学ぶ」という活動方法を用い、民衆に中国を再認識してほしいと思っていたのです。

安全局　三十六年（一九四七）九月、基隆中学支部発足、匪台湾省工作委員会書記蔡孝乾の指導に由る。（鍾浩東は）同時に蔡の命を受け、内地より来台する匪党人員を陸続と同校に職員として配置す。

楊奎章　一九四七年十月、私は基隆中学に着任した。本中学は当時の地下党と民主同盟の活動拠点であった。地下党員・同盟員である鍾浩東校長、同盟員の鍾国輝・徐森源・徐新傑・鍾国員なども本校にて教鞭を執っていた。当時党と同盟の同志は共闘し労苦を共にし常に共に学習しながら、革命の形勢を討論し、学生に対する愛国主義教育を如何に行って進歩勢力を発展させ、反動勢力と闘争を行うかについて検討を行っていた。

安全局　三十七年（一九四八）秋、匪徒逐日増加せし為、基隆中学支部を校内外二個の支部に区分し各々活動を行う。

三十八年（一九四九）五月「基隆市工作委員会」正式発足、鍾浩東書記に就任、李蒼降・藍明谷の二匪工作委員と為る。造船廠支部・汐止支部・婦女支部を下部組織として管轄し、同時に基隆要塞司令部・基隆市衛生院・水産公司等内部の個別匪党員及外郭大衆を指導す。秘密裏に陰謀活動を展開し、積極的に基層組織を設け、台湾内外の交通の制御を企図し、同時に匪徒を選抜派遣して情報収集に当たらせ、「兵士工作」を行う。

裴可権　自分は裴可権、民国二年（一九一三）浙江省杭州に生まれた。浙江警官学校・中央警官学校特種政治警察訓練班高級系を卒業し、軍事委員会調査統計局（国民党二大特務機関の一つ。通称「軍

基隆中学第一回高等中学部卒業記念　前列：李旺輝（左２）・方弢（左３）・鍾校長（左４）・藍明谷（右１）（1948.6.28）

統」。もう一つが国民党中央調査統計局、通称「Ｃ・Ｃ」―訳注）で十年間情報工作に携わった後、忠義救国軍政治部上校秘書主任代理・青島警察局分局長・台北市第六分局長・中央警官学校教官・政工幹部学校高級班教官を歴任。

李蒼降は当時弱冠二十七歳、台北県生まれ、台湾光復後杭州の高校で学び、帰台後は台湾通志館の職員として勤務していた。三十六年（一九四七）十一月台北で共産党に入党。かつては「新民主同志会」や「台湾解放同盟」という名の下に党員候補者や党員を拡大していた。

三十七年（一九四八）冬、「台北支部」は瓦解した。李蒼降は台北の一部の共産党分子を「上級」李某に託し、自らは基隆に移って活動を行った。

鍾里志　二二八事件後、基隆の組織は浩東の指導のもとに拡大し始めました。国語教師藍明谷とその同郷の基隆省立病院医師王荊樹と私が三人のグループとなりました。組織の名前はありません。藍明谷が私の上級で、グループの責任者でもありました。

その後、彼は私に港湾労働者をオルグするよう指示しました。

李旺輝　一九四八年九月、私は鍾里志の紹介で組織に加入した。ふつう組織に加入するには先ず自伝を記し経歴を述べ、一定の党員候補期間を経て、さらに宣誓儀式を行って正式な入党となる。当時はそういう状況ではなかったので、宣誓は割愛された。私個人の場合はわりと特殊で、入党するとすぐに基隆中学支部の三名の支部委員の一人となった。他の二名は、当時の訓導主任陳仲豪と人事室主任兼国語の教師陳少麟であった。我々三名の支部委員は互選のうえ、陳仲豪を支部書記とした。陳仲豪は廈門大学を出た広東の客家だった。

連世貴　私は高一の時、同じクラスの邱文瑞の紹介で共産党に入りました。組織内で私を直接指導したのは、私の指導教官でもある聶英先生でした。

光明報

李旺輝　一九四八年秋、校長は一般民衆に祖国に対する政治認識を啓蒙し、労働者・農民側に立った階級的立場を確立するため、地下刊行物を発行し、それによって国共内戦の戦局を知らしめ、反帝国主義の階級教育を行おうと提議した。

蔣蘊瑜　新学期が始まると、浩東たちはガリを切り、『光明報』を印刷しました。新聞の印刷経費を作るため、夫は家を売り、そのお金を持って屏東へ行き、媽祖廟の向かいで「南台行」というヤミの両替屋を始めました。

家を売ってしまったので、私は二人の子どもを連れて帰綏街の実家へ身を寄せ、台北第一女子中学に経理係として就職しました。この頃、浩東は仕事の関係であちこち走り回っており、席の暖まる暇もありませんでした。

邱連和　私は邱連和。一九四九年に基隆中学事件に連座して逮捕された。結局、裁判を経ずにそのまま感化訓練に回され、一九五八年六月にようやく緑島から戻ってきた。邱連球は四歳年下、父方の従弟に当たる。

「南台行」は浩東・連球・連球の弟の連奇と私の四人が出資して始めた地下両替商である。浩東は旧台湾元で三億近い南台行の資金を蔣碧玉の姉婿を通し台北の林外科医院というところに移して利息を生ませていた。

安全局　「基隆市工作委員会」は匪の台湾に於ける地下刊行物『光明報』を張匪奕明（女）、鍾匪国員（ともに基隆中学職員）等をして印刷出版及各地の匪徒へ手渡し取次ぎによる頒布を担当せしめ、これにより反動宣伝を拡大せり。

晩年の邱連和

何文章　我々は方主任の奥さん張奕明とも顔見知りでした。毎日午後四時か五時頃でしたか、放課後いつも方先生の奥さんが陳仲豪先生と一緒に運動場を散歩しているのを見かけておりました。当時我々は幼く無知でしたので、方先生の奥さんはどうしていつも別の男と散歩しているのだろうかと思っただけでした。『光明報』事件が起こってから、皆はようやく、二人はあのとき情報交換を行っていたのだな、と推測したわけです。基隆中学の組織の最高指導者は方先生の奥さんだったということであります。

若き日の方弢・張奕明

李旺輝　私の知る限り『光明報』の編集印刷は、先ず字がきれいで書くのも速い教学組幹事の張奕明が、短波ラジオで新華社の放送を聞いて重要な時事ニュースを記録。次に基隆中学支部の三名の支部委員の一人陳少麟先生がこの情報に基づいて紙面を編集し、最後に職員の鍾国員がガリ版で印刷した。通常一枚の原紙で三百部印刷した。印刷が上がると、基隆中学と基隆地区は自分たちが人を使って配布した。その他は全て台北へ送り、台北から全省の各地域の組織へと転送された。原則として一グループにつき一部の割り当てだった。

李清増　鍾校長が秘密裏に『光明報』の刊行を開始すると、私のリーダーは屏東地区への発送を私に任せた。日常活動の中で見込みのありそうな人物を発掘し、『光明報』の配布と教育によって積極性を高め、組織加入を促すことを求められた。そこで一日おきに媽祖廟の向かいの南台行へ新聞を取りに行って配布した。

陳徳潜　私は基隆中学で『光明報』を見たことがあります。朝教室へ入ると机の引き出しに一、二部入っていたこともあれば、家の郵便受けに入っていたこともあります。私の記憶するかぎり『光明報』の内容は大半が国民党の大陸での敗退の状況に関するものでした。最初学校で見つけた時、鍾校長のところへ持って行って見せました。校長は目を通すと、何も言わずその新聞を燃やしました。数日後、また見つけたので方弢主任のところへ持って行きましたが、方先生もやはり黙って燃やしました。

何文章　我々は皆『光明報』を読んだことがありましたよ。登校した時にはすでに机の引き出しに入っていました（通常は一クラスに二、三部）ので、出所は全くわかりませんでしたが。いつだったかの『光明報』には、大陸でのストライキの状況や学生運動の発展などが述べてあったように思います。とにかく、大陸での戦争や社会不安のニュースでありました。ですが共産主義を直接唱導してはおりませんでした。実際のところ、『観察』や『展望』など、公に発行されている雑誌の方が『光明報』より内容も露骨で左傾していたと思います。

形勢の逆転

李旺輝　一九四八年、共産党人民解放軍は回を重ねるごとに、嵐のようなすさまじい進攻を展開していた。その年の終わりには、人民解放軍の一連の勝利によって南京政権は既にその存立の基盤が根底から揺らぎ、政権崩壊も時間の問題だった。

九月十二日、遼瀋戦役が起こり、十一月二日五十二日間の戦いに幕が下り、東北地方は共産党によって解放された。

十一月六日、国共両党は徐州を中心に最大規模の淮海戦役を展開した。一九四九年一月十日、六十五日間の戦いが終結、長江中流下流以北の広大な地区も解放区となった。

十一月二十九日、平津戦役が始まり、中共の統一戦線戦略が成功し、国軍華北剿匪総司令傅作義（注1）は交渉に応じ部隊を率いて人民解放軍に編入された。一九四九年一月三十一日、北平は無血解放された。

これら三つの決定的な意味を持つ戦役以後、内戦の形勢にはもう一つの根本的変化が生じた。共産党人民解放軍はその数において、長年の劣勢から優勢に転じ、国民党の戦略上の戦線は全て崩壊し、作戦部隊組織は百万人強しか残っていなかった。それが新疆から台湾の広大な地区と長い戦線上に分散していたのである。

大陸における国共内戦の情勢変化に伴い、台湾の立場が重要性を増してきた。

一九四八年九月、国民党は台湾省党部の組織改造を行い、三民主義青年団と中国国民党を合併し、丘念台は省党部の主任委員の職を辞した。十二月二十四日、国民党華中剿匪総司令白崇禧（注2）は漢口から激しい口調で「亥敬」〔旧時電報の日付を示す略号として、月には干支、日には詩韻が用いられていた。「敬」は去声の二十四番目―訳注〕の電報を打ち、蒋介石に「引退」を迫り始めた。続いて長沙治安公署主任程潜（注3）、河南省主席張軫（注4）は「総統は潔く下野すべし」との要求を突きつけた。

蒋介石は人事を刷新し、京滬警備部を拡大して京滬杭〔南京・上海・杭州―訳注〕総司令部とし、湯恩伯（注5）を総司令に任命して江蘇・浙江・安徽の三省および贛南地域〔江西省南部―訳注〕の軍事指揮権を全面的に掌握した。また朱紹良（注6）を福州に派遣し、張群（注7）を重慶に駐留させ、余漢謀に広州を管轄させた。南京から杭州に撤退した当日、直系の将軍陳誠（注8）を台湾省主席に、上海で経済管制実施の責任を担っていた長男蒋経国を台湾省党部主任委員とすると公布した。

一九四九年一月、台湾省政府を改造。魏道明（注9）に代えて陳誠を省府委員兼主席に任命して省警備部総司令も兼任させ、彭孟緝（注10）を副指令とした。

一月十日、蒋介石は蒋経国を上海に派遣。中央銀行総裁兪鴻鈞（注11）に命じて銀行の現金を台湾に移した。

一月十四日、中国共産党中央毛沢東主席は時局に関する声明の中で、八項目の和平条件に基づいて南京の国民党政府と和平交渉を進める旨を打ち出した。

この声明は、南京政府に対する最後通牒に他ならなかった。内から外から挟み撃ちされ、蔣介石が地位に恋々としようとも秋《とき》彼に与せず、残された道は唯一つ——下野しかなかった。二日後（十六日）、自ら兪鴻鈞、中国銀行総裁席徳懋（注12）を呼び、中央・中国両銀行の外貨を分散して蔣個人の口座に移すよう命じた。

一月二十一日正午、五権の長〔立法・司法・行政・考試（人事）・監察（国勢調査・公務員の弾劾）—訳注〕と会食。午後二時、国民党中央常任委員と懇談。李宗仁（注13）との連名で「引退」を宣言。しかし、下野を宣言し総統を退いたとはいえ、実際は総裁の看板を掲げ、国民党中央常務委員会を主宰し「以党治国」体制を敷いた。李宗仁も総統代理とは名ばかりで、全局面を支配する何の権力もなかった。

二月初め、蔣経国は命を受け、中央銀行の金・銀五十万オンスを台湾・廈門に輸送した。

二月中旬、国民党中央の要人は次々と台湾へ撤退した。

三月二十三日、何応欽（注14）内閣成立。

四月一日、南京政府は張治中（注15）を団長とする和平交渉団を北京に派遣して交渉に臨み、長江を境

> **和平条件**
>
> 毛沢東が提示した八項目の和平条件は、（一）戦犯の懲罰、（二）偽憲法の撤廃、（三）偽法律の撤廃、（四）民主原則に基づく全ての反動軍隊の改編、（五）官僚資本の没収、（六）土地制度の改革、（七）売国条約の撤廃、（八）反動分子を排除した政治協商会議の開催、民主連合政府の樹立、南京国民党反動政府および各級所属機関の一切の権力の接収。この八項目の条件が一九四九年四月中国共産党代表団と張治中を団長とする国民党政府代表団による和平交渉の基礎となった。

界とする分割統治を希望した。

四月六日、蔣経国直属の青年軍予備幹部総隊総隊長賈亦斌(注16)らは国民党に絶望し、共産党に投じた。このため巷では「獅子身中の虫とはこのことだ」と取沙汰した。

四月二十一日、共産党軍は三手に分かれて長江を渡り、一夜にして江南の形勢は一変した。二十三日、南京占領。二十四日、蔣経国は「妻子を一時台湾に移住させ、後顧の憂いを無くすことを決意」。月末、上海の総司令部は非常事態宣言を発令し、国民党政府の要職がどっと台湾になだれこんだ。

五月十一日には、上海でも砲声が聞こえ、淞滬の戦いは避けられない状況となった。二十四日、上海の国民党軍は空前の規模で祝勝大会を敢行した。ところが二十五日夜、共産党軍は国民党軍が築き上げた「マジノ線」(注17)を、あたかも無人の郷に入るがごとく堂々と突破した。

こうして上海も陥落し、蔣父子は台湾に撤退した。

邱連和　急激に変動する政治情勢の影響を受け、当時の台湾の経済秩序も非常に混乱していた。一九四九年二月中旬、台湾元と金円券(注18)の兌換率が1対15に調整され、市場の米価が急騰した。三月、台湾銀行は物価抑制のため、黄金の投げ売りを開始。四月七日、台湾元と金円券の兌換率が再度調整され、金円券百元に対し台湾元二百二十元となった。四月九日、物価が全面的に高騰、黄金は一台湾両当たり五百五十万元となった。

この時、警察は陳誠の命を受け、「流動資金を大量に吸収し、金融的投機・買占めに従事した」という理由で台湾最大の地下両替商―七洋貿易行を閉鎖に追い込んだ。

四月末、台湾元と金円券の兌換率がさらに調整され、金円券百元は台湾元七元になった。

五月初めより、台北のヤミ両替商が続々と倒産し、金融経済は大混乱に陥った。そのため銀行は約束手形の発行を停止、期限を設けて約束手形をすべて回収した。同じ頃、多数の債権者が、債務者の逃亡や踏み倒しを恐れて両替屋を取り囲み、台北の両替商倒産の嵐はまたたくまに各地に波及した。

五月十八日、白米は一石百万元にまで急騰、あらゆる物価が暴騰した。二十日、台湾銀行は黄金貯蓄預金の受付を開始。金の価格を一台湾両当たり千四百四十万元とし、満期時に黄金そのものを受け取ることを許可。

五月二十二日、台湾元一元が金円券四百元と改められ、国民政府の中央造幣廠が台湾に遷ってきた。

六月十五日、貨幣制度改革が実施され、台湾銀行が二億の新台湾元紙幣を発行。紙幣は一元・五元・十元の三種類であった。新台湾元一元は旧台湾元四万元の換算となり、新台湾元五元が一米ドルに換算され、期限を設けて交換された。デフレのため旧紙幣は紙くず同然となった。

六月中旬、台北市警察局は、三十九軒のヤミ両替屋の清算に協力、その影響により多くの両替屋が自発的に清算を行い、あまたの逃亡や踏み倒しが発生。多くの人間がこれを好機と取り立ての代行を行い、「取り立て」成金になった。

南台行も七洋事件の余波により旧台湾元五千万の繰越し資金を回収できただけで、一時は投資者に渡す現金もないありさまだった。そこで私たちはいくばくかの土地を売ってそれにあてたのである。このように条件は劣悪であったが、債務を処理したあと、それでもなんとか経営を続けていった。

これほどに混乱した経済秩序の中にあっても、誰もが前途に対して楽観していた。皆、国民党はきっと倒れる、と考えていたのだ。

〔注〕

1　傅作義（一八九五―一九七四）山西省栄河の人。保定軍官学校卒。山西の軍閥閻錫山軍の将軍。

2　白崇禧（一八九三―一九六六）広西省臨桂の人。保定軍校卒。国民党桂派重要将校。「小諸葛」の異名を持つ。

3　程潜（一八八二―一九六八）湖南省醴陵の人。東京の振武学校・陸軍士官学校（以下陸士と省略）に学ぶ。一九四九年八月人民解放軍が長沙に迫るや共産党に投降。

4　張軫（一八九三―一九八一）河南省羅山の人。陸士卒。一九四九年五月、部下を率い共産党に投じる。

5　湯恩伯（一八九九―一九五四）浙江省武義生まれ。陸士卒。蔣介石の腹心。一九四九年十月台湾に逃亡。

6　朱紹良（一八九一―一九六三）福建省福州の人。陸士卒。一九四九年八月、蔣介石が湯恩伯を福建省首席後任に据えたため台湾へ赴く。

7　張群（一八八九―一九九〇）四川省華陽の人。渡日の船上で蔣介石と知り合い、共に陸士砲兵科にて軍事を学び、政学派の中核となる。一九四九年雲南より香港経由で渡台。

8　陳誠（一八九八―一九六五）浙江省青田の人。保定軍官学校卒。蔣介石直系の将軍。一九五〇年三月以降、台北国民政府行政院長・副総統・国民党副総裁等を歴任。

9　魏道明（一九〇〇―一九七八）江西省九江の人。パリ大学法学博士。駐米大使なども勤めた高級官僚。一九四七年二二八事件後、台湾省主席。

10　彭孟緝（一九〇七―一九九七）湖北省武昌の人。日本野戦砲兵学校卒。二二八事件鎮圧に関与。

11　兪鴻鈞（一八九九―一九六〇）広東省新会生まれ。上海聖ジョーンズ大卒。一九三六年より上海市長・中央銀行総裁など行政・外交・金融職を歴任。

12　席徳懋（一八九二―一九五二）上海の人。バーミンガム大学商学修士。上海屈指の銀行家一族出身。帰国後、上海金融界や中央銀行を舞台に金融政策に携わる。

13　李宋仁（一八九一―一九六九）広西省臨桂の人。国民党桂派首脳。一九四九年十二月渡米。一九六五年七月北京へ戻る。

14　何応欽（一八九〇―一九八七）原籍江西省、貴州省興義生まれ。陸士卒。日本と「塘沽停戦協定」「何梅協定」を締結、華北の大部分の主権を日本に売り渡した。一九四五年九月九日、中国戦区日本投降式を取り仕切った。

15　張治中（一八九〇―一九六九）安徽省巣県の人。保定軍校卒。国民党内民主派と称され、共産党とも友好関係を保っていた。国民党代表として重慶交渉、一九四九年の和平交渉に臨む。交渉決裂後も北京に留まり、中国人民政治協商会議第一期全体会議に出席。

16　賈亦斌（一九一二―　）湖北省陽新の人。陸軍大学特別班七期卒。一九四九年四月、浙江嘉興にて共産党に投じる。

17　第二次世界大戦前、フランスがドイツの進攻に備えるべく東部国境沿いに建設した永久築城型要塞の防衛陣地システム。陸相アンドレ・マジノの名に因み命名。一九四〇年五月独軍はマジノ線を迂回し、ベルギー国境アルデンヌの森より進攻を開始し、パリは陥落。

18　国民政府が、「法幣」の代替として一九四八年八月発行を開始した一種の紙幣。金円券は一元当たり黄金0.22217グラムを含み、発行額は二十億元を上限とする。金円券一元を三百万法幣と交換。黄金一両は金円券二百元、銀一両は金円券三元、銀元一元は金円券二元、米ドル一ドルは金円券四元と定めた。九月末日を期限に交換を行い、期日をこえたものは没収。十一月、一元当たりの含金量を0.04434グラムに変更、最高発行額の上限をなくした。中華人民共和国建国後、中国人民銀行は、人民元一元対金円券十万元の比率で金円券を回収し、これを無効とした。

第七楽章　あらし

十月十四日、土曜日。

晴れ。天高く空気が清々しい……

痰に明らかな変化が見られる。……手術の効果が今頃になってはっきりと見えてきたようだ。

自分は死なかったばかりか、再び生命を獲得したらしい。あと一、二年は静養が必要だろうが。

自分の健康をしっかりつかみ、大切にしなければ。二度と浪費をしてはならぬ！

これは私の新生である！


和鳴死す。


――「鍾理和日記」

一九五〇年十月十四日、松山療養院

学生運動の波しぶき再来

李旺輝　大陸の急転直下の局面に呼応して、我が校でも以前にもまして学生工作を強化した。全校レベルでの「自治会」・クラス単位の読書討論会・壁新聞コンテスト、或いは学生の日常生活、例えば食事・公費・宿舎などの具体的要求を利用して、彼らが円満な世界観を培うよう指導した。

二二八事件以前、基隆中学の学生は「五四運動」を記念して街頭デモ行進を行い、特務警察に殴打されたり、包囲して捕らえられたりしたことがあった。この度の二二八事件で、学生は政治に対してさらに敏感になっていたので、そんなどさくさに紛れる形となり、当時一般の教師たちは学校に地下組織があろうなどとは思ってもみなかったのである。

陳徳潜　呉剣青校長在任中、私は校長の命を受けて、全学生を率いて台湾省第一回「五四学生運動」を記念する反汚職反飢餓デモに参加し逮捕されました。呉校長が身元保証に尽力して下さったおかげで命は救われました。呉校長が辞職して郷里に帰る前、後任の鍾校長に、既にブラックリストに載っている私に十分配慮してほしいと頼んで行って下さったのです。

それで、鍾校長は着任して間もなく私を呼んで面談し、兄弟姉妹の状況を尋ねました。私は四番目の子であるが、兄たちが早く亡くなったため、男では私が一番年長で、弟妹はみな家に残って手伝いをしなければならないと答えました。鍾校長は特に何も言いませんでした。後になって分かったことですが、校長のこの質問には意図があったのです。

二二八事件後、学校に『光明報』が現れ始めた頃、鍾校長はまた私を呼んで個別に面談しました。

麦浪歌詠隊

「きみは一家の長男だ。なんとしても、先祖を祭る線香の火を絶やさぬようにしないとね……」そう言って、私に転校証明書と校長の名刺（名刺の肩書きは「国民党台湾省党部常務委員」と「基隆中学校長」となっていたのを覚えています）を渡し、建国中学校長陳文彬（注1）に会いに行くよう言われました……。

そのお陰で私はどうにか『光明報』事件の連座を免れたわけです。

戴伝李　一九四六年、台北二中の同窓生呉克泰の紹介で共産党台湾地下組織に加入した。二二八後、台大の二年に進級した。組織は台大での学生工作を重視していたので、僕は基隆中学での授業を大幅に減らし、大学キャンパスでの活動に重点をおいた。暫くして、マルクス主義の読書会を立ち上げた。メンバーは法学部で台大学生自治連合会会長の林栄勛やクラスメートの許遠東ら五、六名だった。

その後、党が組織した台大法学院グループも成立し、僕がグループ長になった。他のメンバーは同じく三年の許遠東・呉振祥・鄭舜茂及び新入生の林添財であった。鍾浩東は義兄ではあるが、台大の組織と「基隆市工作委員会」とは何の関係もなかった。

安全局　共匪は台湾大学法学院に「台大法学院支部」を発足させ青年学生を吸収し匪党に入党せしむ。又幹部を同学院に学ばせ秘かに「学生運動工作」に従事させ青年学生を扇動し反政府運動に従事せしむ。通常活動は公然たる共産党の先棒担ぎの役割を果たすまでに激烈となるも、大学当局はこれに対し些かの反応も示すことなく……

戴伝李　当時、台大と師範学院の一部の外省人学生が「麦浪歌詠隊」を結成して、活発に活動していた。学生運動も遍く大陸の政治情勢の影響を受けて、左傾思想の雰囲気が濃厚だった。

中華民國三十八年四月七日

整頓學風・維護青年

陳兼總司令發表談話

望各方今後能善盡其責

家長昨集會討論協助整頓學風

「四六事件」について陳誠の談話を報じる新聞記事

一九四九年三月二十九日の夜、台北市の中学校以上の学生が集まり、台大のグラウンドで盛大にキャンプファイヤー大会を開き青年節を祝った。歌詠隊は上海の学生運動のやり方を採り入れ、公然と解放区の歌を歌った。四月六日軍警当局が武装して両校の寮に進入し、大勢の学生を強引に逮捕した。

裴可権　三十八年（一九四九）以後、大陸の情勢が逆転し、中国共産党は積極的に台湾への武力進攻の準備を進める一方で、政治的には「一九五〇年台湾解放」のスローガンを掲げ、台湾共産党に対して、予め呼びかけに応じ、接収を保証し解放を迎える準備を行うよう要求した。すると四散していた濁った逆流が、再び氾濫をはじめた。

まず民国三十八（一九四九）年四月六日、台湾大学の学生と台北市警察局の警官との間で誤解がもとで起きた、いわゆる「四六事件」と呼ばれる学生運動こそが、その逆流が新たな氾濫を起こし災いとなった最初の波しぶきである。続いて七月には台北市内の台湾省郵政管理局において、郵電局の改組及び郵電局員の班編成や超過勤務に端を発したサボタージュによる請願が、その逆流をさらに後押しし、煽り立てるような風潮をもたらした。

事態は極めて深刻となる

黎明華　一九四七年五月下旬、基隆中学の仕事を辞めて、新設の中壢義民中学へ転任し、そこで新たに組織関係の回復に取り組んだ。

一九四九年五月、解放軍が長江を渡った後のある日、地下党のリーダーの一人である張志忠が省工作委員会の基本的決定を伝えてきた。戦局の進展情勢を根拠に判断するに、解放軍は一年かそこいらで台湾に進軍するであろう。そこで我々は是非とも「解放を迎える」という政治スローガンを「解放に協力する」という実際行動に変えるべきである。なかでも、農村幹部は特に周辺の地形・道路交通・海岸線及び丘陵山地の基本的状況を熟知すると同時に、さまざまな関係を利用して一般的な民衆工作を展開していくべきである……。

張志忠に会った後、すぐにこの決定を下部メンバーに伝え、出来る限り田舎へ行き、生徒の家庭訪問を通じて、地理や交通等の状況を調査するよう求めた……。私自身も度々田舎へ行って、風景を見てまわったり、生徒の父兄を訪問したりした。

七月初め学校が夏休みに入ってすぐ、当時新竹商業学校で教師を務めていた東区服務隊の隊友徐新傑に獅頭山へ登ろうと誘われ、中壢から列車に乗り約束の時間に新竹へ着いた。列車を降りると、徐新傑の他に基隆中学校長鍾浩東と蔣碧玉夫妻や基隆中学の鍾国員・戴芷芳（蔣碧玉の妹）・王阿銀ともう一人曾という女性も一緒に来ていた。曾さんというのは峨嵋郷長曾新梅の娘さんである。

私は、今回の山歩きはおそらく鍾浩東が山地の地形を知るために意図的に手配したに違いないと思った。

駅を出て、公路局の路線バスに乗り換え峨嵋に向かった。峨嵋に着くと十二時前になっていたので町の軽食屋で昼食をとった。腹ごしらえが済むと、道すがら曾さんの家に寄り、それから山へ登りはじめた。

水濂洞まで登るとみんなびっしょり汗をかいていたので、そこで休憩とした。眼下にはゆるやかな起伏が連なる丘陵地帯が広がり、峨嵋・宝山からずっと海まで続いていた。後方は次第に高さを増して連なる横屏背山・鹿場大山・五指山の山並みである。

「実にいいところだ！」その時、傍に立って風景を眺めていた鍾浩東がしきりに称賛した。「実にいいところだ！」

休憩の後、みんなで談笑しながら頂上をめざした。歩きながら、東区服務隊にいた頃よく歌っていた歌――「太行山上で」「煙雨江南に満つ」「風雪太行山」それに「さらば香港」……等々を歌った。そのうち獅頭山の山頂に着いた。

山頂からの眺めはひときわ開けていた。正面は神桌山、左手は横屛背山と鹿場大山。山裾には南庄渓が一筋の帯のように、紅毛館・東河から南庄・田尾・龍門口・三湾・頭份を経て竹南に至り海へと流れ込んでいた……。

下山後、曾さんと王阿銀は折り返し峨嵋に戻った。

「我々は今夜どこに泊まろう、中壢、新竹、それとも苗栗?」鍾浩東が私に聞いた。

「苗栗がいい、丘継英に会いに行こうよ」と提案した。丘継英は丘念台と同じく蕉嶺出身で、東区服務隊の古い隊員でもあり、当時新竹県苗栗区で区長をしていた。私の提案に皆同意した。龍門口まで歩いてバスで竹南まで行き、列車に乗り換え苗栗へ行き、その夜は丘継英の公邸に泊まった。

翌朝、我々はまた同じ列車で北に引き返した。私は中壢駅で鍾浩東たちに別れを告げた。しかし、よもやこれが鍾浩東との今生の別れになろうとは思ってもみなかった。

安全局　三十八年(一九四九)七月十一日、一夜にして共匪は台湾全島の各重要地区に遍く反動宣伝ビラを頒布し反動標語を貼布す。翌日白昼には繁華街に於て大衆の面前で反動文書を配布する事態すら生ず。匪党の此の反動宣伝攻勢の発展の迅速さ、地区の広範さ及び匪徒の甘んじて危険を冒し犠牲を惜しまぬ「革命情熱」の高度の発揮の状は、表面上恰も共匪が台湾に於て厖大かつ完備せる組織を備え広範な大衆を擁すのみならず、大衆の敬愛と確乎たる信奉を博するを証明するかの如し。

谷正文　私のやった「白色テロ」は台湾において二千人以上に及んだね。そのうち四百人以上は軍法処に送られ、二百人が殺された……。

民国二十四年(一九三五)戦乱が続くこの時代に私は北京大学中文系の学生の身分で戴笠の軍統

局に入った。……三十八年（一九四九）五月下旬、国防部保密局北平站上佐特勤組長として上海から台湾へやって来た。

政府の台湾移転以前は、台湾島内の諜報粛清工作は主に保安副指令彭孟緝が担当しており、民国三十八年初め蔣介石が彭孟緝に引見した際、共産党スパイの台湾に於ける活動状況について聞いた。「共産党の台湾における活動など今のところ高が知れております」彭孟緝は落ち着きはらって答えたさ。

ところが七月中旬になって、共産党の宣伝刊行物『光明報』を省主席陳誠に呈上する者があって、これによって共産党の台湾に於ける秘密活動が極めて目覚しいことが証明された。陳誠が、口を極めて国民党の無能ぶりを嘲弄するその公開刊行物を直々蔣介石に届け出ると、蔣介石は忽ち青筋を立て、彭孟緝の役立たずめと怒鳴り、直ちに命令を発して当時の三大情報治安機関―保安司令部・保密局・調査局の責任者と共産党諜報事案の捜査を担当する重要幹部を召集し、翌日午後一時に士林官邸に於いて会議を開催した。……明らかに、事態は極めて深刻になっていたよ。

芋づる式

蔣蘊瑜　一九四九年五月一日朝、全省一斉の戸籍調査が行われ、同じ月の十九日に戒厳令が敷かれました。情勢はますます緊張の度合いを強めてきました。ですが、一九四九年以降の大陸の情勢の進展状況や、加えて台湾本土での「労働運動」「学生運動」の盛り上がりもあって、みんな楽観していました。国民党はきっと倒れると思っていました。

李旺輝　まさにそんな時、特務系統の「細胞」が党の地下組織内部に密かに潜入し、後日の大粛清に備えて、吸血ウイルスを植えつけていた。

冬休みも終わり新学期が始まると、新しく二名の教師がやって来た。彼らは大陸から来た兄弟で、一人は顔に傷あとがあり、もう一人はあばた面だったと記憶している。鍾校長は我々支部委員に、新任教師は二人とも学生工作員出身の特務だから、くれぐれも用心するようにと言った。校長は、情報治安機関が既に基隆中をマークしはじめており、これまでにもいろんなコネを使っては度々、教職員に採用させようと人を紹介してきた。その度何かしら理由をつけて断ってきたが、今度また断ったら、人はきっと何か変だと思うに違いない……と説明した。

蔣蘊瑜　その頃、浩東の蔵書を仕事の合間に私も読んでいました。ゴーリキーの『母』の日本語版を勤務先の学校の女性教師に貸したこともあります。

翌日、その先生は興奮の面持ちでこう言いました。「素晴らしかったわ！　私の気持ちを代弁してくれるよう

鍾校長（前列左４）及び教員と基隆中学第二回卒業生（1949 年７月）

だった。感動で一晩眠れなかった」

あとでそれを知った浩東から、「誰にでも気軽に本を貸すものではない」と叱られました。叱られて不服ではありませんでしたが、浩東が細心の注意を払う気持ちもよく分かりましたので、それからは気楽に本を貸すこともしなくなりました。

八月になると、台湾大学商学院を卒業した王明徳という若者が、好意を持っていた女性に『光明報』を送り、そのために身分が暴露され、秘密裏に逮捕された、という話が耳に入ってきました。

この時、私は直感的に思いました。大規模な逮捕がもうすぐ始まる、と。

安全局　前国防部保密局は、三十七年（一九四八年十月）に解決を得たる匪外郭組織「愛国青年会」〔新民主同志会〕陳炳基（注2）事件に於いて獲得せし手がかりを基に関係を活用し深く内情を探るに、五ヶ月の長期にわたる培養の結果、共匪が台湾に於いて「愛国青年会」の名義を以って秘密裏に匪徒を吸収する外、『光明報』及其の他の反動文書を頒布せしことが判明す。

通報に拠れば王明徳なる者かつて屢々『光明報』を他人に郵送す。別件通報に拠り台大法学院学生林栄勛等も反動ビラを配布し匪の先棒を担ぐ等の事実あり。幹部要員を選抜派遣して各匪容疑分子の発言及行動に対し厳密に調査監視を行う。

三十八年（一九四九）七月上旬、共匪は「七七」抗日戦十二周年記念の名目で大規模な宣伝攻勢を開始す。反動ビラを頒布し反動標語を貼布すること一夜の内に全島に遍く及び、その気勢の凄まじさ空前と言うべし。奸匪の猖獗なる行為に打撃を加えんと本格的な検挙に乗り出すことを決定す。恰も内線〔組織内に送り込まれて情報収集活動等を行う内応者―訳注〕より本案関連容疑者王明徳八月十八日警察当局による戸籍調査の際留置さる等の通報あり。警察が内情を理解せずして釈放する虞あること、又情報の漏洩を避ける見地よりこの機会に乗じ八月二十三日警察に王明徳の本局への連行を要求す。本件に関し獲得せし資料を根拠に王犯に詳細な尋問を行う。王犯は事実と証拠を前に否認の術なく、ついに匪成功中学支部王子英等同党数名について供述を行う。

裴可権　『光明報』はもともと匪党省工作委員会が発行していた地下刊行物で、三十七年（一九四八）秋、秘密裏に創刊され、最初基隆中学で発見された。その内容は共産党の宣伝に重きを置いたもので、我々治安情報機関の注意を引いていた。だが多方面にわたる捜査をもってしても、杳として手がかりもなく行き詰っていた。その後、過去の資料から総合的に検討して、台湾大学の学生、林某・孫某の日ごろの行動が疑わしく『光明報』の発行拠点が台湾大学内にあるのではないかと推測された。そこで我々は聞き込み捜査を強化し、その結果、台湾大学商科を出て某社に勤務する王某が女友達某嬢に送った『光明報』の発見に至った。この発見で王本人を秘密裏に逮捕し、王の組織が省工作委員会の下部組織である成功中学支部に所属しているとの供述を得た。これを突破口に、この組織の検挙は芋づる式に易々と展開した。

連世貴　王明徳はその頃、ある女性に求愛していたが、相手にはその気がなかったので、自分が共産党員であることを打ち明けました。するとその女性は怖くなって基隆憲兵隊に密告し、彼は逮捕されてしまったらしいのです。

自分にわずかでも人間らしい心が残ることを恐れ……

蔣蘊瑜　王明徳が失踪して数日のあいだ、私は安心できず、台湾大学に在学中だった弟の戴伝李に、台北を離れてしばらく避難するように言いました。弟はすぐに他の八人の同学と高雄に南下し、孫という同学の家に行きました。ところが、組織がきちんとしていなかったため、その家で弟たち九人は逮捕されてしまいました。

浩東はこの知らせを聞いたのち、家に帰ってくることはなくなりました。

安全局　八月二十四日早朝、保密局は刑事警察総隊と共同して以前収集せし資料と王犯の供述を根拠に、〔成功中学卒業生〕姚清澤・郭文川・余滄州等の匪犯を逮捕、更に同月二十七日夜、〔台大法学院学生〕詹照〔昭〕光・孫居清・呉振祥・戴伝李・林栄勛等を捕獲す。又供述を根拠に内偵を進め、一月鍾浩東・李蒼降・張奕明等匪を拡大検挙す。本件に於いて共産党スパイ及容疑分子総計四十四名を捕獲。

戴伝李　姉の話や安全局の資料は僕の記憶とは若干食い違いがある。実際には僕が捕まったのは八月十三日であって、二十七日ではなかった。

その時、僕は林栄勛・詹昭光・呉振祥と一緒に南部へ旅行に出かけていた。高雄に着くとすぐ、僕たち四人は台湾大学学生自治連合会副会長の孫居清を訪ねた。孫居清の家は裕福でいくつもの養魚場を持っていて、そこの漁師小屋に泊まれるよう手配してくれた。毎日海水浴をして遊んでいた。僕たち五人が捕まった夜はたしかマージャンをしていたので、初めはこのマージャンが原因で検挙されたのかと思った。その後、台大学生自治連合会会長である林栄勛にかなり前から尾行がついていたことがわかった。台北の保密局に移送されると、王明徳が僕の名を出してでたらめを言ったため、こっちが主犯になってしまった。実際、王明徳は地下組織の人間でも何でもなく、僕と彼とは組織のつながりなど何もなかったんだ。

谷正文　一九四九年十月中旬、刑事警察総隊の隊長劉戈青が四人の学生を捕まえたことが耳に入った。『光明報』を持っていたということだが、何も得るところはなかった。台大学長傅斯年がわめき散らすので、一日留置してすぐ釈放したのだ。それを聞いて「望外の喜び」、私はすぐ捕まえに行こうとした。葉翔以外は皆反対した。理由はごもっとも。「ひとが捕まえて釈放したというのに、また捕まえて何の役に立つ？」ときた。私（保密局偵防組長）が譲らぬので王明徳・詹昭光・戴伝李（法学院）・游英（経済系）の四人が逮捕されて来た。私と牛樹坤（二処科長）、趙公嘏（二処股長）及び私の助手張西林と彼ら四人は別々に一晩中じっくり、お話したね。共産党のことにはまったく触れず、ただ『光明報』の出所だけ知りたかった。四人の坊やは若くて世間知らずで、「ありていに白状する」ほかなかった。翌朝、傅斯年がわめきだす前に、彼らを学校へ送り届けた。互いに「このことを忘れる」ことになっていた。私の目的はすでに達成され、その晩直ちに『光明報』は摘発された。これは私が台湾へ来て最初に放ったカウンターパンチだったよ。（注3）

戴伝李　僕は一九四九年八月十三日高雄で逮捕されてから、一九五一年八月十四日、その当時内政部常務次長だった二番目の伯父蔣渭川とのつながりで、緑島新生総隊を釈放されるまで、まるまる二年も拘禁された。

高雄から台北の保密局に移送された夜、直ちに拷問が始まった。奴らは僕の上着を脱がせ、上半身裸のまま、長椅子に寝かせ縄でぐるぐる縛り上げた。さらに坊主頭の太った手下が僕の太ももに布を巻きつけ、その上から拳で力まかせに殴り、党員であることを認めさせようとした。

その時僕はまだ二十四歳だったが、利害の軽重は弁えていたし、あそこのやり方も心得ていた。証拠を掴んでいないから拷問にかけなきゃいけないんであって、もし認めたら奴らは喋ることがなくなるまで拷問を続けるだろう。だから、どうでもこうでもこの場を耐え抜き、断じて認めるわけにはいかない。喋ればもっと悲惨な目に遭うのはわかりきっている。僕が認めないと坊主頭が殴る。拷問はまる一時間にも及び、それから拘置監に引きずられて行った。その結果、僕の太ももは一見して何の目立った外傷もなかったが、二日間は大便も小便も出ず、動こうにも動けず寝たきりだった。

それからというもの、ほぼ二、三日に一度は取調べを受けた。その頃、あそこには谷正文ともう一人趙という特務がいて、二人は一種のライバル状態に置かれていた。或いは一方が仏役なら一方が鬼の役を演じるといった具合だ。その趙の方はまだ多少は人間らしさが残っていたが、谷正文に至っては、僕たちに接する態度といったら陰険極まりなかった。全ての虐待はあいつの命令で行われていたも同然だった。あいつはもう人間じゃなかったと思う。自分でもいつか僕らに言ったことがある。「俺は自分にまだ人間らしさが残っていることに耐えられない。だから朝起きて顔も洗わなければ、歯も磨かない」

校長先生の奥さん、我々は人民解放軍だ……

蔣蘊瑜　浩東が家を出てからというもの、毎日夜中に、向かいの警察総隊を出入りするパトカーのサイレンが耳につき、恐ろしくて眠ることができませんでした。この時、家にはすでに監視がついているのが分かっていました。ですから家に置いてあった浩東の書籍・手紙・資料などはすべて焼き捨てました。そして二人の息子をつれて八堵にある学校の宿舎に移りました。三、四日たった夜、私はひそかに台北帰綏街の実家に戻りました。浩東が帰ってきたかどうか知りたかったのです。それ以後は二度と足を向けませんでした。

戴伝李　僕が捕まって二週間後、義兄の鍾浩東も捕まって連れて来られているのを見かけた。だから断じて安全局の書類にあるように一九五〇年の一月に逮捕されたんじゃないと思うよ。

谷正文　戴伝李の自白から、基隆中学校長鍾浩東自身が古参の共産党員で、基隆市工作委員会書記を担任しており、また同中学校で、国民政府に随って台湾に撤退して来た多数の共産党員を配属して教師を担当させていることがおおよそわかった。例えば羅卓才・張奕明。この外まだ積極的に学校の内外でメンバーを増やしている。そして『光明報』は基隆市工作委員会の宣伝刊行物である。

……

〔一九四九年〕八月十四日午後、保密局本部へ捜査の成果を報告に行った。「四名の学生はすでに白状した、明日明け方に行動し、明日早々には事件解決が発表できる」……

蔣蘊瑜と三男・四男

夜明け前三時五十分、空は漆黒の闇、自ら三個の作戦グループを率い武装して基隆中学へ突撃、第一組は私が率い、鍾浩東を逮捕すべくまっしぐらに校長宿舎に向かった。張西林と牛樹坤はそれぞれ第二・第三組を率いて『光明報』の印刷用器材とその他の共産党宣伝資料の捜索に及んだ。二十分後、私は鍾浩東の妻蔣碧玉を印刷器材の前に連れて行った。彼女はもはやどうにもならぬと見て別に反抗も反駁もすることなく淡々と言ったね。「今度は私たちが負けたわ。死は免れ難いでしょう。でも、偉大なる祖国のために、偉大なる党のために、台湾で最初の一滴の血を流すことが出来たら、死んでも心残りはないわ」

蔣蘊瑜　八月末のある夕方、黎明華があたふたと学校にやって来ました。「徐新傑の今後について」浩東に相談したかったのです。浩東が不在だったので、黎さんはそそくさと立ち去りました。

黎明華　八月初め、新竹商校に勤めるある同郷人が突然中壢の義民中学の事務室にやって来て、うろたえ気もそぞろの態で「林啓周校長が逮捕された。徐新傑も失踪して一週間になる。彼の荷物をどうしよう？」と言いながら鍵をひとつ私に投げて寄越した。

林啓周（林其新）校長は陝北公学卒業で、丘念台が往年陝北へ視察に行った時、十人連れて帰ってきた内の一人である。かつての東区服務隊の隊歌は、確か彼の作曲で、実は彼は東区服務隊中共党支部の責任者であった。

私はこの同郷人の身分を知らないので、内情を探りに来た特務ではないかと警戒し、すぐに答えた。「私も新傑の行先を知らないので、鍵はあなたが持って帰ってください。どこかへ遊びに行ったのかもしれない、二、三日したら帰ってくるでしょう……」実は、この時すでに林啓周校長が逮捕されたことを知っていたのだ。

謝克　林啓周の妻、謝克です。私たちは東区服務隊で知り合いました。一九三九年、私は抗日戦争に参加しようと家を出ました。韶関で丘念台と出会い、それから十一日歩いて徐福田隊本部にたどり着き、服務隊に参加しました。ところが兄の謝瀛洲が国民党で官職に就いていたので、私を無理やり隊から引き離し、福建で学校に行かせようとしたんです。でも私は夫林啓周に意見を求め、韶関で学ぶことにしました。
台湾光復後、林啓周は新竹商校の校長をしていましたが、私はついて行きませんでした。一九四九年、夫は大陸へ引き揚げることにし、まず陝北公学の卒業証書やその他証明書類を私に郵送しました。こともあろうに郵便検閲で、かつて陝北公学で学んだ経歴が発覚してしまったんです。そんなこんなで大陸に戻ろうとした六月二十三日、松山飛行場で逮捕され、その後私と妹も広州で逮捕されてしまったのでした。
劉茂常　一九四七年十一月、台南民衆教育館で教育研究部長を担任する民盟の盟員が一人逮捕され、私たちは直ちに活動を停止しました。二ヵ月後、台南民衆教育館は政府により閉鎖されました。丘念台は、仕事が見つかるまで当分私たちに食費を月々十数元くれると請け合いましたが、この金はすべて東区服務隊の古い同志たちが寄付してくれたものでした。一九四八年旧暦の正月を過ぎてから、私は名前を変え、林啓周が校長を担任する新竹商高で臨時雇いの職につきました。月給は八十元でした。年末になると林校長は自分は台湾を離れるつもりであるから他の仕事をさがすようにと言いました……。一九四九年、冬休みが終わって、私はまた組織の手配によって桃園へ移り、当時の新竹県政府で事務員となりました。五月、解放軍渡江後、鍾浩東は私に言いました。台湾では活動が出来なくなってしまったので大陸籍の東区服務隊の古い同志たちの多くはすでに続々と大陸に帰っている。二人で検討した結果、大陸に戻って革命工作に参加することに決め、六月二十二日の船で台湾を離れました。
黎明華　林校長が逮捕されると、新竹商高の地下工作員たちは直ちに、組織の手配の下あちこちに散った。徐新傑も鍾浩東の手配で、屏東長治郷の邱連球の実家へ逃れた。

八月中旬、慌しく答案採点作業を終えると時間を割いて、徐新傑の様子を聞くため基隆中学へ鍾浩東を訪ねた。鍾浩東は、あそこもあまり安全でないと言った。そこで私は直ちに徐新傑を連れに南部に行った。その日はすでに夜も更け列車もなかったため、二人で台中の徐森源を訪ねて行き、そこに泊めてもらった。

徐森源　一九四七年八月二十六日、丘念台は国民党台湾省党部主任に就任し、私に「国民党台中県党部書記長」を引き受けるよう求めた。十月、台湾地下党は革命工作をカモフラージュするため、私が台中へ赴き「国民党台中県党部書記長」に就任することを批准した。それ以後私は基隆中学を離れた。はからずもこれが私と鍾浩東同志との永別となったのである。

黎明華　我々は徐森源と直接の組織関係はなかったが、事情は暗黙のうちに分かっていた。翌日早朝、ひとまず山に身を隠すよう、徐新傑を楊梅山へ連れて行った。

それからしばらく経って、彼の安全について更なる手立てを講ずる必要があると考え、八月二十六日再び北へ向かい、徐新傑が落ち着けるもっと安全な場所はないものか、基隆中学の鍾浩東と蒋碧玉のところへ相談に行った。

基隆中学に着いたのは黄昏時分でたまたま鍾校長は不在であった。夕食後、張国雄先生や蒋碧玉の妹はじめ教職員が数人、宿舎の外の樹の下で夕涼みをしながらギターを弾いたり歌を歌ったりしていた。その晩は鍾国員の宿舎に泊まった。真夜中、特務が逮捕にやって来た。私と鍾国員は戸を叩く慌しい音に驚いて眼を醒ました。鍾国員が電灯を点けると、銃を持った若い特務が入ってきて、我々に身分証の呈示を求めた。それから私に聞いた。どこから来たのか？　誰を訪ねてきたのか？　私は事実どおり答えた。中壢から来たこと、梅県の同郷人鍾国員を訪ねてきたこと……。相手は大して何も言わず出て行った。間もなく彼らは蔣碧玉と妹を捕らえて立ち去った。

蔣蘊瑜　夜中、おそらく一時すぎだったと思います。どんどんと乱暴に戸をたたく音が聞こえました。宿舎の人は憲兵や特務が来たのだとわかっていたので、だれも出て行きません。そこで、私が起きて開けに行きました。戸を開けたのが私だと知ると、特務の親玉が嘲ってこう言いました。

「校長先生の奥さんよ、我々は人民解放軍だ、あんたたちを解放に来たぜ」

彼らが中に入ると、もちろん遠慮会釈ない乱暴な家宅捜査です。

「夕方、校長に客があっただろう」その親玉は私に言いました。「そいつは何という名前だ？」

黎明華の前に、組織とは関係のない新任の教員がたまたま浩東を訪ねてきていました。浩東が不在だったので、その人にメモを書いてもらい、浩東に渡すことにしていました。そこで私はそのメモをその男に見せ、とりあえず黎さんのことはかばうことができました。

ひとしきり捜索したのち、その親玉は、何人かを別の場所へ逮捕に向かわせました。それを待つあいだ、男は私に、マルクスの弁証法や人民民主専政などの話題を持ち出してくるのでした…。手下が戻ってくると、その男は私と、当時まだ十八歳だった妹に服を着替えて車に乗るように言いました。その男たちは、私たち姉妹が服を着替えるのをジロジロと眺めていました。

車に乗る前、私は末の息子を教務主任の夫人である張奕明に預けようとしました。

「奥さん、そう長くはかかりませんよ」張奕明はそう慰めてくれました。「この子はまだおっぱいを恋しがるでしょうから、連れてお行きなさい」

こうして私は、子どもの服もおむつも持たず、やっと五ヶ月になったばかりの赤ん坊を連れて妹と一緒に連行されたのです。

車は市街地をぐるぐると回り、自分がどこへ連れて行かれるのかさえわかりませんでした。

軍警察校舎を包囲

李旺輝　八月末、校長が突然姿を消したと聞いて、捕まったに違いない！　と咄嗟に思った。これから、とてつもない政治の嵐が吹き荒れるぞという予感がした。

後になって、鍾校長は新学期が始まる前に逮捕されていたことがわかった。それは日曜日のこと、李蒼隆に会いに基隆へ行き、その日は戻らなかった。明けて月曜日の早朝、八堵でバスを降り学校まで歩いて戻ってきた。この時、ずっと尾行監視していたジープが後ろから近づき、二名の特務が素早く車を降り、校長を捕まえるなり車に押し込んだ。車の中で、鍾校長は自分が捕まったことを何とか外の人に知らせようとしたが、特務に挟まれて身動きすらできなかった。それから列車で台北へ護送された。列車が基隆中学の近くにさしかかった時、校長は汗を拭くふりをして、隙を見て窓からハンカチを振って、学校の教師や生徒に気づいてもらおうとした。だが如何せん、二、三回振ったところで特務に見つかり阻止されてしまった。こんなわけで、自分が逮捕されたことをその時点で皆に知らせる術がなかったのである。

九月二日土曜日の夜、再び私服の特務が数名校長を逮捕しに宿舎へやって来た。実際、校長はとっくに捕まっていたのに、そ知らぬ顔で「校長はどこへ行った？」とうそぶいた。

彼らは校長の家を家宅捜索し、そこら中引っ掻き回して数点の資料を押収し引き上げて行った。

連世貴　鍾校長が逮捕投獄された後、校医と基隆中の先輩一名も相継いで逮捕されました。しかし、この三人のうち共産党員なのは鍾校長だけです。察するところ、校医とその先輩が逮捕されたのは、校長が故意に偽の名簿を出し、同志たちに用心するよう合図を送っていたのかも知れません。このあと、基隆中の外省籍教師（聶英等）は全員、次々と海路大陸に逃げ帰りました。

何文章　事が起こってから、陳仲豪先生は大陸へ戻ろうとして、船会社をやっているうちの親戚を訪ねられました。ですが、その親戚は、出航までにあと四、五日かかると申し上げましたので、陳先生は、それでは間に合わない！　と言われ、そしてその後行方不明となってしまったのであります。

李旺輝　鍾校長は逮捕後、どんな厳しい拷問を受けようとも、断固として何一つ組織のつながりを吐かなかった。そこで当局は、貴様が吐かないなら、貴様の学校の教師、職員、学生を片っ端から捕らえてくるぞ……と校長を脅した。なるべく害の及ぶ範囲を小さくするため、また同時に我々に合図を送るため、校長はわざと組織とは何の関係もない人物、例えば校医の名前などを供述したのである。

一週間後の九月九日、同じく土曜日の午前十時を回った頃だった。授業中ふと気がつくと、校舎の裏山がすっかり軍警察に包囲されていた。みな不安におののいた。今度は誰を捕まえようというのか？

昼までに教師四名、職員三名、学生三名が連行された。

連世貴　校長の逮捕は夏休み中のことだったので、私たちはちっとも知りませんでした。学校が始まって私は二年生に進級しました。姿を見かけない先生がたくさんいましたが、平常どおり授業が行われたので、きっと大陸の実家に帰省しているものとばかり思い込んで、あまり深く考えませんでした。新学期第二週目のある日、級友と教室の外で談笑していると始業ベルが鳴ったので教室に入ろうとすると、突然訓導処から人が来て校長室に呼ばれました。校長室に行くと高等部三年の廖為卿と同じく一年の張源爵も呼ばれて来ていました。その後、三、四名の私服が何の説明もなく我々を逮捕し、ワンボックス車に押し込んで保密局に連行しました。

逃亡と連座

李旺輝　基隆中学を離れたその夜、最終列車で南部に逃れ、翌朝屏東で列車を降りた。駅前に自転車屋があったので、身分証を担保に自転車を借りた。先ず内埔に行き自宅で療養している鍾国輝に基隆中での事件を報告し、次に長治郷崙上村に行き邱連球に知らせた後、屏東へ戻り自転車の賃借料を払って、身分証を取り戻し美濃へ戻った。

これより、まるまる一年に及ぶ私の逃亡生活が始まった。

逃亡中はずっと、美濃山中のあちこちに身を隠した。氏神の祠や飯場で雨露をしのぎ……、バナナや携帯食を食べて飢えをしのいだ。時々人目につかないよう尖山の麓まで下りて行き、鍾里志の兄弟の家でまともな食事にありつくことができた。

鍾里志　浩東が失踪した後、李旺輝が台北へ状況を探りに行ってくると言いましたが、台北のどこへ行くのかは尋ねませんでした。今後のことは、帰ってから相談すると言いながら、結局私には連絡を取らず、高という用務員（子供）を通じて、まず南部に帰ると伝言をよこしました。私が基隆中学にいても早晩問題が起こるだろうから、これ以上ここには居られないと思い、翌晩妻が生まれて間もない息子を連れて士林の実家へ帰る手はずを整えました。それから出納組の金庫の鍵をきちんと包み宿舎に残した後、何も持たず身一つで南部へ帰りました。

これから私の「逃亡」の日々が始まりました。

裴可権　この間、我々の捜査活動は決して緩むことなく、豊富な捜査経験と執念で、遂に三十九年（一九五〇）九月末鍾国輝と李旺輝両名の身柄を拘束し、審理のため保安司令部に護送した。……鍾里志は四十年（一九五一）一月十日「自首書」を提出し、警務処刑警総隊の高雄県駐留工作組に「自首」した。

李南鋒　基隆中学で管理組長を務めて一年もすると、学校の管理活動は緒に就いたので、退職して郷里へ戻った。私は大陸から戻ってきた本省人、いわゆる「半山」だから多少は外省人のおこぼれに与ることができ、職に就くのは難しいことではなかった。屏東に戻るとすぐ、屏東市役所に職を得た。私の肩書きは民政課合作室指導員兼九如農場場長というものだった。

一九四九年九月初め、基隆中の職員徐新傑が我が家に逃れてきた。彼の話から初めて基隆中での事件を知ったんだ。徐新傑はわが家に二、三日身を隠してから出て行ったが、その後苗栗大湖の山地で追っ手の特務警察に射殺されたらしい。

徐新傑が出て行ってほどなく私も逮捕された。あの日のことは忘れもしない。夕方仕事が終わって市役所から歩いて帰る途中、突然二人の私服に無理やり車に押し込まれ、車はそのまま鳳山・高雄方面に向かった。高屏大橋を渡る時、道が下り坂になったので車が少しスピードを緩めた。この機に乗じて逃げ出そうと、護送係の三人の私服と車の中で取っ組み合いを始めた。激しい乱闘となったので運転手（警察官）も車を停めて加わらざるをえなくなり、四人がかりで私を車から引きずり出し、意識不明の半殺しの目に遭わせて、再び車に乗せ走り出した。

朦朧とした意識の中で、車が停車したような気がした。すると車から二階の部屋まで無理やり引きずって行かれた。水をぶっかけられ意識が戻ると、すぐさま拷問が始まり、それは不眠不休で朝まで続いた。

二日目は拘置監の中で一日中意識朦朧としていた。三日目の夕刻、連球・連和兄弟も連れて来られた。彼らの話を聞いて、自分が鳳山警察局に拘束されていることを知った。四日目早朝、私たち三人は一緒に台北へ護送された。

邱連和　基隆中学で事が起こったことを知ったのは、校長が逮捕されてから数日たった後だった。基隆中学の教職員が数名邱家に逃れてきたので、私と連球でなんとか彼らをかくまった。彼らを逮捕しようと警官や特務が来たが、見つけることができず、すごすごと帰っていった。

翌朝、彼らは崙山を発って、逃亡を続けた。

正午頃、警察と特務が連球の家と私の家に押し入り、我々を鳳山の高雄警察局に無理矢理連行していった。そこで浩東の従弟李南鋒に会った。李南鋒も捕まっていたのだった。我々三人は警察局で一晩過ごし、翌日の朝、台北に護送された。

北上する汽車の中では、私と連球とが手錠でつながれ、南鋒は一度抵抗したので、手錠のほか足枷までつけられていた。私たちは一般の乗客と同じ車両に乗せられ、驚きと好奇と恐れの視線にさらされ続けた。こうして屈辱に耐えながら台北に到着し、駅を出たとたん外で待っていたジープに乗せられ、小南門付近にある保密局の秘密拘置所に送られた。そこには基隆中学事件に連座して逮捕された十七、八人もの人が拘置されていた。

およそ三ヶ月の後、我々は青島東路三号の軍法処看守所に移された。

惜別の歌

蔣蘊瑜　逮捕の翌朝、同房の人に、ここは青島東路の軍法処だと教えてもらいました。そして私は浩東の姿を見たのです。二人の難友に支えられ、房の前を歩いていきました。拷問でできた傷の跡がありました。この時初めて、浩東はとっくに逮捕されていたのだと知ったのでした。

その後、特務たちは基隆中学に逮捕に行くたび、必ず私の妹を連れて行きました。私には彼らが故意に教職員を疑心暗鬼にさせようとする奸計だとわかっていました。妹が裏切ったと思わせようとしたのです。

ある日、戴の両親が上の子を連れて面会に来ました。ですが看守は会わせてくれようとしません。同房の師範学校の先生が私に、泣きなさい、と言います。そこで私は大声で泣きました。彼女は、看守のところへ走っていき「校長先生の奥さんがかわいそうです。どうか、ご両親に会わせてやってください」と頼んでくれました。

「会わせてやってもいいが」看守は答えました。「二度と泣かないことが条件だ」

私はすぐさま泣きやみました。そこで看守は私を面会に行かせてくれました。まもなく妹も来ました。私はその機を捉えて言いました。「気をつけなさい。あの人たちに利用されてはだめよ」妹は私が誤解していると思って非常に立腹しました。

九日の午後、学校の女性職員張奕明と王阿銀が一緒に連れてこられました。張奕明は私と同じ房でした。
「奥さんもここにいらっしゃったんですか」房に入れられた彼女は私を見て、驚きの中にもほっとしたようすでした。そしておどけて言いました。「でも、なんてひどいところなんでしょう！」
それからまもなく、張奕明は銃殺刑に処されました。
中央日報　省保安司令部（一九四九年十二月）十日午前十時、共産党スパイ張奕明、鍾国員、羅卓才、談開誠ら四名の銃殺刑を執行。うち張奕明は女スパイ。
保安司令部スポークスマン　本省奸匪組織は昨年末より秘密裏に反動刊行物『光明報』を謄写版印刷し各地に配布せり。本年八月迄にすでに二十八号を発行。当該新聞の内容は悉く事実の捏造であり、極めて荒謬なる言論に風説を混淆し人心を煽惑せしむ。治安機関の厳密なる偵査により、基隆中学にて印刷せしものと判明、九月の事件解決を経て、『光明報』印刷の主犯張奕明（女、二十八歳、広東汕頭人、基隆中学幹事、奸匪古参党員にて光明報印刷及び発行を担当）・鍾国員（二十八歳、広東蕉嶺人、基隆中学幹事、光明報謄写版浄書を担当）、及び奸匪市委書記鍾浩東（三十五歳、高雄人、基隆中学校長）・党員羅卓才（二十七歳、広東興寧人、基隆中学教員）・談開誠（二十五歳、江蘇鎮江人、宜蘭中学教員）等二十二名を捕獲。……鍾浩東等十八名逮捕後自白悔悟し既に感訓に送りて自新の道を開いた他、頑匪張奕明・鍾国員・羅卓才・談開誠等四名はその罪状重大につき、陳誠東南軍政長官の審査許可を得て、刑法第一百条第一項、反乱懲治条例第二条第一項の規定に依り、死刑を判決、昨（十）日銃殺刑を執行せり。
蔣蘊瑜　その日、朝食のとき房の窓が下ろされました。長く拘置されている人が、きっと銃殺刑があるのだと言います。程なくして外でジープの音がしました。そこで布団を積み上げ窓から外を見てみますと、銃を持った憲兵がジープに数人乗っているのが見えました。そして房の戸が突然開き、憲兵班長が大声で名を呼びました。「張奕明、開廷だ」

張奕明は微笑みながら、従容として房を出ていき、車に乗る時、しっかりとした声で「共産党万歳！」など激烈な政治スローガンを叫びました。私は彼女が以前に歌ってくれと言っていた「惜別」を歌い、彼女を送ったのです。

紅燭は消え酒は尽き、言葉もなく相対す
潯陽へ向かうこの身、夜の長きを誰か知る
せめて今宵は語り明かさん、明日は互いの道を行く
名残はつきねど、いざさらば
いつまた君と相まみえん

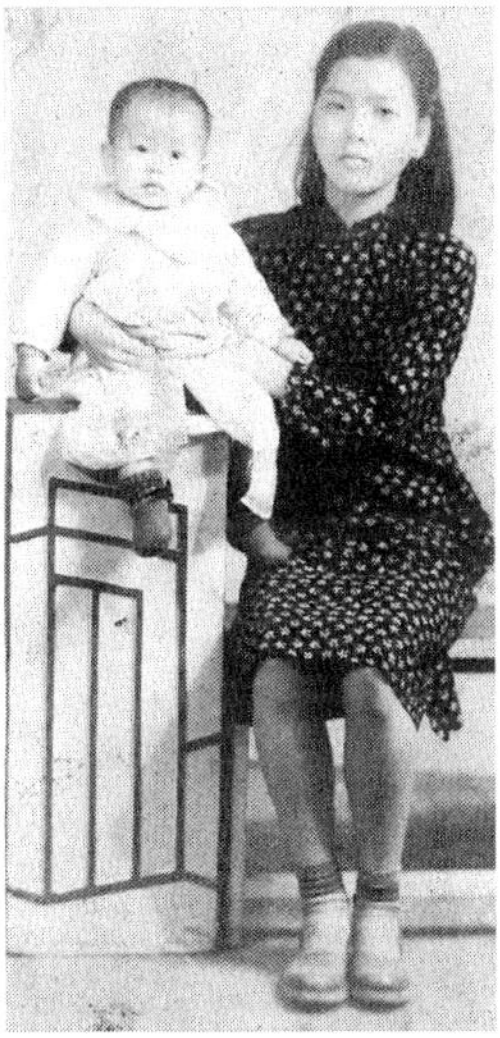

蔣蘊瑜の妹戴芷芳

歌いながら、私には分かっていました。まもなく、十四歳で入党した張奕明は、新店渓のほとり、馬場町の刑場で、朝まだきの銃声に倒れるのだと。

翌日、また銃殺がありました。房の外のジープの音を聞いた時、今度は私の番だと思いました。同房の人たちもそう思ったようです。そこで私は静かに服を着替えました。彼女たちは私

の髪を整えてくれました。

「言い残しておくことはありますか」恐怖に満ちた静けさのあと誰かが尋ねました。

「何もありません」と私は答えました。「私の持ち物はみなさんで使ってください」

房の扉が開きました。しかし、呼ばれたのは私ではなく、金門籍の先生七、八名でした……。

軍法処で半年の尋問に耐え、私は浩東と一緒にいた時間が短く、事件との関わりが少ないということで、ついに釈放されたのでした。

話すことは何もない

李南鋒　私と連球、連和が共に軍法処へ移送された翌朝、大陸から来た客家の青年が数名銃殺された。それは張奕明・鍾国員……などで、全員が基隆中学の教職員だった。

彼ら外省人が銃殺された後、私たちの刑も決まり、私は懲役六年の判決を受けた。おおよそ三ヶ月後浩東、連球ともども内湖国民小学の「新生総隊」へ移送され感化訓練を受けることになった。

「新生総隊」は一九五〇年二月一日に創設され、保安司令部に所属していた。

一九五一年四月「新生総隊」は緑島に移転し、拡大され「新生訓導処」となり、「新生訓導総隊」が編制された。

「新生訓導総隊」は三個大隊を統轄していて、それぞれ「捕虜」「政治犯」「叛乱犯」等の三つの性質の異なる隊に分かれていた。各大隊がさらに分割され十二個の中隊があり、「団結新生同志完成第三任務」の十二文字が各隊の名称となっていた。その他に女子中隊が一個特別に編制されていた。
「新生総隊」の主な任務は我々政治犯の思想を「改造」することにあった。ふだん生産労働の外は主に講義を受けた。カリキュラムは「国父〔孫文〕遺教」「領袖〔蔣介石〕言行」「共産主義批評」「共匪暴行」「蘇〔ソ連〕俄〔ロシア〕侵略中国史」……などの政治課程並びに中国の地理、歴史、数学……などの一般課程も含まれていた。

連世貴　内湖国小の「新生総隊」の監房は一般教室を改造したものでした。男女一間ずつの二間しかなく、私たちはそこの男子房に押し込まれたが百人以上収監されていて、立錐の余地すらありませんでした。食事もとても食べられたものではなく、一番美味かったのは豆もやしで、他はブタの餌同然のごった混ぜでした。

　これは言っておきたいのですが、内湖感訓に送られた時、鍾造東校長はハンストでもって思想改造を受け容れることを拒絶し、一日中寝床に横になって朝礼にも講義にも出席しませんでした。

緑島新生訓導処全貌（陳孟和・画）

内湖国小新生総隊

隊側は校長をどうすることもできずに、「一体、どうしたいのか？」と尋ねました。

「私の同志はみな死んだ！　私はリーダーだ。どの面下げてこの先、生きていけと言うのか？」

協力的な態度をとらなかったことで、ほどなく銃殺刑になってしまいました。

私は鍾校長のこういう義のためなら命も惜しまない精神に、今もって頭が下がります。

実際、その頃組織に加入するには、頭脳明晰であることと、真に国家・人民のために思って行動できる愛国主義者であること、この二つの資質を備えていなければなりませんでした。

戴伝李　その後、僕と校長は同時に保安司令部内湖新生総隊感訓へ送られた。この時、大陸が完全に赤化し、国民党政府が台湾に撤退していたことを新聞で知った。感訓隊に入れられていた者たちはみな内心「もうじき解放される」と思った。

校長は感訓にいる間、非常に穏やかかつ冷静に振舞っていた。規則に従い、隊のさまざまな活動にも参加した。ただ思想面については、沈黙を貫くことで自分の立場を表明した。ここでは毎日食前に、三民主義のどこか一節について僕らに討議、発言させた。自分から発言する者など誰もいないので、教官が指名して順番に発言させるのだった。こうして、大体週に一度は指名され、ふつう誰もが教官の要求する答えを壇上で発表した。だが、校長はそうしなかった。指名される度に立ち上がって、「話すことは何もない」と言った。

ある日、突然校長は僕にこう言った。「私はもう覚悟はできている！　君たち若い者は我慢しなさい。もう少し環境に順応しなさい。あまり無理をしてはいけない！　……それと君はこれまで出しゃばりがちだった。もう少し慎重でないといけない」と僕に忠告した。

その後、校長は続けざまに何通もの退訓申請書をしたため、感化訓練は受けないという確固たる立場を表明し、政府に対して別の処分を要求した。幸い、この申請書は広東梅県出身の客家の教官が途中で握りつぶし、それより上へは行かなかったので事なきを得ていた。

この教官は校長に忠告し続けた。「国民党政府は、台湾の青年たちは大陸の状況を充分に把握しないまま、思想が左傾しているにすぎず、みな誤った方向に導かれていると考えている。だからこそ本省人ではなく、外省人を『叩く』ことにしたのだ」

しかし校長は考えを変えるでもなく、そのまま申請書を書き続けた。ある時、この教官がたまたま出張で不在の時、校長の申請が上まで行ってしまった。

そのため、李蒼降が逮捕された時、感訓隊は校長を再度軍法処に送り、李蒼降らと一緒に審理することにしたんだ。

裴可権　李蒼降は鍾浩東が逮捕されると直ちに基隆を離れた。翌年（一九五〇）正月、新旧の手がかりをもとに、台北市南京東路の住所において同人を逮捕した。

李南鋒　浩東は一貫して感化訓練は受けないという断固たる立場を表明していたので、内湖の感訓隊から軍法処へ差し戻された。出て行く時、浩東は客家語でわざわざ私と連球・連和の三名を励まして「君たちがいつかここを出た暁には理想のために闘い続けてくれ！　そして我々の子孫たちもまた理想のために闘ってくれることを願っている！」と言った。それから声を張り上げ、まるでスローガンでも唱えるかのように叫んだ。

「最後まで志を貫き、党に身を捧げるぞ！」

その後、私たち三人は一緒に緑島に移送収監された。二年後、連球は郷里の人が逮捕され彼との関係を供述したことで、「隠し立て」したとして、更なる取調べのため本島へ送り返された。ところが、彼は行ったきり戻って来なかった。一九五五年六月、刑期を満了して郷里へ戻って初めて、連球もまた浩東に続いて台北馬場町の処刑場に散ったことを知った……。

裴可権　鍾浩東は三十八年（一九四九）十二月、保安司令部に移送され半年間の感化訓練を受けたが、思想には何の変化も見られず態度も頑強であった。病気を装い講義には出席せず、討論では発言を拒否し、長官の指導に服しなかった。これらの紀律違反行動のほか、依然として感訓隊の中で密かに反動宣伝を行い、同党組織非合法団体の拡大を企み、クーデターの陰謀を継続していた。かくの如き頑迷固陋の輩はこれ以上訓練を続けても更正の見込みなしと思料し、感訓隊から出し李蒼降らと一緒に審理することとした。

蔣蘊瑜　浩東の審理が軍法処に差し戻されたと聞いて、私は不安でたまりませんでした。浩東にもしものことがあってはと私は丘念台先生のもとを訪ね、なんとか助けていただきたいとお願いしました。

「安心しなさい」と丘先生は慰めてくださいました。「同じ罪で二度裁かれることはない」

丘念台　当時逮捕された共産党スパイと容疑者には、外省籍の者もいたし、本省籍の者もいたが、両者の性質には当然異なるところがあった。私の見解によれば、本省籍の事件関係者は多くが思想犯で左傾思想を持つに過ぎず、実際の反乱行動に関与したものは極わずかである。……このような思想犯は、確かに同情に値するところがあった。

そこで民国三十九年（一九五〇）春、私は省内の士紳と連名で当局に建議を行った。本省の思想犯に対して、是非とも寛大なる処置を願い、彼らに悔悟自新の道を賜りたし。斯く計らえば、台湾省同胞の一致せし推戴を得ることが出来よう…。

歴史の軌道が変わった

蔣蘊瑜　三月一日、蔣介石は総統に復職し、内閣の改組に着手して陳誠を行政院長に指名、反共抗ソ政策を積極的に推進しました。四月、海南島に駐留していた国民党軍約八万人が台湾に撤退、五月には舟山群島の基地を自ら放棄し、精鋭部隊十五万を台湾に撤退させました。同じ時期、万山群島と閩南東山島の国民党軍も続いて撤退してきました。

ここに至れば情勢は明らかです。私は思いました。浩東が生きてさえいてくれれば、まもなくまた一緒に暮らせるだろう、と。

ところが、六月二十五日に朝鮮戦争が勃発、三日後トルーマン大統領は第七艦隊を台湾海峡に急行させ、歴史はその軌道を変えることになったのです。

私も、浩東の行く末についての考え方を少しずつ改めていきました。

安全局　本案〔匪基隆市工作委員会鍾浩東等叛乱案〕は台湾省保安指令部の審判を経て、三十九年（一九五〇）九月九日、（三九）安潔字第二〇七七号判決書を以て国防部三十九年十月十一日勁助字

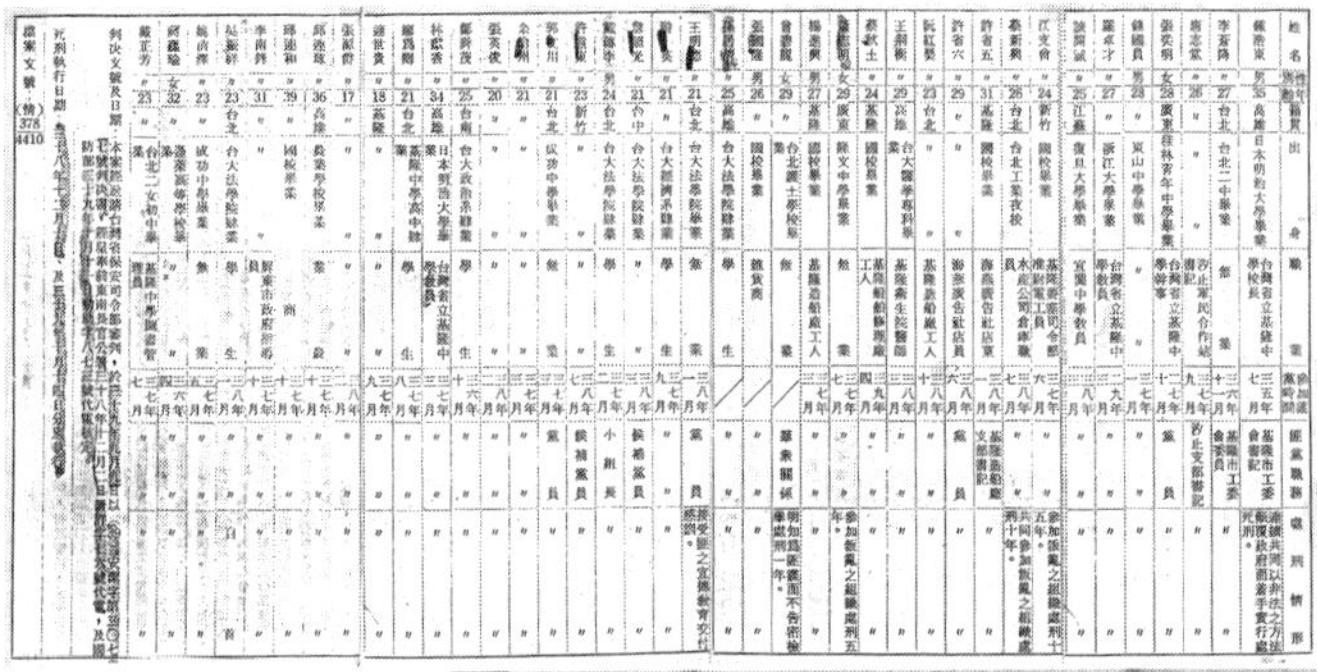

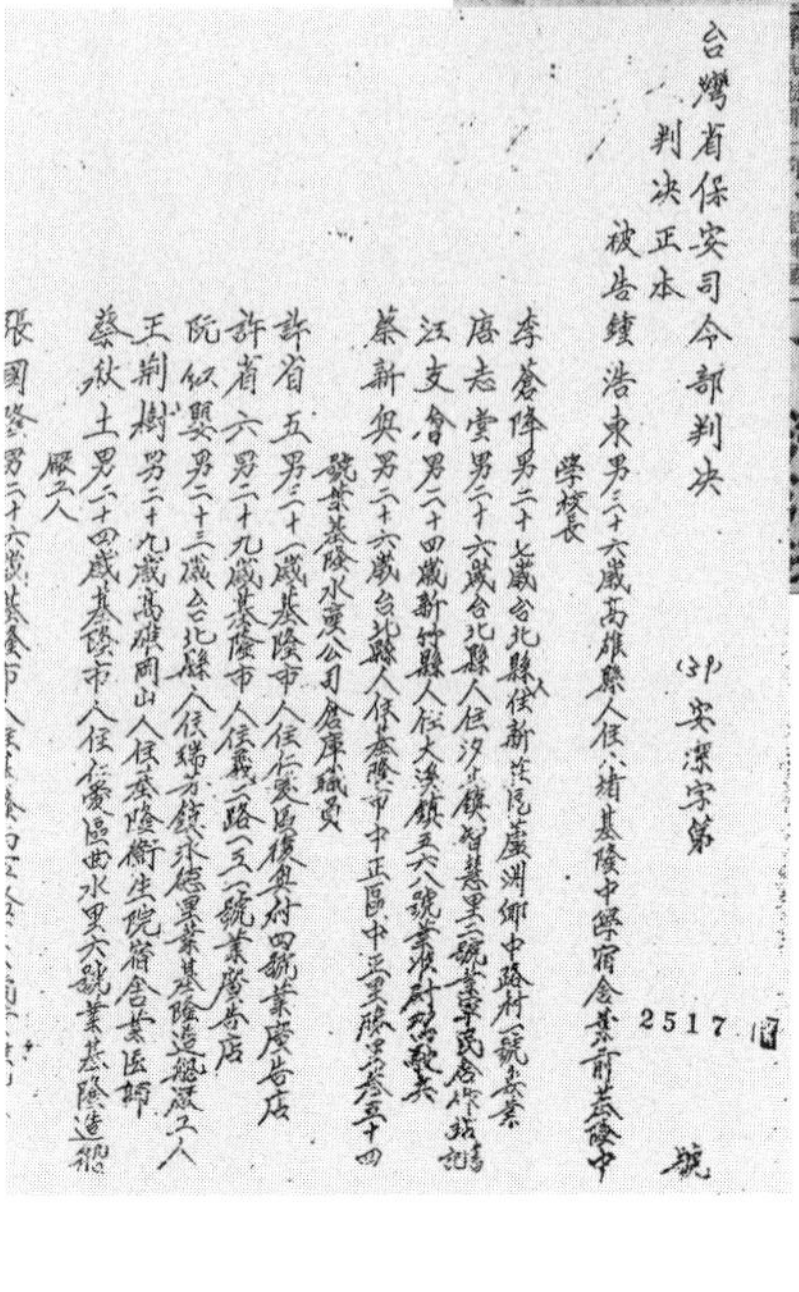

上　『安全局機密文件』
中　鍾浩東ら三名の処刑を報じる
　　中央日報（1950.10.15）
下　鍾浩東判決文

第八七三号代電を接受、裁定されたり。

鍾浩東李蒼降唐志堂ハ連続共同シテ不法ナル方法ヲ以テ政府転覆ニ着手実行セシニツキ死刑ニ処ス。

死刑執行期日：三十九年十月十四日。

軍聞社　前基隆中学校校長鍾浩東・李蒼降・前汐止鎮軍民合作站書記唐志堂、……連続共同して不法手段を以て政府転覆を謀り着手実行せしにより、各々死刑に処し、各々公権を終世剥奪し、全財産のその家族が必須とする生活費以外を没収す。……国防部の批准を経て、昨（十四）日午前六時省保安司令部軍法処は鍾浩東・李蒼降・唐志堂の三名を法廷に召喚し判決を宣告、人定を行い、憲兵に引渡し縄縛の上馬場町刑場に連行し銃殺刑を執行せり……。

〔注〕

1　陳文彬（一九〇四―一九八二）本名陳清金。高雄燕巣の人。法政大学文学部卒。戦後、東京で「台湾同郷会」「東京華僑総会」を組織、在日台湾同胞と華僑の権益獲得のために闘う。一九四六年帰台、建国中学校長に就任。台湾大学・台北師範学院（現師範大学）で教鞭を執る傍ら、『人民導報』総主筆、『台湾通誌館』編纂を兼任。一九四九年五月、国民党当局に指名手配され、香港経由で北京へ逃れる。

2　陳炳基（一九二七―　）台北萬華の人。一九四四年、反日運動を起こし、台北における学生運動の指導的地位を確立。法商学院（現台大法学院）在学中、二度にわたり反米学生運動を指導。一九四七年、共産党加入。省の「学生工作委員会」準備委員五名の一人となる。その後、李登輝・李薫山・林如堉及び李蒼降等と外郭団体―新民主同志会（後に「台湾人民解放同盟」と改称）を組織。一九四九年四月、大陸に逃れ現在北京在住。

3　一九九五年九月に出版された谷正文の口述『白色恐怖機密档案』の〈『光明報』事件〉の項では、「『光明報』を所持していて」逮捕された台大学生四名は、「王明徳・戴伝李・許遠東・呉振祥」となっており、これとは食い違っている。

第八楽章　銃殺の後

大母《はは》じゃ来る。私を見ると阿謝が思い出されてならぬと言う。さらに、なんとか一目でも会わせてもらえたら、思い残すことはない、とも。母の弱り方は尋常ではない。私は慌てて笑ってみせ、こう言った。阿謝は向こうで元気にやっていますから、ご心配は無用です。私はごく自然に愉快そうに笑ったから、母も、阿謝は変わりなく無事であると信じたようであった……。

――「鍾理和日記」

一九五〇年十二月二十一日、美濃尖山

訣別

蔣蘊瑜　とうとう、来るべきものがやってきました。

十月十四日朝早く、軍法処から葬儀社に遺体を引き取りに行くようにという通知が来ました。私を家に待たせ、戴の父と妹が出かけていきました。七時頃、汽車通学をしている甥が、駅の銃殺刑の告知に浩東の名をみつけ、大あわてで戻ってきました。

「わかっているわ」私は静かに言いました。

父と妹は葬儀社の遺体安置車の上に柩が三つ置いてあるのを見ました。浩東とその同志李蒼降・唐志堂でした。

棺桶は公のものなのに、葬儀社はこちらの足下を見て、七百元以上を要求しました。黄金一銭が三十数元ほどの時にです。父の手持ちは二、三十元しかありませんでしたので、妹がお金を取りに戻ってきました。

妹は私に、浩東が三発撃たれていたこと、それはすべて胸に当たっていたこと、額にはおそらく倒れた時についたであろう傷があったこと、そして手には土を掴んでいたことを告げました。胸に当たったのであれば、息絶えるまでの時間も短く苦しみは少なかっただろう、と私は思いました。妹はさらに、葬儀社で、最後の裁判を担当した判事に会ったとも言いました。

「あまり哀しまないようにとお姉さんに言ってあげなさい」判事はそう言ったそうです。

浩東の遺体が家に帰ってきて、柩の蓋を開けたところ、驚いたことに柩の板の間に遺書が二通挟まっていました。一通は母親宛、もう一通が私に宛てたものでした。

蘊瑜へ

私は今、重苦しい気持ちでこれをしたためている。貴女と一緒になって早十三年、長くもあり短くもあり。抗日戦のあの苦難のさなか、貴女はそのか弱い身体で苦楽を共にし、かれこれ十年近く耐え忍んでくれた。抗日活動にかまけ、子供の養育に当たって何の手助けもできないまま、貴女は一人で自分の責任を全うしてくれた。

光復後、台湾に戻ってからは仕事の関係でまた一緒に暮らすこともできず、家のことは全て貴女に任せきりにし苦労をかけてしまった。ここ一年は、今までにまして貴女を苦しめる結果となってしまった。実際、貴女たちがどんな暮らしをしているのか想像するのもそら恐ろしい気がする。面会の折、貴女がまた痩せてしまったように感じた。何もかも全てが、言うなれば…不運だった。

しかし蘊瑜、私たちにもかつて、かけがえのない煌くような青春の日々があった。あの頃の思い出と感動は、しばしば私の沈痛な心を和らげてくれる。蘊瑜、苦しい時には何か楽しいことを見つけようではないか！　忍耐は多くの苦難に打ち勝ち、活力を増進することができるから。

蘊瑜、どうか驚かないで欲しい。悲嘆に暮れることもない。もし仮に万が一——無論これはあくまで仮定の話で現実にならないことを祈るばかりだが——私の行く末が貴女にとって最も不本意な結果となってしまったら、君はどうするだろうか？

私には容易に想像がつく。貴女の心は言葉で言い尽くせないほどの衝撃を受けて、哀しみの苦海に深く沈んでしまうだろう。しかし私は、貴女が一刻も早くその苦しみから立ち直って力強く生きていってくれることを願っている。

……

私の一生に関しては、貴女が充分わかっていることなので、いまさら何も述べるつもりはない。後のことについては一切金をかけず、簡素に済ませて欲しい。貴女も知っている通り、ここには何もない。わずかばかりの身の回りの品は貴女たちが受け取って持ち帰り、形見としてください。

……

故郷の母には既に手紙をしたためてある。どうかしばしば機嫌伺いをして母を慰め、また二人の子供たちを母に会わせてやって欲しい。東の歯が丈夫でないのは貴女の家系ではないだろうか。早めにしかるべき処置をするように。民にいたっては不憫この上ない。おそらくはまだ父親の顔さえ知らないだろう！

父上、母上どうか悲嘆なさらぬように。弟妹たち、努力を惜しまぬように。君たちの聡明さをもってすれば、何事も成就するに違いない。

私はいつまでも貴女を愛し、貴女を偲び、貴女の幸せを祈っています。

浩東手書

十月二日深夜

仏祖の遺骨

蔣蘊瑜　浩東が銃殺されてからというもの、私は深い悲しみの中にありましたが、それを押し殺し、方々でお金の工面をして、彼の葬儀を執り行いました。

もともと私にも少し貯えがありました。ですがそれは、自分が出獄したあと、まだ軍法処の看守所にいる外省籍教職員たちの差し入れですべて使い果たしていました。その後、私は親戚や友人に借金をして帰綏街の歓楽街の入口に屋台を出し、回転焼を売って生計の足しにしました。それを知った夫はすぐに南部の実家の弟里義に手紙を書き、自分の名義になっている山林を売ってほしいと頼みました。舅は一九四三年八月三十一日に亡くなり、その時浩東にも財産が遺されたのです。もともと浩東は遺産の相続を辞退するつもりでしたが、一族の長老が頑として首を縦に振らず、夫も一族の決まりには逆らいかねたので、自分の名義となった財産を弟の里義に預けていたのです。

里義は浩東が獄中から出した手紙を受け取ると、すぐさまその山林を方法を講じて売りさばき、収入の半分を私に渡してくれました。ですが、そうやって山を売って得たお金も、浩東が銃殺される数日前に使い終わっていました。そこで私はやむなく親戚や友人にお金を借りねばなりませんでした。

夫を荼毘に付したあと、里義が南部から上京し、故郷で祀るため遺骨を持って帰りました。同時に、赤貧洗うがごとき私の状況も故郷に伝えてくれたので、浩東の姉の九妹が、息子にまとまったお金を持たせて台北に寄越してくれたのでした。

鍾里義　浩東が処刑された後、私が台北へ行って遺骨を持ち帰りました。家に戻ると七十三歳になる母が、私が手に持った骨壷を見て、もの珍しそうに尋ねました。

「そりゃ、何ね？」

母は教育を受けておらず、字が読めないので、新聞に載った浩東の記事を知る由もなかったのです。そこで私は咄嗟にこう言いました。「寺さお参りして、お釈迦さんの骨灰ば分けてもろうてきもした。家さ祀っとけば、阿謝兄の早う釈放さるうごつ、ご利益のあるかも知れんじゃっど」するると母は満足そうに笑みを浮かべながら、頻りにこっくりこっくり頷いて「おお、そりゃええ、そりゃええ」と言いました。

私は堪らなくなって部屋に駆け込み、戸を閉めるなり嗚咽がこみあげてきました。しまいには声を上げて男泣きし、あとからあとから溢れ出る涙をどうすることもできませんでした……。

一九五三年、母は亡くなりました。結局最後まで浩東のことは知らないまま息を引き取ったんですが、もし生前本当のことを知ったら、きっと狂い死にしただろうと思いますよ！

エピローグ　和鳴！　君や何処？

その次の手紙はテオ（ゴッホの弟）が送ってきたものである。

「デッサンはとてもよく描けています。全力を尽くして売れるように努力しましょう。アムステルダム行きの旅費二十フランを同封します。成功を祈っています、フィンセントへ」

――ストーン著『ゴッホ伝』より

ああ、ああ、和鳴、君は何処に？

……

ならば、フィンセントに何の不服があろう。彼はこんなにも幸福なのだ！
彼には、自分を知り尽くし、気持ちを察して、愛してくれる素晴らしい弟がいたのだから。
なのにこの私はどうだ？

ああ、和鳴、君や何処？

——「鍾理和日記」
一九五八年二月二十二、二十三日、美濃尖山

一九八八年九月初稿
二〇〇四年五月一日より六月十日増訂稿

【付編】

「幌馬車の唄」は誰のものか

藍博洲

縁起

「日本における台湾映画紹介の第一人者」である映画評論家田村志津枝氏が十二月十五日付の『自立副刊』紙に、映画『悲情城市』の一場面から生まれた、流行歌と映画と歴史の関連性を探る一文を寄せておられる。題して「幌馬車の唄を追って」。

田村氏はその文の中で述べている。彼女は映画『悲情城市』の中で初めて「幌馬車の唄」を聞いた。別離の哀切さを歌ったものなので、そのメロディを初めて聞いた時、思わず「私の親の世代に愛唱され、いまでも感傷的な年ごろの女学生にうたいつがれている日本歌曲のような感じがした」。だが、田村氏はこうも述べる。「メロディが呼びおこすなつかしい感情と、画面が伝える冷厳な内容との間にかもしだされる不協和音に、心臓をさかなでされるような心地悪さを抱いたのは否めない」

この自身の違和感から、田村氏は「この歌はいったいどんな歌なのか。日本ではいつごろうたわれたものなのだろうか」という疑問を抱き、日本へ戻ると、「幌馬車の唄」を追い求める歴史の旅に出た。

調査の結果、田村氏は「幌馬車の唄」が一九三〇年代の流行歌であり、一九三二年と一九三五年にコロムビアレコードから発売されたということを知る。それはちょうど、日本が中国への侵略を開始し、帝国主義戦争に突入していった時期であった。

そこで田村氏が「愕然」とし「かぎりない興味をおぼえ」たのは、「このように侵略地満州へと日本人の夢をかりたてた『幌馬車の唄』が、台湾では二二八事件で捕われ、銃殺された知識青年によってうたわれたという歴史の綾」であった。

この困惑から、田村氏はさらに問う。「台湾では当時この歌がどのような人によって、どのような状況でうたわれていたのか。何を思って人々はこれをうたったのか。知っているかたにぜひお話を聞かせていただきたいと思う」

田村氏によれば、このことを侯孝賢監督に尋ねたことがあるという。侯監督は、二二八事件当時、実際にこれに似た状況の下で「幌馬車の唄」を歌った人がいた、ということを雑誌で読んだ。だから映画の中で使ったのだ、と語ったという。

実は、侯孝賢が読んだというのは、雑誌『人間』の第三十五・三十六号（一九八八年九月・十月）に掲載されたノンフィクション――「幌馬車の歌」のことである。

筆者はその作品の作者として、菲才を省みず、田村氏の調査による発見と疑問について、筆者自身が行った調査の過程をご報告し、かついささかの意見を申し述べて、田村氏及び当時の事情を知る方々のお耳を汚す次第である。

「幌馬車の唄」の発掘

私が初めて「幌馬車の唄」を聞いたのは、一九八八年のある夏の午後だった。かつての基隆中学校の校長鍾浩東の一生に関する資料を長い時間かけて大量に収集し、この尊敬すべき先人の悲壮な生涯を書こうと筆を執ってはみたが、時間・空間・人物・出来事の繁雑さが私の筆を滞らせていた。そこで私は幾度となく、鍾校長の妻であり、蒋渭水の娘でもある蒋碧玉女史を訪ね、彼女の知る鍾校長のあれこれについて、さらに突っ込んだ取材を行った。その日の午後、蒋女史は、昔、軍法処で鍾浩東校長と同じ監房にいた人から、校長が死に赴く際の情景を聞いたことがある、と語った。こうして私はついに執筆の手掛かりをつかんだのだった。

その人は言いました。「一九五〇年十月十四日。朝六時きっかり。朝食を終えた直後、監房の閂がガチャガチャと鳴り、鉄の扉がギーと音を立てて開いた。「鍾浩東、×××、×××、開廷」鉄扉の両側に、幼さの残る顔立ちの憲兵が二人銃を持ち、直立不動の姿勢で立っていた。その瞬間、房全体から渡り廊下にいたるまで、水を打ったようにしーんと静まり返った。校長は静かに同房の獄友一人一人と握手を交わし、それから憲兵に従い、彼が一番好きだった「幌馬車の唄」を歌いながら、従容と房を後にした。

すると、校長が歩くたび引きずられる足枷の音に合わせて、房の中からもかすかな歌声が起こり、それが次第に大合唱へと変わっていった……。

侯孝賢によれば、この情景こそが、映画『悲情城市』の中で、林文清が獄中で呉継文の「出廷」を見送る際、同房の獄友たちがおごそかに「幌馬車の唄」を合唱する場面の史実的根拠なのである。

『悲情城市』が描くのは一九四五年から四九年の台湾のみではない

ただ、史実から言えば、これは二二八事件の際に起こった出来事ではなく、国民党が台湾へ撤退したのち、アメリカの支持の下、「中国の民族解放」を目指す台湾の社会主義者組織を計画的に粛清した一九五〇年代のことである。『悲情城市』で論議を呼んだ歴史の取り扱いについて、私個人としては、この映画に描かれる時間空間は、一九四五年から一九四九年の台湾に限らず、五〇年代の左翼粛清をも含んでいると考えている。ただ、制作当時の政治的制約のため、侯監督はそれを一九四九年の国民党台湾撤退までに圧縮してしまった。もし、映画の最後に、一九四九年国民党敗北、台湾撤退の字幕が出なければ、この映画の歴史認識の問題が論議を呼ぶこともなかっただろう。

次に、田村氏が疑問を呈しておられる、このような日本軍国主義の歌が、なぜ従容と死に赴く、社会主義を信奉する台湾青年によって歌われたのか、についてである。

この疑問については、田村氏に対しいくつかの説明を行ない、意志の疎通を試みてみよう。まずはっきりさせておかねばならないのは、五〇年代その信奉するところから死に赴いた社会主義者たちのすべてが、その死にあたって「幌馬車の唄」を歌ったのではない、ということだ。当時の政治犯たちが死に赴く仲間を見送る時に歌ったのは、ふつうロシア民謡をベースにした「安息歌」であり、今でも、生き残った政治受難者たちが仲間の死を見送るときに歌うのはこの歌である。

「幌馬車の唄」は、私が数年来行っている五〇年代民衆史の調査によれば、現在のところ、鍾浩東校長が処刑の際に歌っただけである。なぜ彼が「安息歌」ではなくこの歌を歌ったのかについては、彼の青年時代から話を始めねばならない。

「幌馬車の唄」は軍国主義の歌ではない

蔣碧玉は私にこう語った。『「幌馬車の唄」は私が帝大医学部（今の台大医学院）の病院で看護婦をしていて、浩東と知り合ったばかりのとき、浩東が教えてくれたものです』

それはまさに台湾全土が戦時体制に突入した一九三七年のことであった。台湾南部、美濃笠山出身の台北高校の学生――鍾浩東は勉強のしすぎで神経衰弱にかかり、入院していた。

蔣碧玉は言う。「『幌馬車の唄』はとてもいい歌だと思います。歌詞はおおよそこんな内容です」

たそがれどき、枯れ葉の舞い落ちた道で、あなたの乗った馬車がガタゴト揺れながら遙か彼方へ消えていくのを見送った。

思い出に満ちた丘の上で、他郷の空を眺めやれば、夢のごとくに過ぎた一年の歳月が思い出され、思わず涙がこぼれてくる。

なつかしい馬車の音。去年あなたの馬車を見送ったのが、永久《とわ》の別れとなろうとは。

そして彼女はこう続けた。「浩東は感情の豊かな人でした。ですからこの歌がとても好きだったのです。『この歌を歌うたび、南部の故郷の美しい田園風景を思い出す』と話してくれたものでした」

鍾浩東は作家鍾理和の同い年の兄弟である。鍾理和の作品を読んだことのある人なら、彼の筆になる笠山は馴染みのない風景ではないだろう。

「実家が笠山のふもとにあるので」蔣碧玉のこの言葉がそのまま田村氏の疑問の答えとなっている。「故郷のようすが『幌馬車の唄』の『想ひ出多き丘の上で』という歌詞の情景によく似ており、浩東はこの歌がとても好きでした」

このことから、なぜ鍾浩東校長が処刑に臨んでこの歌を歌ったのかを理解することは難しいことではない。

実際、歌詞の意味やメロディからしても、この歌から軍国主義の味わいはいささかも伺えない。

「若いころの浩東は、祖国への思いが人一倍強い民族主義者でした」「幌馬車の唄」が日本の若者を侵略地満州へと駆り立てる歌だったという点について蔣碧玉の意見を求めた時、彼女はこう説明した。「ですから、当時流行していた軍歌は決して歌いませんでしたし、身近な友人が歌うことも許しませんでした。『支那の夜』という歌も、中国を侮辱した歌だといって歌わせなかったのを覚えています。また、あの人は音楽の素養が豊かで、知り合ってからは、勤務を終えるとしょっちゅうあの人たち高校生の下宿へ行ってはクラシックを聞いていました。ですから、軍歌に限らず、その他の低俗な流行歌を歌ったこともありませんでした。『幌馬車の唄』は西洋の歌だと思いこんでいました。というのも、中国東北地方の他に、幌馬車があるのはヨーロッパだけだったからです」

蔣碧玉はこうも言った。当時、彼女と同年配の看護婦たちはだれでもこの歌を歌うことができた。最近ある五〇年代の政治犯仲間の追悼会に出席したが、その人も生前この「幌馬車の唄」が好きだったので、彼を送るために、特にこの歌を歌った。

むすび

映画『悲情城市』で呉継文が「出廷」する場面は、特に字幕を入れてあるわけでもないので、一般の観客は哀傷に満ちた歌声を通して、厳かに死に赴く人の心情に打たれるのみで、この歌が「幌馬車の唄」という題の歌であることを知る人はいないだろう。またたとえ知っていたとしても、この寂寞の美に彩られた別れの歌が、一九三〇年代日本軍国主義の高揚期に生まれた歌であることを分かる人はいないに違いない。そして今、映画『悲情城市』を読み解く過程で、日本の映画評論家田村志津枝氏は、この歌の元々の意味を探究し、このような「歴史の綾に愕然と」し、また「かぎりない興味をおぼえ」たのである。

この小文は、田村氏の「台湾では当時この歌がどのような人によって、どのような状況でうたわれていたのか。何を思って人々はこれをうたったのか」という疑問におおまかな説明を行ったものである。

田村氏は一つの予感を抱いている。彼女はこう考えている。「知っている方にぜひお話を聞かせていただきたいと思う。さまざまな話から、いままで置き去りにされていた、歴史の波間をただよって生きた庶民の姿が浮かびあがり、いままで気づかなかった台湾と日本のかかわりに光があてられる予感がする」

この予感は基本的には正しいものであろう。私も「スクリーンを通して台湾社会を見る」田村氏が、「幌馬車の唄」を追うことによって、歴史の新発見をされるに違いないと予想している。

最後に、「幌馬車の唄」について、私の考えを二つ以下に述べる。

第一に、六・四天安門事件の時「インターナショナル」を歌った学生たちが「国際主義者」であるとは限らないのと同様、「幌馬車の唄」を好んだ者が「軍国主義」の信奉者であるとは限らない。

第二に、「幌馬車の唄」が日本が侵略行為を行っていた三〇年代に流行していたにせよ、植民地台湾では、この歌を愛唱した鍾浩東たちの世代の若者が歌い広めたことによって、優美なメロディを持つ純然たる送別の歌に浄化された。そして、戦後台湾の不条理な政治環境のもと、基隆中学の校長であった鍾浩東が、一九五〇年十月十四日の朝、目前に迫った死刑を前に従容と「幌馬車の唄」を歌いながら同房の仲間たちに別れを告げた時、彼らにとって、この歌はすでに「軍国主義」時代のそれではなくなっていた。後に遺される、思い出と心残りに満ちた、だが改造には間に合わなかったこの世界への別離の情と、崇高な人格に対する畏敬の念や、それに学ぼうとする気持ち、そして心の安らぎを獲得した歌となっていたのである。だからこそ、映画『悲情城市』の中で私たちは、耳の不自由な林文清が獄友呉継文の死という洗礼を受け、二二八事件ののち、新たなアイデンティティと生命の意義をかちえるのを目撃する。そして彼は出獄すると、呉寛栄たち社会主義の若者たちが隠れ住む山中を訪れ、彼らの理想に参加したいと強く求めるのである。なぜならば彼は「これからは亡くなった友人たちのために生きよう、これまでのような生き方はできない、と獄中で決意した」からだ。

同時に、映画『悲情城市』の「幌馬車の唄」の獄中での合唱シーンを通して、私たちは侯孝賢の「台湾人の尊厳を撮った」という言葉と、「生きて祖国を離れ、死して祖国に帰る」こととの弁証法的統一の「決定的瞬間」をはっきりと目にするのである。

（初出：一九八九年十二月二十五日付『自立副刊』）

これから歩む道

鍾紀東

一九五〇年十月十四日、前基隆中学校校長鍾浩東氏は、彼が最も好きだった「幌馬車の唄」を日本語で唱いながら、従容として房を後にし、平然として革命に殉じた。

一九八九年十月、それから丸三十九年の歳月が流れ、美しい「幌馬車の唄」は侯孝賢の『悲情城市』のスクリーンを通して初めて台湾人民の耳に達した。

十月二十四日晩。陳映真・鍾喬・范振国・韓嘉玲・王墨林・藍博洲らが組織した『人間』民衆劇団は、非公式ではあったが、台北市大同区公所講堂において一九五〇年代の左翼粛清を背景とした舞台劇を、戦後初めて数百名の観衆を前に演じた。

この劇は歴史の証人数名による報告劇の形をとっている。幕が上がる。舞台に最初の証人—前基隆中学の教師鍾順和（仮名、鍾喬が演じた）が朗々と鍾浩東校長の逮捕、収監、刑死に至る過程を叙述する。

鍾順和が「私は校長が静かに同房の獄友一人一人と握手を交わし、それから憲兵に従い、彼が最も好きだった当時の流行歌『幌馬車の唄』を唱いながら、従容として房を後にするのをみていた」と語ると、舞台の照明が落ち、会場は静まりかえった。すると観客席後方からゆっくりと舞台に向かう報告者数名の足に繋がれた鎖の引きずられる音に合わせ、劇場に蔣碧玉氏が唱う、高らかで哀愁をおびた「幌馬車の唄」が響きわたった。

蔣碧玉氏の歌声は一瞬にして観衆の心を捉え、歌声とともに時に激しく、時に物悲しく、時に決別間近の言葉にならぬ悲情が……。

そうなのだ。「あまりにも長い時が流れ、不正義の殺戮は歴史の彼方に消え去ったが、却って人類の良心に恥ずべき記憶として刻まれた」（艾青『古代ローマの大闘技場』）。四十年来、国民党の「反共国家安全戒厳体制」下では、五〇年代「白色テロ」が遺したものは「恥ずべき記憶」だけではない、人々が自らを危める「政治怖懼」も遺されたのだ。

今や、戦後一九五〇年代の台湾人民の帝国主義・封建主義・官僚資本政権に反対する労働人民民主運動の嵐は、調査・採訪によって報告文学・映画・舞台劇の形式でようやく再現された。理想のために己を捨てて尽くした父祖の世代が一つ一つその姿を現したのである。

歴史の発展法則からすれば、五〇年代「白色テロ」の時代を生きた人々と事物は、歴史の塵のなかに四十年もの間埋もれ、ついに映画『悲情城市』と報告劇「幌馬車の歌」を通して台湾人民の眼前にその事実の輪郭を現したことになる。それは偶然の出来事ではない！

大まかに見積もっても、この時代、アメリカの支持を得て五、六年の長きに亘った「粛清」により、おおよそ三千余名が銃殺され、獄に繋がれたものは八千名以上に達する。この非公式な統計数字は台湾の若い世代の文学・芸術家に如何なる意義をもっているのか？

確かにあるのだ！　それは声を大にして「血は血で」と叫ぶことを我々に求めているわけではない！　この数字が示す歴史の事実は先人が歩んできた、しかも彼らが歩み続けるはずだった道を明らかにしている。

この道は若い世代の文学者にとって決して無縁のものではない。これ以前に、小説においては、陳映真が「鈴鐺花」「山路」「趙南棟」の三篇の傑出した作品を著し、叙事詩においては、進歩的青年詩人鍾喬が優美な史詩「范天寒」を著した。報告文学においては、藍博洲が歴史の塵の底から郭琇琮・鍾浩東……など、先行し且つ理想のために犠牲となった社会主義青年をすでに掘り起こした。

これらのささやかな成果は、『悲情城市』が国際的高評を得たのに比べれば、とるに足りないささいなものだろう！　しかし、それはこれから歩む道を我々に明確に示しているのだ！

（初出：一九八九年十一月五日付『民衆副刊』）

歴史にタブーを、人々に悲情を、再びもたらさぬために

――「幌馬車の歌」から『悲情城市』へ――

鍾紀東

プロローグ

侯孝賢の『悲情城市』はクランクイン当初から文化界識者たちの注目を集めた。これには主な理由が二つある。一つは『風櫃の少年』以来、侯孝賢が台湾ニューシネマの旗手を務めてきたこと、もう一つは「二二八」をこの映画の訴求ポイントとしていたことである。『悲情城市』が国際的に名高いベネチア映画祭のグランプリに輝くと、世界の檜舞台で台湾映画が獲得した最高栄誉であり、また海外向け宣伝が「二二八虐殺」をセールスポイントにしていたことも手伝って、政治的立場を異にする台湾のメディアが自分の必要とする部分だけを掴み出し、様々な形式の文章を発表しては品評を加えた。しかし侯孝賢に対しても、映画に対しても、当時、異議を差し挟むものは皆無だったようだ。

ところが侯孝賢が賞を携えて帰国するや、状況は変化し始めた。問題はどこから生じたのか？彼の映画芸術に対する見識の違いなのか？　否。問題はやはり複雑な「二二八」に発していた。

そして侯孝賢と『悲情城市』に攻撃が始まる。個々人の政治的立場に基づく批判文が野党側の新聞雑誌に文章や座談会の形式で発表され始めたのだ。どうしてこのような事態になったのか？　問題のしこりは、主に侯孝賢の政治的態度にあり、さらに彼が「二二八」を撮ったのではないと述べ、もしも映画全体を「二二八」の中に置けば、その芸術性が狭まってしまうだろうと強調したこと、

そして最も重要な鍵であるいわゆる「台湾人の尊厳を撮ろう」としたという言葉と「中国の風格」を備えた映画を撮ろうとしたという言葉の間に存在する「アイデンティティの矛盾」にある。

矛先を侯孝賢と『悲情城市』に向けた議論は、世間で行われている「統一」か「独立」かの論争と同様、客観的に見て何ら前向きなものはなく、噛み合わない議論にすぎない。それにもかかわらず、折あたかも一九八九年年末の総選挙の時期に公開された『悲情城市』は、「台湾人は食われ、好き勝手に利用される」、「オレ、タイワンジン！」、「生キテ祖国ヲ離レ、死シテ祖国ニ帰ル。死生ハ天ノ命ズルトコロ、無念無想」などといった強烈な「アイデンティティ」を示す台詞のため、政治的立場を異にする様々な立候補者によって選挙宣伝の謳い文句にされてしまった。その結果、選挙期間中の台湾全島は「悲情」一色に染まるという現実離れした現象に覆われた。

選挙の幕が下り、映画の上映も終わった。『悲情城市』に関する話題も次第に冷めていった。それにつれて、もち上げた文章もけなした文章も様々なメディアから日に日に姿を消していった。しかし『悲情城市』によって巻き起こされた「二二八」に関する種々の議論は、すっきりと整理されるまでに至らなかった。結局のところ『悲情城市』は何を語ろうとしたのか？　ある者は「二二八そのものだ」と言う。ある者は「台湾のヤクザ一家の物語だ」と言う。またある者は「ヤクザ一家を通して一九四五年から四九年の台湾の戦後を描いたのだ」と言う。問題は「二二八」の回りをめぐり続け、映画とは無関係の議論も全てここに端を発している。

ならば問題の根源はどこにあるのか？

映画評論家焦雄屛女史が十二月十六日と十七日の両日にわたって『中時晩報』副刊紙上に発表した一文「試みに台湾史詩を賦う──『悲情城市』を閲読する」は、読者のために専門的な優れた解析を行うと同時に、この映画の本当のテーマが台湾の「アイデンティティ」にあることを指摘した。彼女の考えでは「二二八事件はこの映画の背景にすぎない」。

歴史的現実に即して言えば、「二二八」とその後の「五〇年代の白色テロ」は、この四十年間一貫して政治タブーと恐怖の根源をなしてきた。だからこの消された台湾戦後史について一般の人々はほとんどが驚き慄くばかりで、知るところもあまりないはずである。『悲情城市』が人々を震撼させ、論議をかもし出す基礎は正にここにあるのだ。

焦雄屏女史の誠実にして謹厳な評論が私の心を動かし、この筆を執らせた。また彼女のみならず『悲情城市』そのものが歴史認識を欠いていることが、私に、歴史のありのままの姿を如何に大衆に戻し、それによって歴史から教訓を引き出し啓示を得るか、それこそが映画鑑賞後、誰もが関心を抱く大切な点であるはずだと、強く感じさせた。

従って本文は映画の登場人物からメスを入れ、『悲情城市』の真実の歴史的背景を取り出し、そこから史実をもう一度映画に戻す。このような整理を行い、『悲情城市』が貫く歴史の時空を明らかにし、さらに進めて侯孝賢がスクリーンに描き出した「アイデンティティ」を探ってみようと思う。

林先生と鍾浩東

史実の裏付けがあることが『悲情城市』の売り物の一つである。歌ばかりか事件や人物、いずれにもそれがある。だから焦雄屏の考えでは「歴史・回顧・ドラマ性・リアルさがごちゃまぜになり、虚と実の間から新たな鑑賞の経験が生まれた」のである。

人物について言えば、張大春扮する何記者は当時『大公報』の記者であった何康がモデルである。

この他に侯孝賢が再三にわたり指摘しているが、詹宏志扮する林先生は作家故鍾理和の兄鍾浩東である。（焦雄屏は鍾鉄民と誤記。鍾鉄民は鍾理和の子息である。このことからみても、台湾のトップ評論家ですら『悲情城市』に描かれた戦後台湾の本当の歴史や人物を知らないようだ！）

映画について言えば、林先生が演ずるのはインテリのオピニオンリーダーであるが、最も主要な登場人物ではない。しかし拙文においては、彼こそが『悲情城市』の歴史的時空の虚と実の間を明らかにするキーマンなのである。私は彼からメスを入れ、『悲情城市』が呉寛栄、林文清らインテリの描写を通して描いた「アイデンティティ」を解読しようと思う。

事実に即して述べれば、鍾浩東と鍾理和は共に日本統治時代の大正四年（一九一五年）に生まれた異母兄弟である。鍾理和は周知のごとく映画『原郷人』のモデルである。彼の言葉を借りれば、幼少の頃から原郷行きに憧れていたが、それは鍾浩東に影響されてのことであった。少年時代の鍾浩東は『三民主義』や五四運動時代の作品を読み耽り、それによって初めて祖国に対する感情を抱くことになった。このような愛国的な民族主義に動かされ、抗日戦争が激化しつつある一九四〇年一月、明治大学での学業を棄て、従弟の李南鋒と新婚早々の妻蔣碧玉を連れて大陸に渡った。そして紆余曲折を経て、広東省羅浮山の前線に至り、丘念台が指導する東区服務隊に参加した。

一九四五年八月十五日。天皇が降伏宣言を発す。

一九四六年五月、鍾浩東は広東にいた台湾同胞を台湾に一人一人送り返してから、最後の船で台湾に戻った。こうして祖国の大地で抗日ゲリラに参加した五年余の歳月に終止符を打ち、台湾再建の隊列に加わることとなった。この年の秋、教育に熱意を持つ彼は政治の道を棄て、高校と中学校を併設する基隆中学を預かることになる。

スクリーンに林先生が最初に登場するのは林文清が呉寛美を山に迎えに行き、二人で文清の仕事場で写真を見ながら談笑しているシーンである。字幕に林家の次男と三男の行方が示される。続いて林先生が呉寛栄らインテリ青年と一緒に、市場を通り抜けて文清の仕事場に現れる。このシーンで部屋にあった本をめくり、善意のこもった口調でからかい半分に語りかける。

「マルクスを読んでいるのか、進歩的だね！」

この言葉から彼らインテリの思想傾向のあらましが窺われる。

林先生の二回、三回目の登場はやはり呉寛栄らインテリ仲間と話し合っているシーンである。一度は料理屋で、もう一度は文清の仕事場である。二つのシーンから我々の目に映る林先生は依然として彼らのオピニオンリーダーだ。仲間に当面の経済・社会・政治の各現象を分析してみせ、間もなく台湾に大乱が起こると予測し、台湾人民が勇敢に立ち上がりさえすれば、必ず出口がみつかると明示する。これによってそれ以降の展開が暗示される。

四回目の登場は、林文良が「漢奸」として逮捕収監されたため、文清に頼まれて一肌ぬごうと林家の「小上海」に現れるシーンである。そこには呉寛栄らは登場しない。このシーンから林先生が当時の台北ではちょっとした人物であることが分かる。これ以降、林先生は登場しなくなる。

基本的に上記のシーンに登場する林先生と現実の鍾浩東は大方符合する。

「二二八」に際してのことは、文清と寛美の筆談から「林先生は処理委員会に参加し、毎日公会堂の会議に出ている」ことが、さらにその後のことについては、負傷して文清の仕事場に逃げ込んできた呉寛栄の口から「林先生が失踪した！」ことが分かる。

現実と映画が異なってくるのは「二二八」以降である。事実は、事件の折、鍾浩東校長は状況視察に台北へ行き、三月四日の夕方、基隆市内の秩序がやや回復し、交通が徐々に回復するのを待って基隆中学に戻ってきた。当時、同校の教壇に立っていた教師の記憶によれば、「鍾校長は事件を偶発的なものであり、情勢が掴めない現在、介入しないほうがよいと判断していた。そこで生徒に盲動を慎み、併せて外省人教師の安全を守るよう求めた」

このお陰で、事件後多くの本省籍の中学校長が解任されたにもかかわらず、鍾浩東校長だけは無事であった。彼の失踪は一九四九年秋『光明報』事件後のことである。

映画の林先生と現実の鍾浩東とは失踪の時間が異なっている。侯孝賢は林先生の失踪を二二八事件にまで早めて描いてしまった。そのため事件の定性に狂いが生じたばかりか、この狂いによって、後に山に逃亡した社会主義者の青年たちが捕らわれ殺されるという誤った表現が引き出されることになる。

二二八事件の定性

史実を問わず、映画のストーリーとしてみれば、『悲情城市』のこの一段に何ら異論を差し挟む余地はない。しかし問題は次の点にある。一つは「二二八」は決して脚本家が編み出した筋書きではなく、「帝国主義の重圧を百年来背負い続けた古い民族がやむなく自らを殺傷」し「民族の血」と「民族の涙」(1)を流した悪夢そのものなのであるということ。四十年来、この悪夢は政治的タブーに閉ざされ、触れることのできないものとされてきた。しかしこの地に住む人々は決してそれを忘れることはなかった。歴史の陰影は時間が過ぎ去るにつれ、日に日にその長さを増した。従って『悲情城市』を観ようとする観客の動機は、侯孝賢のファンを除けば、ほとんどが「二二八」にあったのだ。(これは侯作品の興行収入の比較で証明できる)彼らは映画を観るというよりも「二二八」を観にやって来たのである。

二つ目は、今日に至るも、二二八事件の定性には、執政党当局が「反共政策」に基づき宣伝にこれ努めてきた「共産党扇動」説、あるいは台湾人が日本の「奴隷化」を五十年間受け、祖国を蔑視する気持を抱いていたとする偏見の他、反対陣営の一部の同胞の中にはそれを拡大変質させ、「異民族の侵略」とする極端な論調を持つものすらいることである(2)。今次の選挙中にもこの極端な論調に基づき、「二二八」を「台湾独立運動」だと決めつけ宣伝するものがいた。

「奴隷化」説という偏見については論ずるまでもない。「共産党扇動」説について言えば、一般の歴史学者も広く認めているが、台中の謝雪紅と嘉義の張志忠がそれぞれ指導していた武装民兵以外、当時の共産党は策動する能力すら持ち合わせていなかった。政府当局の資料で見ても、「二二八」当時、蔡孝乾の指導する「台湾省工作委員会」の党員数は僅か七十数名にすぎない。これに則して言えば、もしも僅か七十数名の地下党員が一夜にして全島の暴動を引き起こせるなら、今日の民進党の党員数と当時の地下党より遙かに恵まれた状況に鑑みれば、「五二〇」事件(3)ではアッという間に全島に火の手が揚げられたはずである。(今日の交通通信は一九四七年当時の台湾の比ではない)実際は、全島どころか、抗議に北上した農民の故郷でも、台北市の周辺地区でも、「噂を聞いて直ちに決起」などしていない。このことからだけでも「共産党扇動」説には何ら説得力がないことが充分に理解できるだろう。

一部同胞による「異民族の侵略」という主張から強調される「台湾独立運動」説に至っては、事件当時「処理委員会」が提出した四十二条の要求を繙きさえすれば、この説が歴史事実を覆い隠した主観的唯心論から出ていることを証明するに充分である。

一般に歴史事実に裏打ちされた公正な論調とは以下の通りである。陳儀による政権接収、駐留軍による権力を乱用しての汚職、治安の混乱、それに台湾の人々の歓迎から失望、失望から怒りへと変化した被害者心理、この両者が互いにぶつかりあった結果、ヤミたばこ取締りの衝突をきっかけに、「役人の抑圧に耐えかねた民衆が反逆に立ち上がった」典型的な事件が起こり、「二二八」の流血の悲劇が引き起こされたのである(4)。

この点について言えば、スクリーンの林先生と現実の鍾校長の対比から、侯孝賢の「二二八」に対する認識不足ははっきりしている。(当然脚本家は更に多くの責任を負わねばならない)同時に「二二八」に対する認識不足のために、スクリーン上の歴史事件(あるいは背景)に「定性」の狂いが生じ、この狂いがスクリーン外での論議を招いた。論議を収めるにはまず映画の時空を改め、この狂いを正さねばならないようだ。そうすれば歴史のことは歴史に、映画のことは映画に戻すことができる。

それでは、映画の筋書きと歴史の真実を対照しながら話を進めることにしよう。

幌馬車の唄

事件後、寛美は傷を負った兄に従い故郷に戻った。事を恐れた父親は寛栄に弁解を許さず、出合いがしらに顔を張った。そして内寮に匿い、一家に累が及ばぬようにした。寛美のナレーションがフェイドインする。

「三月十九日、院長が衣類を送って下さった。阿雪の手紙も入っていた。彼女の知らせでは、叔父さん(文清)が林先生との関係で逮捕された…」

彼女の声が流れるなか、次のシーンに移る。長男の文雄は写真館の見習いに入口を開かせ、足を踏み入れた文清の写真館で溜息をつきながら四方を見回して言う。

「突然部屋の中を荒らされたようだ」

近づいてくる足音がフェイドインする。次に獄舎の通路に仄暗い電球の空ショットが続き、それから鉄格子の開く音。

「呉継文、蔡東河、開廷だ」

耳の不自由な文清が監房にいる二人の獄友を見つめる。すると荘重な「幌馬車の唄」が日本語でおもむろに響き渡る。（映画では歌の題名・歌詞ともに字幕説明がなく、普通の人はニュースや評論に目を通さない限り、その歌声から死に赴く「悲壮な」雰囲気が感ぜられるだけで、何の歌なのかも分からない）呉継文と蔡東河は歌を歌いながら、同室の獄友たちと握手を交わし別れを告げる。二人はおもむろに座って靴を履き、靴紐を結んだ。（この部分は清潔で整った服装・靴紐、ないしは後に文清が難友の遺族に届けた血書を挟んだネクタイに至るまで、表現としては全てに真実味を欠いている。兵役に服し監禁を経験されたことのある方はご存知と思うが、実際にはベルトであれ、靴紐であれ、あるいは歯ブラシであれ、自殺に用いられるものは全て入房前にきれいさっぱり剥ぎ取られてしまう。いわんや政治的大粛清時期の監房に於ける厳しさと拷問の残酷さは監禁室の比ではない。侯孝賢は獄中の状況を取材・調査していないため、あるべき悲壮さが表現できていない！）

それから監房のドアが閉まる、足音が徐々に遠のき、鉄格子が閉まる音が入る。そして文清が小窓から夜明け前の空を見上げていると、二発の銃声が寒々と響き渡る。再び足音がする。

「林文清、出廷せよ」

文清は不安に怯えながら銃兵に護送され、監房を後にする。足音と彼らの後ろ姿が消えて行く……。

「幌馬車の唄」は三〇年代に台湾のインテリ青年の間で流行った歌である。歌詞の大意はこうだ。「黄昏時、木の葉が散る馬車道に君が幌馬車を見送る。幌馬車は馬車道をゆらゆらと遙か彼方に消えて行く」、時は流れ、一年が過ぎ、見送った人は「想い出多き丘の上で、他国の空を眺め、夢と煙れる一年《ひととせ》を憶い、涙が抑えきれず湧き流れる」、「轍の音もなつかしい」のに、「去年の別離」が「永久《とわ》の別れ」になろうとは。

これは惜別の情が漲る送別の歌である。焦雄屏は、侯孝賢が獄中のこのシーンにこの歌を選んだのは「二人の獄友が再び帰らぬことを表すだけでなく、インテリたちの国民政府に対する失望と幻滅を映し出す」ためだと見る。

芸術上の表現ではこの選択には異論はない。しかし、この歌の登場が突飛であり（それ以前に歌と劇中人物とのつながりに説明はない）また事件後の死刑囚房のシーンだったため、「二二八」事件後、死に赴いた人達がみな「幌馬車の唄」を唱いながらおもむろに死に就いたとの誤った印象を観客に植え付けてしまった。

重箱の隅をつつくようだが、もう一度、侯孝賢がなぜこのような「誤り」を犯したのかを考えてみると、やはり問題は彼の「二二八」とそれに続く五〇年代の政治粛清に対する認識不足にある。「二二八」はその「偶発」性の故に、被害に遭い、失踪した台湾の士紳階級の多くは、条理の通らぬ政治状況下で惨殺された。現在目にできる史料では手順を踏んだうえで銃殺刑に処されたものなどいないようだ。

侯孝賢によるこのシーンの処理は基本的には史実に即していない。だが、このシーンは主に藍博洲のノンフィクション「幌馬車の歌」に基づいているのだと彼は言う。

ならば「幌馬車の唄」からメスを入れることによって、この史実の発生時間をはっきりさせることができるだろう。

藍博洲の報告によれば、「幌馬車の唄」は、実のところ、基隆中学校長鍾浩東（即ち映画の林先生）が死に赴くに際し歌った別れの歌である。時は一九五〇年十月十四日早朝。ならば『悲情城市』の中で「幌馬車の唄」を歌う場面は、すでに一九五〇年の台湾に入っていることになる。だが侯孝賢は自らの意図に基づき、それを二二八事件と一九四九年国民党が敗退して来台するまでの間に置いたのだ。

五〇年代白色テロ

歴史の進展に即して言えば、四〇年代の大陸に於ける国共内戦は一九四八年九月から決定的意味を持つ「遼瀋」「淮海」及び「平津」の三戦役が繰り広げられ、国民党の作戦部隊は新疆から台湾までの広大な地区のだらだらと長い戦線にわずか百余万人を残すのみとなった。

国共内戦の局面変化に呼応し、台湾の地位は一層重要となった。

一九四八年九月、国民党は台湾省党部を改組、三民主義青年団と併合した。丘念台は省党部主任委員の職を辞す。

十二月二十四日、国民党華中剿匪総司令白崇禧は蔣介石に「引退」を迫る態勢を整えた。そこで蔣介石は人事を刷新し、南京から杭州に飛び立つその日に、陳誠を台湾省主席に、蔣経国を台湾省党部主任委員にすると発表。

一九四九年一月十日、蔣経国は上海に派遣され、中央銀行の現金を台湾に移送。同月二十一日、蔣介石は下野を宣言。

二月初旬、蔣経国は命を受け、中央銀行貯蓄の黄金、白銀五十万オンスを台湾、廈門に転送。

四月二十四日、蔣経国は「妻子を台湾に送り、後顧の憂いを残さずと決す」

五月二十五日晩、上海陥落。蔣氏親子は台湾へ退く。

その一方では大陸の急転直下の局面に伴い、「二二八」を経た台湾人民による反帝・反封建・反国民党官僚資本政権の「新民主主義」運動が、蔡孝乾（シナリオでは「老洪」）の指導する「台湾省工作委員会」により組織的に推進され、急激に繰り広げられた。国民党当局の統計資料によれば、「工作委員会」の党員数は一九四八年六月には、すでに「二二八事件」当時の七十余名から四百名に増加している。

一九四九年四月六日、台大学生と台北警察局の警官とが衝突、国民党は大量の学生を逮捕し「四・六事件」を引き起こした。久しく潜行していた学生運動が再び新たな波しぶきを上げた。

続いて同年七月には、台北市内の台湾省郵政管理局で郵便電報局の改組、職員・労働者の人員配置と残業に対する紛糾が起こり、サボタージュ争議が始まる。

このように一九四九年以降の大陸情勢の変化・進展に加え、台湾本土でも「労働争議」「学生運動」などが繰り広げられたため、当時の台湾人民は誰もが国民党は必ず倒されると楽観していた。

一九四九年九月、蔡孝乾は「解放」が近いと考え、呼応作戦の準備を始めた。そして「北区に基地を建設し、北区武装委員会を設立するよう」指示した。台北県汐止鹿窟の山区に設けた基地が発展し始める。

しかしながら、これと同時に敗退して台湾にやってきた国民党政権は、潜在する統治危機を取り除くため、未発動ではあるがすでに形を整えた反対運動に対し計画的な粛清行動を取った。

鹿窟に流亡する

この年の秋、『光明報』事件が起こる。基隆中学・台湾大学・成功中学などの支部は相次ぎ破壊された。鍾浩東も蔡孝乾も相次ぎ逮捕された。「台湾省工作委員会」はじめ他の組織も重大な破壊を受け、地下党員はじめ他の優秀な社会主義者（生死不明の小説家呂赫若もその内の一人である）は長期の闘争に備えて、鹿窟の山区に流亡した。そして労働の中で自己改造する一方、労働を通じて大衆と一体となり、大衆を教育した。

『悲情城市』の中で呉寛栄が家を離れ山に入ったのはこの時期でなければならない。敗退して台湾にやってきた国民党政権は一九四九年秋に大規模な逮捕を行ったが、逮捕した社会主義者をすぐに銃殺したわけではない。彼らは国共内戦に惨敗し、人事系統の大混乱という内部問題に直面していたし、アメリカが傍観者の態度を採るのではないかという猜疑心にさいなまれていた。このような主観的・客観的な条件下にあった国民党政権は、まさしく内外の危機が重なる肝心要の時期にあったのであり、それゆえ本省籍の社会主義者青年を銃殺する手を遅々として下さなかったのだ。

ある五〇年代の政治受難者によれば、

「一九五〇年になると、国民党は台湾すらも守りきれなくなっていた。看守でさえ、我々政治犯に対し遠慮がちで、毎日、我々を外に出し運動させた。幾つかの地方の風見鶏政治家に至っては政治犯に熱心に取り入り、留守宅に現金や物を届けた。このことからも台湾は間もなく解放されると誰もが当時考えていたことが判るだろう」

ところが、一九五〇年六月二十五日、朝鮮戦争が勃発した。

こうして、中国内部の階級的内戦及び「二二八」事件の民衆蜂起により、両岸の中国人民に見捨てられていた国民党政権は、アメリカの地球規模の反共戦略の中に新たな立脚点を見出すこととなった。

歴史はここよりその軌道を変えた。牢に繋がれた何千、何万の政治受難者たちの運命に重大な変化がもたらされ、大虐殺と大規模な逮捕がそれに伴って繰り広げられた。

一九五〇年十月十四日、鍾浩東とその同志が銃殺される。

一九五二年十二月二十八日夜、前国防部保密局立ち会いのもと、台湾省保安司令部・台湾衛戍司令部（陸軍第三二師団第九四団及び九五団から編成された部隊に所属）及び台北警察局など関係機関による粛清が行われ、汐止鹿窟の山区に向け統一行動が採られた。部隊は鹿窟光明寺に臨時連合指揮所を設け、山区の封鎖と捜査の配置を完成した。そして二ヶ月余に及ぶ包囲殲滅が始まる。

一九五三年三月三日、鹿窟基地は遂に徹底的に壊滅された。

当時の受難者の話によれば、この事件は広汎な人々を巻き添えにした。鹿窟村の十五歳以上の男子は誰一人逮捕の難から逃れられなかった。政府当局の資料では、総計百十二名が逮捕され、現場で二名が射殺された。その他に百三十名の自首があった。許希寛の事件だけでも、処刑者は二十一名の多きに達した。掃討が終わり、これを境に鹿窟は台湾戦後史から消えた村落となった。

『悲情城市』時空配置の誤り

映画に戻ろう。侯孝賢も否定していないが、『悲情城市』で彼が描いた社会主義の青年たちが山中の基地で捕殺されたシーンは、現実の「鹿窟基地」事件に基づいている。このことからも『悲情城市』が叙述しようとした時空は、始めと終わりの字幕に収められた一九四五年八月十五日の日本敗戦に始まり、四九年十二月に国民政府が大陸を失い台湾に遷り臨時の首都を台北に定めるまでのわずか四年間では絶対にない。

実際には少なくとも一九五三年三月三日まで、あるいは更にもうちょっと長い時空にわたっている。侯孝賢が事実と映画の間に誤った時空を配置し、また一貫して「二二八」を宣伝訴求に使用したというミスリードがあったため、『悲情城市』は「二二八」を撮ったものなのか？「二二八」の定性は正しいか？ などという無用な議論を招いてしまった。実際はこのような議論は避けられることであった。技術的には終わりの「一九四九年…」の字幕を消しさえすればいいのだ。そうすれば『悲情城市』が叙述した物語は時空が更におし広げられ、一段と想像性が備わる。

映画本来からすれば、『悲情城市』の物語の進展にはそれ自身の時間の論理がある。しかし扱った題材がこの地の人民の四十年に関わる歴史事件である以上、真実の歴史の定性を下敷きにおき、その上におおよそ正しく構築すべきである！ 私は基本的にそのように考えている。芸術創作に属する映画だからといって、歴史的真実を無視することは許されない。

以上、『悲情城市』に於ける映画と真実の時空上の弁証法的関係を明らかにした。この基礎に立って、続けて『悲情城市』のテーマ—アイデンティティの発展過程を探ってみよう。

ああ！　祖国よ

焦雄屏は次のように考えている。

「『悲情城市』全編を貫く重点は、台湾が日本の政治文化の統治下から、如何にして中国国民党の天下に全面的に転換したかを述べることにある。しかもこの構造は、台湾史における頻繁に変わった統治者（ポルトガル・スペイン・清朝）の複雑な伝承に秘かにつながっている。言葉を換えて言えば、二二八事件はこの映画の背景にすぎない。本当のテーマは台湾の『アイデンティティ』問題であるはずだ」

『悲情城市』の本当のテーマは台湾の「アイデンティティ」だと、焦雄屏は私たちのためにまずは正確に指摘してくれた。しかしながら彼女の論述にも不注意による誤りが見られる。史実を見落としたために、いわゆる「台湾民族」論者の論調に陥ってしまったようだ。しかし彼女はそれに同調しているわけではない。だから却って読者に混乱を与えてしまうのである。

歴史的事実から言うと、今日の台湾の主体をなす漢民族は基本的には一五六〇年代、鄭成功がオランダを駆逐してから大量に移住してきた。だから厳密に言えば「台湾人」は彼女の言ったようにポルトガルやスペインに統治されたことはない。ポルトガルとスペイン両帝国は一定の時期に台湾の一部地域を占領したにすぎず、台湾原住民ですら両国に統治されたことは全くない。（統治とは基本的には一つの政権が人、特に民族を政治的・経済的そして文化的に支配することである）

一部の「漢民族系台湾人」政治団体が説く「異民族圧迫」論、「外来政権」論について言えば、実際には日本帝国の五十年の長きにわたる植民地統治だけが、具体的に存在したものだったといえる。しかし彼らが声高に唱えるいわゆる「ポルトガル↓スペイン↓オランダ↓清朝↓日本」統治論は、その延長上で一九四五年以降国民党「中華民族」に統治されたとする「外族圧迫論」に繋がっている。しかしこれは漢人が漢人を統治する階級的圧迫なのであって、他の何ものでもない。

この点についてでは、彼女は専門でないために混乱を招き易い論点を提出してしまったのかもしれない。また歴史に対する認識の不十分さから、侯孝賢が映画を通して表現した「アイデンティティ」を以下のように認識したのである。

「統治者が頻繁に変わる地域では、政治・社会・文化、果ては民族の立場にも必ず若干のアイデンティティの危機と矛盾はあるものだ。『悲情城市』は、統治者が交代する過程を見つめ続け、索漠とした筆運びで重層的な観点から国民党の全面勝利を辿っていく。—それは新しい政治ゴロの勃興と古いムラ勢力の衰退であり、インテリの祖国(中国)に対する憧れとロマンチックな理想、そして徐々に色褪せ打ち砕かれる信念、絶望と圧迫の悪夢にうなされる姿である」

焦雄屏の映画に登場するインテリたちの「祖国」に対するアイデンティティの理解を、上述した「統治者が頻繁に変わる」歴史の悲情に結びつければ、なぜ昨年(一九八九年)末の選挙の折、台北市の某市議候補が公然と「『悲情城市』の祖国こそ我々が追い求めている『台湾独立国』である」とする無茶苦茶な論調を唱えたのか、容易に理解できるであろう。

プロの映画評論家として、焦雄屏は「試みに台湾史詩を賦う—『悲情城市』を閲読する」を書き、専門分野において綿密な解読を施してくれたばかりか、『悲情城市』の本当のテーマ—台湾の「アイデンティティ」を掴み出してくれた。しかし彼女の結論は『悲情城市』の後半部分、つまり「二二八」事件後インテリたちがアイデンティファイした「祖国」や、「私という人間は既に祖国の美しい未来のものだ」などの言葉に照らし合わせてみると、明らかに辻褄が合わなくなってくる。

では、『悲情城市』でインテリたちがアイデンティファイした「祖国」を一体どう理解すればよいのか？　やはり再び作品そのものに立ち戻って考えてみたい。必要な時には歴史の真実の助けを借りて証拠の補いとしよう。こうすることは『悲情城市』の「アイデンティティ」を解読するかなり有効な方法であろうから。

抵抗派のインテリたち

呉濁流は『台湾連翹』の中で次のように分析している。

「二二八」事件後、分化を繰り返した結果、本省のインテリ層は大雑把に言って、大方四つのグループに分かれた。即ち「超越派」「妥協派」「理想派」及び「抵抗派」である。

「超越派」は当時の政治に深く絶望し、そこから逃避して政治に対しては見ざる・聞かざる・言わざるの態度を採った。（映画に登場した呉寛栄の父親は大方この種の「小市民インテリ」の典型であろう）

「妥協派」は直ちに新規巻直しをはかり、態度を一八〇度転換し、尾を振って憐れみを乞い、国民党新勢力の御用人物になった。嘗て一度は日本政府に屈服した御用紳士たちがこの時再び台頭してきた。一部の商人は機を見てすぐさま態度を変え、腐敗した政治に合流して共に身を汚し始める。彼らは「汚れた金を稼いだら、パッと使ってしまえ」とうそぶく。（この典型は映画では適当な人物が見当たらない。強いて言うなら、裏社会の金泉と上海ヤクザの結託がこの象徴と言えるだろう）

「理想派」は国民党に打ちのめされても屈服せず、ひたすら挽回を夢見て、批判精神を忘れず誠実に生きようと努めた。そして真正直な言論を通して自由と三民主義の実現を追求した。しかし当時の政府は自分に反対するものは全て「アカ」とみなし、容赦なく逮捕した。このため当時の「理想派」のインテリ層は三民主義を実現したいと願ってはいても、静観する以外、手の施しようがなかった。

「抵抗派」は政府が推し進める徹底したテロ捜査のなか、ある者は海外に逃亡し、ある者は地下に潜伏し、新たな民族・民主運動の闘争を続けた。（基本的には映画に登場する呉寛栄及び山区に逃亡した仲間たちは典型的な「抵抗派」の青年である）

一般民衆の政治態度について、呉濁流は次のように認識している。

「二二八事件の犠牲者はほとんどが知識人と学生であり、一般民衆にはほとんど累は及ばなかった。彼らは光復当初の解放感に陶酔していたが、喜びも瞬く間に消え去り、日本時代と同様、政治に関心を寄せなくなった。そして生活のためにひたすら仕事に励むだけだった」。（映画では、文清以外の林家の家族は基本的にはこのような類型に属している。侯孝賢は正確にこの種の態度を描き出している。映画は正にこのような雰囲気の中で幕を閉じるのである）

文清のテーマ

『悲情城市』について言えば、呉寛栄の役柄を通して、台湾の「アイデンティティ」を探るのは適切とは言えない。彼の立場は余りにも明白だからだ。それよりも耳も口も不自由な林文清を通しての方が、侯孝賢がグランプリ獲得後に「私は台湾人の尊厳を撮ろうとした。同時に中国人自身の映画を撮ろうとした」という言葉の弁証法的統一を理解することができるだろう。

『悲情城市』全編に流れる叙事の旋律は史詩のシンフォニーのように「光明」「否定」「抵抗」そして「粛清」の四つの主要テーマで映画全体のストーリーの起伏を貫いている。

映画における林文清の境遇を思い出しながら、再度『悲情城市』の時空に踏み込み、彼のアイデンティティの発展過程を整理してみよう。

天皇の降伏宣言が発せられ、「光明」が産声をあげた。朗らかな文清が眩しく輝く寛美といっしょに病院への山道を歩く姿がスクリーンに映し出される。同時に新たに仕事に就いた寛美の語りが入る。

「これから毎日、こんな美しい景色が見られるなんて、幸せな気持でいっぱいです」

寛美は昭和二十年十一月十八日の日記にこう記した。祖国に復帰して間もない頃の、未来に対する美しい期待に満ちた気持ちである。文清は耳も口も不自由だが、寛美との初対面で交わした爽やかな筆談の様子に戦後の新たな芽吹きの喜びに浸っているのが見える。

喜びのなか林先生・何記者・呉寛栄らインテリたちが市場を通りぬけ、文清の写真館に入ってくる。文清と呉寛栄がマルクスの進歩思想を読書によって学んでいることを、ここで侯孝賢は明らかにしてみせる。

しかし戦後祖国に復帰した新生の喜びも、陳儀の政権接収にともなう汚職腐敗が続き、次第に幻滅していった。先ずは林家の文良である。彼は戦争中上海で日本軍の通訳を勤めていた。そのことを裏社会の上海ヤクザが訴え出たため「漢奸」の罪状で逮捕される。長男の林文雄が彼らになにがしかの譲歩をして、旧暦の正月前にようやく廃人となった彼を取り戻した。

「台湾人」が日本統治時代以来味わされてきた「サツマイモの悲哀」は林文良の悲劇に具体的に表現されている。「サツマイモ」は中国人なのか、日本人なのか？「台湾人」のアイデンティティはここを起点に行き場を失ってしまう。

それに続いて旧正月の賑やかな獅子舞と爆竹が鳴り響くなか、病院の景観を示す空ショットに移る。そして陳儀の「二二八」に関する放送がフェイドインする……。

事件が起こり、寛栄と文清は病院に出向き寛美に別れを告げる。林先生の行方を追って台北に行くつもりなのだ。陳儀が二回目の放送を行っている時、文清は病院に戻り、寛美に会う。彼は状況を文字にするや、気を失い倒れてしまう。陳儀の三回目の放送に乗って、場面は文清の仕事場に移る。寛美が兄の行方を問い質すと、文清は台北行の状況を回想しはじめる。画面は一転し停車中の列車に変わる。台湾民衆が「阿山仔」を追殺する混乱した様子を寛栄が沈痛な面持ちで見据えている。列車では山刀を手にした暴徒が緊張した表情の文清に近づき、疑わしい目つきで見回す。そして「台湾語」で尋ねる。

「オマエハ何人ダ?」

文清はためらい、間をおいて突然、音だけで意味の解らぬ「言葉」で叫ぶ。

「オレ、タイワンジン!」

台湾人と祖国の弁証法的統一

耳と口の不自由な林文清が恐怖と驚きのあまり突然発したこの「言葉」を通して、次のように理解することを誰も否定できまい。

アイデンティティを一度は見失った「台湾人」は「二二八」になってついに自分が属する「アイデンティティ」を取り戻した。

焦雄屛の言う「インテリの祖国(中国)に対する憧れとロマンチックな理想、そして徐々に色褪せ打ち砕かれる信念、絶望と抑圧の悪夢にうなされる姿」もここで検証された。もしこれで映画が終わっていれば、『悲情城市』の「アイデンティティ」問題は何の論議も起こらなかっただろう。

問題は映画がそこで終わらなかったことだ。祖国に対するアイデンティティは「肯定」から「否定」に移り、その直後に更に深刻な「否定の否定」の段階に突入する。

事件後、文清は林先生との関係で逮捕された。彼は同房の獄友が信仰と理念のため、彼には聞き取ることのできない「幌馬車の唄」を唱いながら従容と死に赴く悲壮な情景を目撃した。（この情景は「ローレライの歌」の意味をも明らかにしている）死に際し、なお信念を曲げず、死に就いた彼らの洗礼を受け、林文清は「二二八」の混乱の中で一度は見失った「祖国」を再び取り戻した。出獄後の文清は暫く思想的に苦しんだが、すぐに出口を見つけ出した。彼は獄友の遺品と血書をその遺族に届けてから、呉寛栄ら社会主義者たちが流亡した山中の基地へと急ぐのだった。

「獄中で決めたんだ。この一生を亡くなった友人のために生きようと。もうこれまでの生活には戻れない。ここに留まるんだ。皆ができることは自分にもできる自信がある」

彼は呉寛栄にこう決意を表明した。

「ここは君には合わないよ」呉寛栄は忠告する。「信念がありさえすれば、本当に人民のためになることはどこでもどんなやり方でもできる。それに寛美もいる……」

「人民」そう「人民」なのだ。「人民」は決して抽象的な中身のない言葉ではない。

「人民だけが国家と社会の主人公である」

文清が嘗て「否定」した「祖国」は、彼が階級的立場を確立したことによって、ついに「否定の否定」の段階に入ったのだ。つまり封建的な「祖国」に対する「アイデンティティ」が進歩的な「アイデンティティ」に取って代わられたのである。

こう考えれば、文清の難友が託した「生キテ祖国ヲ離レ、死シテ祖国ニ帰ル、死生ハ天ノ命ズルトコロ、無想無念」という言葉で語られる「祖国」や、寛栄が託した「私は死んだものと思って下さい。私という人間は祖国の美しい未来のものだ」という伝言の中の「祖国」の意味は、容易に理解することができる。そして事件当時の「オレ、タイワンジン！」という言葉と、事件後の「私という人間は祖国の美しい未来のものだ」という言葉の間は、すでに弁証法的に統一されており、敵対的な矛盾はなくなっているのだ。

エピローグ

ここで述べられている「祖国」が一体に何を指しているのか侯孝賢が理解していないのではないかなどと疑う必要はないだろう。もちろんこの「祖国」をもっとはっきり示すよう彼に求める必要もない。

たとえ彼が誤って一九四五年から五三年の時空を四五年から四九年までに圧縮してしまったにせよ、彼は歴史的真実の基調を基本的にしっかりおさえている。彼は、四十年という歳月を荒廃させた歴史と政治タブーの五〇年代の白色テロを、映画という影響力のあるメディアで初歩的かつ素朴に台湾人民の目の前に披瀝してくれたのだ。

政府当局の資料によれば、五〇年代の左翼粛清によって、少なくとも左翼インテリゲンチャ・労働者・農民……など三千名以上が銃殺され、八千名以上が拘禁された。この数字からすると、荒廃した五〇年代には、人々が耳にすることのなかった「悲情」の物語が大量に且つ豊富に潜んでいるにちがいない。また例えば映画に登場する林先生・呉寛栄・呉継文・林文清……など、台湾のある一世代の優秀なインテリゲンチャの知られざる命の物語が多数あるにちがいない。

台湾の各分野の芸術家にとって、このような歴史の悲情は正に創作の源泉である。台湾の文化人にとって、戦後の台湾を識ることは我々が様々なイデオロギーを論議する前になすべき宿題ではないだろうか？

侯孝賢の『悲情城市』は映画というメディアで初めて「二二八」とその後の「五〇年代白色テロ」に触れた作品である。複雑な歴史であるため誤りも生じたが、それはやむをえないものであった。このために多くの論議は「二二八」をめぐってぐるぐる回っている。本文が行った歴史の脈絡の整理によって、私たちは次のようにまとめることができるだろう。

『悲情城市』は一つの商品として「二二八」を販売した。しかしそこで語られた物語は「二二八」に止まらず、現実においては、二二八事件よりも深く埋もれ、人々の知らない「五〇年代白色テロ」にまで広がっている。侯孝賢個人は、一人の映画作家として、それ以前の作品で用いていた個人を通して社会を観るという方法を大きく踏み越えた。彼が対処しようとしたのは、もはや彼自身が体験した歴史（例えば『風櫃の少年』『童年往事』のような）に止まらない。また彼は『悲情城市』によって、作品の高みに於いて、「台湾四十年来の政治神話の構造の痼りを追い続ける」ようになったのだ。

台湾の五〇年代白色テロという歴史は、才能豊かな映画作家にとっては「悲情」の物語を無尽蔵に秘めた時代なのである。今明らかなことは、侯孝賢がすでにこの歴史のタブーの中に第一歩を踏み出したといことである。彼が続けて第二歩、第三歩……と歩を進めるのを見たいと思う。そのために、彼はまず民衆史の現場に深く入り込み、人民の記憶を正確に尋ね、調査しなければならない。

そうすれば彼は、世界観の一段と豊かな、風格の熟した、進歩的な映画を撮ることができるだろう。そしてそれ故に、歴史のタブーをこれ以上繰り返さず、人々に二度と悲情を抱かせぬようすることができるに違いない。

私たちはそう期待している。

（初出：一九九〇年一月二十三日付『民衆副刊』）

〔注〕

1 林書揚「二・二八的省思」一〇一頁『従二・二八到五〇年代白色恐怖』時報文化出版社 一九九二年

2 同上九十一頁

3 一九九八年五月二十日、台湾各地の農民が台北で国民党の農業政策に対する抗議デモを行った。当局はこれを計画的なものとして弾圧、多数の農民が逮捕された。

4 林書揚「二・二八的省思」前掲九十二頁

【跋文】

未完の悲哀

詹宏志

民国七十七年（一九八八年）に発表された数多の小説のなかで、「幌馬車の歌」は私個人が最も敬服する「小説」だろう。爾雅出版社の責任者である隠地氏に第七回「洪醒夫小説奨」の作品に推薦したのも私である。しかし、先ずは理論上の難題に取り組まねばなるまい。「幌馬車の歌」は小説なのか？

作者である藍博洲自身もそうなのだが、もともとこの作品は小説とは考えられていなかった。作品は実在の人物と事柄であり（五〇年代白色テロで犠牲となった一人の台湾籍知識人の物語である）、作者の目的は「歴史の再構築」にあるからだ。彼は関係者の口述と信頼すべき文献を可能な限り用いて、一字一句全てに来歴を求めたのであり、壁に向かって虚構 fiction を創ったわけではない。――「幌馬車の歌」が主人公の写真を附して発表されたのも、それは作品が「ノンフィクション」であって、創造でないことを暗示している。

小説が許されるのは「仮の」もの（真実の世界で起こったことである必要はない）、しかし必ず仮でなくてはならないのか？　恐らくそうである必要はないだろう。ロシアの形式主義理論の概念を借用すれば、小説の定義を「文字で筋立て (plot) を構成してストーリー (story) を叙述する芸術形式」とすることができるようだ。小説が成立するかどうかは、これらの形式要件を満たしているかどうかを見ればよい。ストーリーの真か仮かは重要ではない。

いわんや、小説のなかの真実と人生のなかの真実というものが結局のところどのようにもつれあうのか、これはやはり解し難い問題である。小説家は当然「真」を追求するが、此の真は彼の真（歴史の真）ではなく、全く異なった世界である。物語の材料を処理する際、小説家は多くのテクニックを考慮して、人物やその人の行動を読者の理性や感情のロジックに適合させようとするものである。

「幌馬車の歌」は小説の条件を完全に満たしている。関係者の口実記録さえ表現上の「意匠」と見ることができる。単なる「偶然」だとしても「真」である。（口述記録も必ずしもノンフィクション形式をとる必要はない。ノンフィクションでも作者が叙述する場合もあり、当事者の口述である必要はないのだ。「幌馬車の歌」の形式にもある種の目標を達成するためにわざわざ施した意匠がみえる）

「幌馬車の歌」が描いたのは一人の台湾籍知識人の悲劇である。主人公鍾浩東は日本統治下の台湾に生まれ、幼少から民族意識に富み、日中戦争勃発後、一心に大陸に赴き抗日に馳せ参じたいと願い、妻と同志とともに危険を冒し広東に到着した。しかし日本のスパイと誤認され、危うくぬれぎぬを着せられ命を落とすところだった。幸い台湾籍の国民党ゲリラの指導者丘念台に救い出され、ようやく抗戦の隊伍に加わった。一行は大陸で奮闘すること六年余、転戦を繰り返し、生まれた赤子さえ他人に譲られねばならなかった。抗戦が勝利し、ようやく台湾に戻った。帰台後の鍾浩東は基隆中学の校長に就任し、学校経営の造詣と風格を存分に発揮した。二二八事変が勃発するや、鍾校長は民衆の政治認識を高め、階級意識を強固にするために、『光明報』を地下出版する。そして民国三十八年（一九四九年）、『光明報』事件が起こり、鍾浩東と多くの仲間が逮捕された。それから獄中で過ごすこと一年余、民国三十九年十月十四日、銃殺された。

このストーリー自体が悲しみと憤りを擁しているのだが、作者はそれを氾濫させず、芸術性のある「小説」に仕立て上げ、安っぽい事件簿とは区別した。

小説家は、初めに同事件の難友の口を通して、鍾浩東が従容として刑に就く場面を描写し、そこからストーリーを戻し、浩東の幼年時代から説き起こす。彼の性格、成長、青年の思い、そして恋心を描いた後、人生の転換点に入り、大陸へ抗日に赴く勇猛果敢な快挙を描く。ストーリーはさらに時間通りに進み、帰台、学校経営、新聞発行、そして逮捕、収監、犠牲へと進む。この間の波瀾万丈の経歴について、作者には彼の無念を晴らす機会が何度もおとずれるのだが、小説はこの感情を抑えている。鍾浩東が亡くなり、弟が遺灰を持ち帰る。彼は、ご利益を授かるようお釈迦様の骨灰をもらってきたと母を騙し、それから「部屋に駆け込み戸を閉めるなり、嗚咽がこみあげてきました。終には声を上げて男泣きし、あとからあとから溢れ出る涙をどうすることもできませんでした……」

小説家は残酷にもあらゆる感情を最後の最後まで蓄積し、そこで初めて吐きだした。だが、それもほんのちょっと触れるだけに止めている—彼の抑制によって作品は「未完の悲哀」の姿を取り、それ故に、この悲哀は尽きることなく続く。私たちは小説芸術の貴さは抑制にあると知ってはいるが、藍博洲ほどに上手にやってのけた小説家はそうそういるものではない。

（初出・爾雅出版社版『七十七年短篇小説選』一九八九年四月）

改めて「幌馬車の歌」を読む視角を探る

須文蔚

台湾文壇に映ずる藍博洲の姿は孤絶にして特異である。八〇年代中葉から、彼は白色テロ史料の発掘に傾注し、ノンフィクション形式で受難者の証言を明るみにしてきた。その中で最も早く最も著名な作品が一九八八年に雑誌『人間』に発表した「幌馬車の歌」である。人の心を動かすこの作品は「年度小説選」に選ばれ、一九八八年の「洪醒夫小説奨」を獲得した。読者と評論家の多くは小説奨を得たがために、「幌馬車の歌」をノンフィクションの領域の外に置き、甚だしきはフィクションを読む意識でこれを鑑賞し、原作者の真意を損なってしまった。

興味を引かれるのは、文学理論の議論においても、学者の多くがこのフィクション性に乏しい作品が「典律」性を兼ね備えた小説かどうかを論争し続けたことである。評論界の風雨を気にも留めず、藍博洲は著作紹介に予てよりこう書いてきた。「著にノンフィクション『幌馬車の歌』あり」。

藍博洲は、一九八一年輔仁大学草原文学社社長在任中に楊逵・陳映真らを通じて「白色テロ」の政治受難者に初めて接触した。一九八二年に魯迅ら三〇年代作家の禁書を初めて読んだ藍博洲は、憤りと悲しみの文字に嘗てない激動と充実を覚える。また同時期に呉濁流の『無花果』を通して初めて「二二八」に関する文字資料を目にした。当初は小説の素材を収集し、文学をもって台湾近代の消された歴史事件を再現したいと考えていたのだが、後に一九八六年六月、二十六歳になった彼は、除隊し、身を雑誌『人間』に投じ、一連のノンフィクションの執筆を進めた。

ノンフィクションの大半はニュース性のある題材を取り扱うが、藍博洲は逆に「時効性」のない

(timeliness) 歴史事件に視野を向けている。見たところ、口述歴史資料の整理は新鮮味に欠けるものだが、藍博洲は考証・発掘・査証することで、誤りだらけで、理を欠き、再三曲解されてきた歴史の真相を復元し、さらに歩を進めて政治受難者の名誉回復を図る新たなテーマを構築し、ノンフィクションの新境地を切り開いた。

藍博洲の創作形式は、話し手を次々に登場させて証言させるというものだ。文献資料を僅かな段落に引用して鍾理和と鍾和鳴の関係を補充説明する以外、作者自身は、如何なる解釈も行わないし、話し手の報告を繋ぐコメントを叙述することもない。映画撮影の手法に準えるなら、「幌馬車の歌」の映像は初めから最後まで話し手の独白であり、話者をミディアムショットでクローズアップし続け、ロングショットで全体を映し出すこともなければ、記録者の脇台詞で語り手が漏らした叙述を繋ぎ、補充し、解釈を加えることもない。だが、藍博洲は小説家の技巧を発揮し、個別の証言をストーリー性に溶け込み、やがて放っておいても想像力が働き、上海・恵陽・桂林・曲江・永安そして基隆へと導かれる。すると、多くの誇張を加えずとも、大義なき事件そのものが、正義感をもつ如何なる心をも揺るがさずにはおかないのである。

藍博洲は報道するものが最も大切にしている三つの財産を手にしている。進歩的な批判、冷静な傍観、そして真実の再現である。精神的には、彼は一貫して進歩的批判の視角を堅持でき、三〇年代から四〇年代に敢えて蟷螂の斧を執り、身を省みず、権力政権・帝国主義勢力と対峙し、貧農の立場に立って闘った左翼運動の先鋒の事跡を描き出す。態度の上では、滾る熱血を報告者の言葉にひそめ、自己を冷静な傍観者となし、歴史の血痕の数々を清め覆って、白色テロを騒がしい政治の具にさせない。方法的には、口述をパターンに真実を再現し、改めて台湾人の共通の記憶を整理する。作者のイデオロギーはもとより語り手の選択、資料の編集、そして史料の運用に表現されるのだが、報告は全て当事者に証言させ、語り手の記憶のなかにある真実を手を加えずに再現し、巨大な震撼力を呼び込む。

勿論優れたノンフィクション作品は往々にして小説の技法を借りる。この点は国内のノンフィクション創作ではあまり話題にならないが、動機・筋立ておよび描写の優れたノンフィクション作品が小説の領域に分類されるのは真に不適切である。しかし評論家詹宏志は「幌馬車の歌」は小説に分類できるとした。というのは、小説を「文字で筋立てを構成しストーリーを叙述する芸術形式」と定義するなら、ストーリーの真偽は決して重要ではなく、重要なのは筋立てと叙述するストーリー性であると彼は考えているからだ。しかしながら絶対多数の読者にとって、フィクション性という小説の本質は、ルポルタージュの理解・解釈および世界観とは全く異なる「読み」を生み出してしまうものである。「幌馬車の歌」はノンフィクションの領域に置いてこそ、歴史真実により肉薄した「読み」が獲得できる。

藍博洲が報道に携わり、歴史を記録する姿は孤絶にして特異ではあるが、決して孤独ではない。彼が『人間』に加わったのは、報道を通して「実際の社会運動に参与しながら、自己の執筆能力を鍛え、さらに後日長編小説を創作する主観的条件を養い」たいと思ったからだという。彼はそれを守り続け、ノンフィクションで歴史に近づき、確実に『藤纏樹』のような写実的で且つ批判力を具えた長編小説を創作した。彼は明らかに実践力のある知識分子であり、正にマルクスが「フェイエルバッハに関するテーゼ」で指摘している通りである。「人間の思考に対象的真理が到来するかどうかという問題は、理論の問題ではなく、実践的な問題である。実践において人間は自らの思考の真理性を、すなわち思考の現実性と力を、思考がこの世のものであることを、証明しなければならない(1)」このような精神こそ、当代のノンフィクション文学の最も重視されるべき部分であろう。

〔注〕

1 マルクス/エンゲルス「フェイルバッハに関するテーゼ」『ドイツ・イデオロギー』広松渉編訳 岩波文庫

(初出:二〇〇三年十二月二十五日付『中時日報』副刊)

後記

藍博洲

一九八七年初夏、偶然のことだったが、二二八事件と五〇年代白色テロ民衆史探訪の道のりで、作家鍾理和と同年の兄弟である前基隆中学校校長鍾浩東の名と彼の伝奇を知った。そこですぐさま、消された歴史の現場に「鍾浩東探し」の旅にでた。

一年余に達する探訪を重ね、一九八八年九月、鍾浩東校長の生涯についてのルポルタージュを「幌馬車の歌」と題し雑誌『人間』に連載、一九九一年六月には時報出版公司から『幌馬車の歌』と題して鍾浩東・郭琇琮・簡国賢……ら先行世代の台湾知識人精鋭数人を網羅した報告文学集を出版した。

「幌馬車の歌」は発表するや予期せぬ熱い反響を得たのだが、私には最初からはっきり分かっていたことがある。それは、自分は歴史の客観的記録者という身分と立場の人間にすぎないということだ。イデオロギーを異にする様々な著述家から寄せられた反響は、それが前向きの肯定であろうが、後向きの批判であろうが、実は長い間消されていた台湾の歴史と人々に対処するそれぞれの態度を表しているにすぎないのだ。だから、私は様々な批評に一貫して冷静に向き合うことができ、弁解を加えなかった。

私の創作態度は簡単だ。――歴史事実を尊重するという原則の下、力の及ぶ限り採集した史料を基礎にして、知りえた歴史と人物を叙述描写する。ただこれだけである。しかし客観的に政治タブーが存在し、話し手の心には白色テロの被害が暗い影を落としている。この二重の制限がある以上、歴史事実全体を再構築するには一定の時間が必要である。このため私の「鍾浩東探し」の旅は「幌馬車の歌」の発表によって終わることはなかった。むしろ両岸関係の緊張緩和に伴い、探訪の足跡は海峡を越え、広東省恵陽・梅県・蕉嶺・韶関・南雄・始興・羅浮山区から桂林・北京など各地に及び、そこで私は歴史の現場を確かめ、史料採集に励んだ。また、島内の政治タブーが緩むのに随い、話し手の中の数人にも、それまで語ることをためらっていた内容について全面的な証言を行う空間が確保された。こうして本来探訪し得なかった、あるいは名を出すことが憚られた歴史の証人と加害者についても、今回はさまざまな方式を以て、彼らが体験し、あるいは彼らが知り得た歴史について、貴重な補充を行うことができた。

絶版後長い歳月を経て改めて出版することになった『幌馬車の歌』増訂版は、上記のような基礎に立ち、史料を改めて確認し、史実を充実させ、初版の三万余字、四楽章を拡充して六万余字、八楽章としたものである。歴史としての真実性と文学としての読みごたえを兼ね備えるために、もともとの叙事形式を踏襲したうえで、史料を加え、証言の出所には注釈を、歴史背景には説明を加え、さらに関連年表を附した。これも「幌馬車の歌」は結局のところ小説なのか？　歴史なのか？　という従来からなされてきた論争に対する答えである。

つまり、「幌馬車の歌」は歴史であり、小説形式を兼ね備えた非虚構性の文学作品なのである。正確に言えば、理想主義を抱く歴史と人物を素材にした報告文学とすべきであろう！

両岸が依然として分断されている今日この地に於いて、「台湾人」は長期にわたり野心家の政客たちに弄ばれ、出身・イデオロギー・政治的立場の違いのゆえに引き裂かれた状態に置かれている。実際には存在していたにもかかわらず、消され或いは歪曲されてしまった台湾の歴史や人々に真摯に向き合うことは、我々が台湾近現代史の発展過程をより全面的に認識し、歴史の大河の中で自らがどの時空に立っているのかを明確に知り、自己反省と批判を行う手助けとなるはずである。そうすることで初めて先人の歴史を戒めとすることができる。民族の内戦がもたらした歴史の悲劇は我々の共同の努力を通じてこそ再演を回避できるのだ。

これこそが『幌馬車の歌』増訂版を改めて出版する時代的意義であろう。

最後に本書出版にご協力くださった先輩及び友人各位に感謝するとともに、本書を五〇年代白色テロの犠牲者、受難者及びその遺族にささげる。

二〇〇四年九月二十九日、於苗栗五湖

【解説】

すべては終り、すべては始まったのだ
――藍博洲の旅

横地剛

藍博洲著「幌馬車の歌」は一九八八年九月と十月の二回に分け雑誌『人間』(第三十五・三十六期)に発表された。一九九一年六月には作者自ら編集し報告文学集『幌馬車の歌』(時報文化出版)に収めた。二〇〇四年十月、今度はその中から「幌馬車の歌」関連文章を独立させ、さらに十数年にわたる台湾民衆史研究を踏まえ増補改訂版『幌馬車の歌』(時報文化出版)を出版した。

本書は新版を底本に訳出したものである。序にあたる林書揚「隠没在戦雲中的星団」及び陳映真「美国帝国主義和台湾反共撲滅運動」に代え、日本の読者に向けた序文を作者と陳映真両氏に寄せていただいた他は新版のままである。注釈、コラム、図版及び関連年表は作者の了解を得て日本の読者向けに再編整理した。なお、鍾紀東は作者のペンネームの一つであり、本書では発表当時の姿に戻した。

新版は新たに後記を加え、識者の序文と評論文を増補し、同書出版の意義はじめ出版当時まきおこった議論及びその問題点、さらには今日的意味を冷静に編集している。日本語版は陳映真氏の序文がさらに系統的にこれらの点を概括している。

ここでこれ以上の解説をする必要はないように思われる。そこで作者の経歴と業績を紹介し、併せて別の角度から台湾文壇における「幌馬車の歌」の位置を確かめておきたい。

作者藍博洲にとって「幌馬車の歌」は原点である。初版は小説執筆の筆を断ちノンフィクションの世界に身を投じた記念碑であり、新版はノンフィクションの世界に一定の終止符を打ち小説創作の再開に踏み切った秘かな宣言書である。

旅路

藍博洲というのは本名である。一九六〇年台湾苗栗の左官職人の家庭に生まれた。九人兄弟の第八子である。原籍は広東省梅県の客家。十五歳のとき、台北市板橋高級中学に合格したが、学費が出せず入学を断念、台中の省立高級工業に入学した。しかし初めて客家社会を離れ福建系社会に投じた困惑と孤独に耐えきれず、二月も経たずに休学し苗栗に戻った。新たに進学準備をするかたわら新聞配達、飾り職人、ペンキ工、建築労働などに従事した。社会の底辺と罪悪の深みに向かっている自分を自覚したとき、ヘッセの「車輪の下」を手にし、初めて文学と出会った。それ以降、悪童仲間とは一線を画し図書館に通い読書に耽った。翌年省立苗栗高級中学に入学。三年生の時、党外雑誌『夏潮』を初めて手にした。一九七九年輔仁大学仏文科に入学。大学では草原文学社社長を務め、一九八一年には楊逵、陳映真二人の「政治犯」作家を講演に招いた。これが五〇年代白色テロの受難者との出会いだったという。当時「禁書」だった魯迅など三〇年代文芸に接し、二二八事件に言及した呉濁流の『無花果』を読み、大きな感銘を受けたのもこの頃のことである。

一九八三年、雑誌『中外文学』に初めて小説「旅行者K」を発表、在学中に「青春」「旅途」「小站歳月」三編の短篇小説を続けて発表した。一九八五年大学卒業後兵役に服し、その間「喪逝」を発表し、第八回時報文学賞小説評審賞を受賞した。

一九八六年六月兵役を終え、小説の筆をノンフィクションの筆に持ち替えた。一九八七年春、雑誌『南方』などを経て、雑誌『人間』の報告文学（ノンフィクション）チームの一員となる。戒厳令が解除された同年七月、同誌に発表した「素晴しき世紀」を皮切りに二二八事件と五〇年代白色テロの取材と執筆を本格的に開始、第二作である「幌馬車の歌」は爾雅出版社の『七十七短篇小説選』（詹宏志選、一九八四年四月）に選ばれ、あわせて第七回洪醒夫小説賞に輝いた。

一九九〇年春、初めて北京を訪問、大陸に避難した受難者の証言を取材した。その年『自立晩報』に発表した「尋找劇作家簡国賢」が再び『七十九年短篇小説選』（周寧選）に選ばれる。そして一九九一年、五年にわたる調査報告を集大成し『幌馬車の歌』と『沉屍・流亡・二二八』に分け同時出版した。これ以降、今日に至るまで台湾民衆史探求の旅は弛むことなく続けられ、それを踏まえて『幌馬車の歌』増補改訂版を再び出版、また十五年間にわたり書き続けた報告文学を『藍博洲文集』にまとめ大陸で出版した。その一方で「純文学」創作を再開、二〇〇二年六月に長編小説『藤纏樹』、二〇〇四年五月には未刊だった『一個青年小説家的誕生』を出版した。現在、長編小説『台北之恋』を執筆中と聞く。この間の著書は以下の通りである。今日までに獲得した文学賞は八つに及んでいる。

一九九四年から一九九五年にかけて、侯孝賢監督の『好男好女』に出演、同時に同監督の資金援助でドキュメンタリー『我らは何故歌わない（我們為什麼不歌唱）』を制作した。一九九七年、TVBSのディレクターを務め、「台湾思想起」四十集を制作、五〇年代白色テロ受難者をフィルムに収め放映した。

現在、中央大学「新鋭文化工作坊」教授、『伝記文学』編輯顧問、人間学社副理事長、夏潮聯合

会会長、台湾大学東亜文明中心計画主持人、西湖郷呉濁流文芸館計画立案責任者、苗栗社区大学教師、苗栗加里山劇団団長を務め、常に身を社会運動、文化・演劇活動の第一線に置いている。なお、二〇〇四年十二月実施の第六回立法委員選挙に台湾民主学校校長侯孝賢の推挙を受け立候補したが、落選した。

〔著書〕
『旅行者』爾雅出版社 一九八九年七月
『幌馬車之歌』編著 時報文化出版 一九九一年六月
『沉屍・流亡・二二八』時報文化出版 一九九一年六月
『日拠時期台湾学生運動』編著 時報文化出版 一九九三年四月
『白色恐怖』揚智文化事業 一九九三年五月
『尋找被湮滅的台湾史與台湾人』時報文化出版 一九九四年十二月
『呉濁流的文学原郷 ― 西湖』編著 苗栗県文化中心 一九九五年五月
『高雄県二二八暨五〇年代白色恐怖民衆史』高雄県政府 一九九七年二月
『五〇年代白色恐怖台湾地区案件調査與研究』台北市文献会 一九九八年四月
『人間正道是滄桑』苗栗文化中心 一九九九年六月
『共産青年李登輝』紅岩出版社 二〇〇〇年二月
『天未亮 ― 追憶一九四九年四六事件（師院部分）』晨星出版 二〇〇〇年四月
『麦浪歌詠隊 ― 追憶一九四九年四六事件（台大部分）』晨星出版 二〇〇一年四月

『台湾好女人』聯合文学出版 二〇〇一年六月
『消失在歴史迷霧中的作家身影』聯合文学出版 二〇〇一年八月
『藤纏樹』ＩＮＫ印刻出版 二〇〇二年六月
『紅色客家人』晨星出版 二〇〇三年十二月
『紅色客家庄』晨星出版 二〇〇四年十二月
『一個青年小説家的誕生』（原題「死亡之後才是誕生」）ＩＮＫ印刻出版 二〇〇四年五月
『幌馬車之歌』増訂版 編著 時報文化出版 二〇〇四年十月
『消失的台湾医界良心』ＩＮＫ印刻出版 二〇〇五年五月
『藍博洲文集』全六巻 台海出版社 二〇〇五年八月

〔編集〕
『台湾社会運動史』（『台湾総督府警務局沿革誌第二編』「領台以後の治安状況（中巻）」漢訳）創造出版社
　一九八九年六月
『従二・二八到五〇年代白色恐怖』林書揚著 時報文化出版 一九九二年九月
『蘇新文集』全三巻 時報文化出版 一九九三年二月―一九九四年九月
『葉栄鍾全集』全九巻 葉芸芸共編 晨星出版 二〇〇〇年八月―二〇〇二年三月

最初の小説集『旅行者』は附録に「幌馬車の歌」を収め、小説からノンフィクションの間に横たわる急激な変化と劇的な転換の軌跡を鮮明に記録している。後記「終りと始まり」には「『純文学』

創作からの離脱」が今後長時間を要すること、また社会運動への参加とノンフィクション執筆が「次回の創作のための始まり」だとしている。長篇小説『藤纏樹』を発表した今日からみれば、彼の旅はすでに一巡し、新たな一歩をすでに踏み出していることになる。彼の著作活動は「幌馬車の歌」以前を第一期とするなら、そこから『藤纏樹』までが第二期、それ以降が第三期に区分される。

「終りと始まり」

藍博洲の小説からノンフィクションへの移行はなだらかなものではなかった。閉塞された社会で受けた挫折や虚無感を描くことが彼の文学の出発点であったのだが、書くうちに「『内容と形式』を如何に統一するかの矛盾状態」に陥ってしまったという。その根にある現実喪失は七〇年代の「郷土文学論争」を経ても、なお青年たちの意識の中に根強くはびこっていたようだ。ここに作者を育んできた七〇年代から八〇年代前半期における台湾の文学状況の一端が垣間見える。

台湾文壇の状況にいささかでも関わった人なら誰でも知っていることだが、リアリズムの小説美学こそ当時「進歩」を自任する文学青年が心服した創作路線であった。私も承知していたが、軍隊の外では、台湾文学界の新世代は「郷土文学論争」後の文学実践運動に取り組み、物書きは一人一人強烈な「社会意識」や「本土意識」を身に付けるよう求められていた。作品の大部分は、内容はいささか貧弱で、形式は粗雑なきらいもあったが、「モダニズム」以降の文学の主流ということになれば、やはりリアリズムの小説美学がこの時代の清新な声音であった。

私は当然のことではあるが、この進歩路線を共有していた。だが年は若く、生活体験は足らず、そのうえ思想訓練もできていなかったので、「社会意識」をもつ小説など書けるわけもなかった。また、詩が書けず、当時新たに勃興した青年詩刊に参与することもなかった。結局のところ、私は一人で文学の道を歩み続けることになった。

（「自序　不悔少作」『一個青年作家的誕生』）

台湾の現実を描くリアリズム文学を志向することが自明の理と悟ったとしても、七〇年代後半に起こった高雄事件に始まる血なまぐさい弾圧とたび重なる発禁処分は作家たちが民衆の中に深く入ることを拒み、歴史の現実に身を投ずることを困難にした。それでも果敢に挑んだ作家のなかにはついに筆を断つことになるものもいた。やがて運動は分裂し、リアリズム文学そのものが再びその有効性を問われることになった。このような状況下で「青春の苦悶、虚無、さらには青臭さに終止符を打つ」（「終りと始まり」）ために、藍博洲は創作の筆を放ち、台湾の現実に立ち向かう道を選択した。

彼は中篇小説「死亡之後才是誕生」（後に「一個青年小説家的誕生」と改題し公表）を書き上げてから社会運動に身を投じた。先ず学生運動を推進する雑誌『南方』の創刊に参与し、その後「党外」人の選挙運動に加わり、最後に雑誌『人間』にたどり着いた。

『人間』（一九八五年十一月―八九年九月）は社会問題・人権問題・公害問題・歴史問題などに取り組んだ雑誌である。紙面の多くがカラー写真付きのルポルタージュに割かれた。編集長は陳映真である。彼は六〇年代文学においてモダニズムと現実喪失批判の先頭に立って以来、「ナショナリズムに裏付けられたリアリズム文学」の発展に邁進していた。藍博洲が『人間』に参加した前後、彼もまた社会運動、文芸運動に忙しく、評論を書くのに追われ、「趙南棟」（『人間』第二十期、一九八七年六月）

を最後に創作活動を中断した。こうみてくると、若い藍博洲の行動も彼個人の問題ではないことが分かる。ちなみに第一作「素晴しき世紀」は翌月号の第二十一期に発表された。

「考えてみれば、結局は過去に別れを告げ、終止符を打たねばならぬ季節なのだ。終りこそ始まりではないか！」（「終りと始まり」）。これは藍博洲が「幌馬車の歌」発表後に発した言葉である。彼は闇のなかで現実に立ち向かい、理想主義を貫いた歴史と人物を見出し、そこに台湾に生きる希望をみた。台湾に土着する希望である。同世代の青年たちの多くがポストモダニズムに道を模索したのとは正反対の道を彼は歩み出した。

在日朝鮮人作家金石範は「鴉の死」（一九五七年十二月）の末尾に小説の主人公の口を借りて同様の決意を書き記している。周知の通り、「鴉の死」は彼が二十数年かけて完結させた『火山島』の原点である。

すべては終り、すべては始まったのだ――彼は生きねばならないと思った。そしてこの土地こそは自分が義務を果し、その命を埋めるにもっともふさわしい土地だと思った。

台湾と済州島はともに長きにわたって日本の統治支配を受け、解放された直後に再び白色テロの嵐にさらされ、そして分断された。一九四七年には台湾で二二八事件が、一九四八年には済州島で四・三事件があり、それに続く白色テロの嵐が同様に吹き荒れた。民衆の強烈な反抗は屈服させられ、長い圧政下、現実からの逃避、現実の喪失、沈黙、アイデンティティの喪失とナショナリズムの分裂、そしてそこに生まれる「虚無」が漂った。植民地支配と冷戦構造が強いたそれら全てから自らを解放するために、二人は「この土地」に土着し、そこから変革するものとしての現実に立ち向かった。

初版から新版へ

五〇年代白色テロによる犠牲者は四千五百名とも四千八百名ともいわれる。その多くが台北市馬場町の刑場で銃殺された。犠牲者の血が重なり、それを隠すために土が盛られ、その上に再び血が流れる。また土を被せ、その上で銃殺が繰り返された。平らだった刑場はついに高さ数メートル、直径百数十メートルの丘となった。有為の青年たちは最後の血で丘を築き上げ、自ら後世に記念碑を遺した。生き残った人々は九〇年代初頭までそこに近づくことさえ許されなかった。闇は深く、堅く閉ざされていた。国民党政府は二二八事件以降戒厳令をしき、二二八事件、五〇年代白色テロはおろか、植民地時代の歴史をも完全に封印して、民衆の声と記憶を圧殺してきた。

「幌馬車の歌」の主人公鍾浩東はここで処刑された一人である。彼は一九一五年十二月十五日に生まれ、一九五〇年十月十四日に処刑された。享年三十五歳である。一九一五年は反日武装闘争が最後を告げた西来庵事件の年である。一九五〇年は東アジアの冷戦体制が確立された朝鮮戦争勃発の年である。日本の植民地統治下で三十年、光復してから五年の短い生涯であるが、彼の人生に台湾の近現代史が凝縮されている。

藍博洲が闇に葬られた人々の発掘に取り組み始めたのは戒厳令が解除された一九八七年七月を挟んでのことだった。「幌馬車の歌」の発表はその僅か一年後である。たった一世代前のことなのに、発掘作業は考古学の世界に似ている。隠蔽は徹底し、「探し求める史料は何文字も遺されておらず、歴史の生き証人を訪ね、口述筆記する以外、他に術は残されていなかった」(『日拠時期台湾学生運動』)

しかも遺された文字の多くは当局の言説であり、民衆にとっての真実は行間から、あるいは文字を裏返して読み取るしかなく、証言を得るにも、戒厳令下の恐怖がよどんでいた。記憶を抱えたまま多くがすでに逝き、生き残った人々も記憶を胸の奥深くに封印し、犠牲者の名を口にすることすら怖れた。戒厳令が解かれても、ほとんどの受難者がなお監視下にあると思い込み、藍博洲はしばしば「特務」と疑われ遠ざけられた。記憶はすでに磨耗し、感情すら削ぎ落とされ、事実の断片が散見された。藍博洲はそれを繋ぎ合わせ、編年を作成し、文献証拠をあさった。

名を伏すことを条件に証言した受難者もいる。証言してもらっても、内容の公表を控えねばならぬものもあった。蕭道応もその中の一人だ。「死を求めることのできぬ状況下」（藍博洲「蕭道応先生伝奇而悲苦的道路（一九一六―二〇〇二）」『蕭道応先生紀念輯』）で記憶を封印することで生きてきた。夫人の黄素貞も当然それに従った。初版に仮名で鍾順和を登場させたのはこのためである。彼は何人かの語り手の総称なのだ。

この限られた空間に誕生した作品には作者の工夫が施されている。一つは叙事形式である。口述記録と文献資料を巧みに織りなし、証言を手を加えずに配列し、語り手同士の食い違いもそのままとした。一つは作者を登場させないことである。作者の解釈も感情の吐露も、臆測を含む一切のコメントもさし控え、「歴史の客観的記録者」の立場を貫いた。もう一つはその結果ということになるが、抑制された筆運びである。作者の芸術性と思想性は鋭い洞察力とともに文章外に置かれ、題材の取捨、選択、筋立て、構成、編集に表現される。こうした形式を産み出したのは作者が文学性と歴史性の絡みを重視したからに他ならない。こうして作品は歴史的事実を尊重し、しかし単に歴史を記録するだけでなく、その時代の生活の本質をも見事に描き出すことに成功した。詹宏志と周寧が史実の論拠である写真を取り除いて小説として評価したのも肯けることである。

一九八九年、作者の手を離れた「幌馬車の歌」は舞台やスクリーンに登場する。その年の十月二十四日夜、舞台劇『幌馬車の歌』が『人間』民衆劇団によって台北大同公所講堂で上演された。藍博洲も出演している。健在だった蔣碧玉が歌う「幌馬車の唄」が重々しく会場全体に響きわたった。時は正に『悲情城市』が台北で封切りされた時期に重なる。映画では侯孝賢、朱天心ら若い世代が静かに歌い、スクリーンに刑場に向かう場面が再現された。九〇年代に入ると舞台劇と映画は「幌馬車の歌」コンサートに生まれ変わり、台湾各地で公演される。一九九四年、侯孝賢は『好男好女』を撮り、再び「幌馬車の歌」の主人公たちをスクリーンに登場させた。藍博洲も請われて蕭道応に扮して出演した。侯孝賢は『好男好女』の制作資金を一部割いて、藍博洲に記録映画『我らは何故歌わない(我們為什麼不歌唱)』を制作させる。映像で受難者の足跡を残すためである。舞台劇『幌馬車の歌』と映画『悲情城市』は一対のものであり、同時上映を目指した『我らは何故歌わない』と『好男好女』もやはり対をなしている。一つは史実の記録であるノンフィクションとして、もう一つは歴史の真実を凝縮したフィクションとしてである。

『悲情城市』から『好男好女』への進展と対をなすそれぞれの作品の対角線上に一九九一年版報告文学集『幌馬車の歌』が存在する。本書の序文に侯孝賢が作者を「一旦かみついたら離さないブルドック」と頌える一方で、自分が「『悲情城市』の後半から結末にかけて圧縮した時空」を『好男好女』で「改めて描き直し」たが、その描き方も「多分にある種の『逃げ』」があったと率直な反省を述べている。それはこの時期における議論の一つの確かな方向を示している。

一九九一年、台湾は二二八事件四十四周年を迎え、政府当局は議会で犠牲者に対し黙祷を捧げ、資料の編纂、記念碑の建立、記念日の制定などにようやく腰を上げた。藍博洲は四年間の調査報告を加えて報告文学集『幌馬車の歌』を急ぎ出版する。裏付けとなる写真を増やし、史実であることを強調した。そこで彼は先ず「二二八事件以降に生まれた若い世代」に、つまりは自分たちの世代ということになるのだが、「民衆自身の二二八の歴史証言」（『沉屍・流亡・二二八』）を提示し、官制の歴史に民衆の歴史を対峙させ、さらに踏み込んで、事件から四六事件を経て五〇年代白色テロに到る歴史を明らかにし、ややもすれば台湾の戦後史を二二八事件に焦束しがちな傾向に警鐘を鳴らした。権力を争うものたちが崩れかけた瓦礫を拾い集め、自分たちの古い論理を繕うのを見過ごすことはできなかったのだ。議論はそこからさらに白熱化した。

作者が「『幌馬車の唄』は誰のものか」でも指摘しているが、「時空」の問題は二二八事件の評価を左右する問題に発展し、台湾人のアイデンティティに関わる問題として議論された。その議論は今日まで続いている。そこに今日なお増補改訂して『幌馬車の歌』を出版する意義が見出される。しかし藍博洲はこのような議論に加わらない。初版発表以来さまざまな批評に対し一貫して反論も弁解も加えず、事実を示してその判断を読者に委ねてきた。論拠のない不毛なイデオロギー議論に加わるより論拠になる史実を発掘し、歴史から教訓を引き出し「歴史にタブーを、人々に悲情を、再びもたらさせぬ」ことを急務と考えていた。

侯孝賢も同様に考えている一人だ。台湾での審査を受けずにベネチア映画祭に出品したのは調査局の圧力を回避するためであり、「時空の圧縮」は彼の「無知」だけのせいではない。当時の状況では、グランプリ獲得により起こった国際世論の後押しなしには、ノーカットでの台湾での上映は難しかったであろう。条件が整うと、彼は『好男好女』で時空を「改めて描き直した」上で、問題をさらに進めて、現代を生きる青年と受難者たちとの交感を描いた。後に藍博洲も『藤纏樹』でこれを主題にした。作品に登場する主人公たちの心情は彼ら二人と重なっている。二人は人々の心の中に受難者を埋葬しなければ、彼らをもう一度死なせてしまうことになると考えているのだ。

蕭道応が二〇〇二年九月二十五日永眠した。享年八十七歳であった。遺族が『蕭道応先生紀念輯』(二〇〇三年一月)を出版するのを待って、藍博洲は新版執筆の準備を始める。初版から新版まで、彼の発掘作業は地理的には大陸、日本、朝鮮を含む東アジア全体に広がり、歴史的には「台湾割譲」以前まで遡った。一九九〇年春、北京に初めて赴き大陸に避難した受難者を訪ね、後に蔣碧玉が里子に出した長子を捜す旅に同行して東江にも足を運んだ。その後も数回大陸に渡り、証言と資料蒐集に努めた。その一方で台湾のすみずみまで走り回り、深く民衆の中に入って口述記録を採取した。こうして蓄積された証言と資料を駆使し、新版は初版の三万余字を六万余字に、四楽章を八楽章に拡充し、四名だった語り手を三十九名に増やした。すべて実名である。その上、史料と証言には出処を明らかにし、注釈・コラム・関連年表を付し、「記録されたものはすべて存在する」事実であることを示し、「幌馬車の歌」が小説なのか、歴史なのか？　という従来からなされてきた論争に対する答えとした。

そして最後に再び「先人の歴史を戒め」とし、「民族の内戦がもたらした歴史の悲劇」の再演を回避するよう「共同の努力」を読者に呼びかけ、旅の中締めとした。

もう一つの発掘

藍博洲が発掘したものは多岐にわたる。四六事件については『天未亮』と『麦浪歌詠隊』の二冊にまとめ、女性の受難者については『台湾好女人』に、客家の受難者については『紅色客家庄』に、作家については『消失在歴史迷霧中作家身影』に、医師については『消失的台湾医界良心』に集約した。他に地方史に属するものが数冊と植民地時代の学生運動を扱った『日拠時期台湾学生運動』がある。その多くが五十年代白色テロをテーマにしているが、いずれも植民地時代から説き起こされる。

編集も彼の発掘作業の一環である。林書揚は三十四年と七ヶ月の長きにわたり監禁された最後の政治犯二人のうちの一人である。蘇新は二二八事件直前に大陸に難を逃れた。葉栄鍾は植民地時代から戦後の激動期を台湾で凝視し続けた。林書揚は出獄すると『台湾総督府警務局沿革誌』の一部を翻訳し、ねじれた台湾社会の根源を探った。三人三様の著作と翻訳の編集はこの時代を走り抜けた彼らと次世代の青年との協同作業で進められた。『張我軍全集』(張光正編、台海出版社、二〇〇〇年八月)、『故郷的雲雀崗』(張克輝〔張有義〕、人間出版社、二〇〇一年十一月)、『近観張我軍』(張光正編、台海出版社、二〇〇二年二月)、『宋斐如文集』全五巻(楊益群編、台海出版社、二〇〇五年十月)などがこれに続いている。

なかでも作家についてまとめた一冊が注目される。初版では宋非我・簡国賢・呂赫若・雷石榆・藍明谷・呉濁流を取り上げ、『文集』では楊逵と范泉の二人が加えられた。

馬場町の刑場で処刑された作家にはこの他に徐瓊二(本名徐淵琛)、小説家朱点人、詩人李張瑞、劇作家周文和、小説家林秋興、文学青年籟亮(本名頼義傳)、木刻版画家黄栄燦、詩人呉乃光(林基)らがいる。さらに一九四八年二月に惨殺された許寿裳、「橋」の編集者歌雷、評論家の姚勇来、楼憲、周夢江、王思翔、鄭天宇、揚風(楊静風)、文学青年孫達人、小説家欧坦生、詩人羅鉄鷹、木刻版画窺われる。

家呉忠翰、小説家夢周、演劇人陳大禹らはいずれも白色テロの被害者である。筆名であろうと思われるが、台湾新文学再建の基礎を築いた欧陽明（巴特）は輪郭すらつかめていない。彼らの顔ぶれからも台湾籍の作家たちと大陸から来台した作家たちが肩を並べ台湾文学再建に努めていたことが窺われる。

光復期（一九四五年―一九五〇年）の台湾文学は皇民化文学から戦後文学への接続の時期であり、過去の「清算と自己批判」を出発点に抗日戦争で育まれた抗戦文芸と出会い、新たな文学を模索した。その模索は「停滞」（楊逵）から「睡眠状態」（蘇新）に陥り、二二八事件をはさんで「緘黙」（廖毓文）し、「展開台湾文芸運動」論争を経て、一九四八年三月に到り「緘黙」は一転して『新生報』「橋」欄を中心に展開した「台湾新文学運動争論」（楊逵）の季節を迎える。「争論」は一九四九年の四六事件まで続いた。

この「争論」は三〇年代と七〇年代の「郷土文学論争」の間に位置し、今や、四〇年代後期「郷土文学論争」としてその存在が認知され、飛び石のように露出する三つの「論争」が地下水脈で繋がっていることが確認されたのだが、彼らの文芸活動の全貌は今日に至るも依然として「霧」のなかにある。台湾文学史はこの決定的な時期を空白にしたまま議論されてきたようである。

現在、二つの側面からこの時期の発掘が進められている。一つは歴史の現場から文学者たちの言動を採取すること。一つは作品を蒐集し、彼らが作品にどのようにこの時代を表現しているかを見ることである。藍博洲はこの方面でも先導的役割を担ってきた。

作品は台湾島内に止まらず、上海・廈門・福州・香港に散在し、未発表の原稿まで考えると困難の大きさが窺われる。作家たちの足取りもこの範囲と重なり、「争論」が華南方言文学運動や香港を中心に推進された「実在的故事」の運動と基を一つにしようとしていた動きも垣間見える。
ところがそこに新たな論争が生まれ、発掘を遅らせる。強烈な「台湾意識」の主張はこの時期の「争論」を議論の対象外に退け、二二八事件後の「緘黙」にのみ価値を見出して、そこから「台湾意識」を抽出するのに忙しい。一部の研究者及び評論家は自ずと作品蒐集に不熱心となり、素直に「ありのまま」を見る目を自ら曇らせているように見受けられる。なかには「争論」を「新たな統治者」の「押しつけ」と見なし、あるものは「社会主義文芸」だと飛躍する。彼らの「台湾意識」は藍博洲が「土着」し、そこから台湾を見、中国全体を見、世界を見る自由を得たのとは異なるようである。以下に作品蒐集の成果を時系列に列挙するが、一九八四年に「橋」欄が発掘されたにもかかわらず、十五年後の一九九九年に改めて研究の礎を示さなければならなかったことに留意してほしい。

『文学界』第十集（『新生報』副刊「橋」特集）一九八四年五月
『二二八台湾小説選』林双不編 自立晩報文化出版社 一九八九年二月
『呂赫若小説全集』林至潔編 聯合文学出版社 一九九五年七月
『楊逵全集』全十四巻 国立文化資産保存研究中心 一九九八六月—二〇〇一年十二月
『一九四七—一九四九　台湾文学問題論議集』陳映真ら編 人間出版社 一九九九年九月
『遙念台湾』范泉 人間出版社 二〇〇〇年二月
『欧坦生作品集』欧坦生 人間出版社 二〇〇〇年九月
『無語的春天—二二八小説選』許俊雅編 二〇〇三年九月
『新二二八史像—最新出土事件小説、詩、報導、評論』曾健民編 台湾社会科学出版　二〇〇三年

三月

『漂浪の小羊』（戦後初期台湾文学叢刊1）陳蕙貞著　南天書局出版　二〇〇四年四月
『文学二二八』曾健民・藍博洲・横地剛編　台湾社会科学出版　二〇〇四年四月
『一九四五・台湾光復新声―光復新詩文集』曾健民編著　ＩＮＫ印刻出版　二〇〇五年十一月

さて「幌馬車の歌」のことに再び戻るが、見方を変えれば、これは作家鍾理和の精神史と呼んでもよいだろう。藍博洲は各楽章の冒頭に鍾理和の著作と日記を据え、そこから物語を展開させた。裏返してみれば、各楽章の証言は著作と日記に記された事実を解読したことになる。エピローグも彼の言葉である。登場する語り手はほぼ彼の親族か、同郷の友人である。北京での友人藍明谷もそのなかの一人であり、楊逵、呂赫若も彼らの周辺に影を落としている。鍾理和は病床から兄たちの運命を刻々と見守り、彼らと行を共にできなかった苦悩と悲哀を文学の糧とした。「幌馬車の歌」は兄鍾浩東の「動」が煮つめられ、弟理和の「静」のなかに溶け込んでいったことを綴っている。鍾理和の文学はその「動」と「静」の融合によって誕生し、台湾文学が育んできた反抗の伝統を受け継いだ。兄は弟の最もよき理解者であり、弟は兄の最もよき理解者であった。

七〇年代「郷土文学論争」後、鍾理和は人々から「台湾郷土文学の父」と称されるのだが、次世代の藍博洲は五〇年代白色テロを究明することにより、鍾理和が築いた「郷土」の文学の真髄を解読してみせてくれた。そしてそれを手がかりに彼は四〇年代後期「郷土文学論争」発掘のトバ口にたどり着いたのである。

作者が問いかけているもの

藍博洲は台湾に初めてノンフィクションと民衆史二つのジャンルを切り開いた。「幌馬車の歌」はその第一歩を印した記念すべき著作である。同書は五〇年代白色テロの実相に迫り、それを手がかりに鍾理和の文学を解読してみせた。その視点は台湾史及び台湾文学史全体の見直しを迫り、日本の読者に対しては、日本のアジアに対するあり方を再考するよう求めている。

藍博洲の著作を繙くと、隠蔽された五〇年代白色テロの闇が地底で日本の植民地統治に直結していることが分かる。そこもまた闇である。その闇がさらに日本の闇に繋がっている。明治維新以来日本の近代化が台湾を踏み台にした姿、あるいはその後ろ姿を台湾という鏡に映し出すことはそれほど難しいことではなかった。しかし藍博洲が掘り起こした闇は日本の鏡に映し出されることはなかった。日本で葬られた闇も台湾の鏡には映し出されたことはないようにみえる。実は、日本の近代化が葬った闇が植民地統治の闇を飲み込んでいる。「琉球処分」で日本国に組み込まれた沖縄の民が台湾統治の先兵として巡査に駆り出され、自由民権運動に敗れた志士や常民たちが「生蕃征伐」の兵隊に、巡査に駆り出された。板垣退助は自由民権運動が敗退した後、彼らを引き連れて台湾に「同化会」を組織したのではなかったか。日本の社会で闇に葬られたものたちが植民地の闇を行脚し、台湾の闇を築き上げていったのではなかったか。

福岡に夢野久作と名のる地方作家がいた。彼は日本と日本人のアジアに対する両義的な態度―すなわち侵略と連帯―がもたらした相剋の悲劇を具にみて、こう書き残している。

闇の中に闇があり

又闇がある
その核心から
血潮した、る

（「血潮した、る」『猟奇』一九三〇年五月初出）

同時期に彼は『近世快人伝』（『新青年』一九三五年六月・七月初出）を発表し、「闇の中の闇」に言及している。奈良原至（到）の聞書である。維新に乗り遅れ、初期玄洋社においては指導者の一人として自由民権運動に奔走し、北陸まで憲政行脚を試みた彼が、どういう経過をたどったのか、日清戦争後には台湾で巡査を勤めることになる。

生蕃征伐に行ったとき、大勢の生蕃を数珠つなぎに生捕って山又山を越えて連れて帰る途中で、面倒臭くなると斬ってしまうことが度々であった。あの時ぐらい首を斬った事はなかったが、ワシの刀は一度も研がないまま終始切味変わらんじゃった。

生蕃という奴は学者の話によると、日本人の先祖という事じゃが、ワシもつくづくそう思うたなあ。生蕃が先祖なら恥ずかしいドコロではない。日本人の祖先にしては勿体ない位、立派な奴どもじゃ。彼奴等は、戦争に負けた時が死んだ時という覚悟を女子供の端くれまでもチャンと持っているので、生きたまま捕虜にされると何とのう不愉快な、理屈のわからぬような面付きをしておった。彼奴等は白旗を揚げて降参するなど言う毛唐流の武士道を全く知らぬらしいので、息の根の止まるまで喰い付いて来よったのには閉口したよ。そいつを抵抗出来ぬように縛り上げて数珠つなぎにして帰ると、日本人は賢い。首にして持って帰るのが重たいためにこうするらしい。俺達は自分の首を運ぶ人夫に使われているのだ……と言うておったそうじゃが、これにはワシも赤面したのう。途中で山道の谷合いに望んだ処に来ると、ここで斬るのじゃないかと言う面付きで、先に立っている奴が白い歯を剥き出して冷笑しいしい、チラリチラリとワシの顔を振り返りおったのにには顔負けがしたよ。そんな奴をイクラ助けても帰順する奴ないけに、総督府の費用を節約するために、ワシの一存で片端から斬り棄てる事にしておった。今の日本人の祖先にしてはチッと立派すぎはせんかのう。ハッハッハ。

日本に帰った奈良原は玄洋社の主流からはずれ、清貧な生活を過ごした。長男牛之助は日本を離れアメリカに移住した。

日清戦争から約一世紀がすぎ、日本の植民統治五十年を「怒濤のごとき近代化の過程であり、台湾大のナショナリズムが萌芽し成熟した時代」と肯定的評価を下すものたちがでてきた。彼らは奈良原至（到）の行き場を失った悲惨な叫びが聞こえる場に戻って歴史を検討することはないのだろうか。彼らは夢野の苦悩とも、日本の民衆の苦悩苦闘とも無縁のようだ。藍博洲はじめ台湾の人々はこれからも台湾の闇を暴きつづけるだろう。私たちは彼らに習って「台湾出兵」まで遡り、日本の近代化の過程で闇に葬られた民衆を訪ねねばならない。そこに「アジアのなかの日本」を再発見できるかもしれない。

おわりに

先週、北京で藍博州と落ち合った。彼はアラブ諸国の作家たちと一緒に北上してきた。夜中に会議をぬけだし、元気な顔を見せた。勇んで本文と年表のずれを質したが、間違いだと分かっていても、「口述」なのだから勝手に直すわけにはいかないのだ、それに彼らは逝ってしまい、質すこともできないのだと。この一言で重要案件は解決した。雑談が始まると、突然「大江健三郎の最新作を読んだか」と聞く。「いや」と答える間もなく、彼は「あれは晩年の魯迅の心境だね」と言う。台湾ではそんなに早く『さようなら、私の本よ！』の訳本が出たのかと訝っているうちに、数日前に出版された二〇〇五年版『魯迅全集』に話題が移った。

本稿を書き上げ、博洲推薦の大江の本を繙いて驚いた。最後の三行はT・S・エリオット『イースト・コウカー』から引用した「老人は探検者になるべきだ／現世の場所は問題ではない／われわれは静かに静かに動き始めなければならない」であった。それは「私の初めに私の終りがある」と「私の終りに私の初めがある」の中間にある三行だという。大江と魯迅との共軛性について詮索する能力も余裕も持ち合わせていないが、これからも書き続けるというメッセージだけは間違いないだろう。藍博洲は老人ではなく、老人のことを書いてきたのだが、彼らに代わって書き続けると私たちに伝えたかったのだろう。

「藍博洲の旅」は続く。当局の秘蔵する資料はじめ大陸に散在する資料が公となる季節の到来が望まれる。「幌馬車の歌」はその時もう一度増補改訂されるにちがいない。「『内容と形式』を如何に統一するかの矛盾状態」を離脱した彼は創作を再開した。彼はどこに向かうのか。読者の一人として期待を込めて注視してゆきたい。

本文は間ふさ子・塩森由岐子・妹尾加代の三人が語り手ごとに分担・訳出し、さらに注釈・コラム・キャプション及び関連年表の整理を行った。序文と附録した評論文は間と筆者が手分けし訳出した。いずれも互いに目を通したが、いたらぬところが多々あると思う。読者のご指正を待ちたい。

最後に美しい本に装丁してくださった菊池信義氏はじめ出版の機会を与えてくださった草風館の内川千裕氏に心より感謝申し上げます。また序文を寄せてくださった陳映真氏、史料を補い、暖かい声援を送っていただいた曾健民氏、作者の藍博洲及び夫人の林霊氏に心より感謝申し上げます。

この作品に証言者として登場する方々も今ではほとんどが鬼籍に入られている。主人公の一人黄素貞さんも今年九月に亡くなられた。また、僅かに筆者が謦咳に接することのできた呉克泰氏も二〇〇四年三月に逝かれた。この日本語版を謹んで氏の霊前に捧げたい。作者の藍博洲も快く同意してくれるであろう。

二〇〇五年十二月十五日　記

出典一覧

第一楽章

鍾理和『原郷人』（高雄・鍾理和文教基金会印刷発行、一九九四年十月初版）

汪知亭『台湾教育史』（台北・台湾書店発行、一九六二年十二月増訂再版）

楊基銓『楊基銓回憶録』（アメリカ・台湾出版社、一九九六年四月十五日）

週刊『台湾新民報』第三七八号（台北、一九三一年八月二十二日）

蕭道応　一九九一年十月筆者宛書簡「我所了解的許強教授」

第三楽章

丘念台『嶺海微飆』（台北・中華日報叢書、一九七六年一二月三十日再版）

卓揚・丘継英・鄧慧「東区服務隊与丘琮」（『広州文史資料』第二十八期、一九八三年）

第四楽章

郭婉馨「基中校友陳徳潜憶恩師」（『自立晩報』、一九九七年六月十二日）

黄克武『戒厳時期台北地区政治案件口述歴史』（台北市文献委員会、一九九九年九月）

楊基銓『楊基銓回憶録』前掲

第五楽章
『安全局機密文件―歴年辦理匪案彙編』第一輯（李敖出版社、一九九一年十二月三十一日初版）
『安全局機密文件―歴年辦理匪案彙編』第二輯「匪基隆市工作委員会鍾浩東等叛乱案」
卓揚・丘継英・鄧慧「東区服務隊与丘琮」（『広州文史資料』第二十八期、一九八三年）
徐森源「悼念戦友鍾浩東烈士」（未刊手稿、蔣蘊瑜氏提供）
広東省民盟宣伝部整理「抗戦勝利後、我県民盟成員在台湾省活動的情況」（広東『蕉嶺文史』第三集、一九八六年十二月）
鍾理和「鍾理和日記」（高雄・鍾理和文教基金会印刷発行、一九九四年十月初版）

第六楽章
『安全局機密文件―歴年辦理匪案彙編』第二輯「匪基隆市工作委員会鍾浩東等叛乱案」
裴可権「粛諜行動憶往――早年基隆「工委会」破獲記詳」（『中央日報』、一九八一年五月十六日）

第七楽章
『安全局機密文件―歴年辦理匪案彙編』第二輯「匪基隆市工作委員会鍾浩東等叛乱案」
裴可権『台共叛乱及覆亡経過紀実』（台湾商務印書館、一九八七年八月二版）／郭乾輝『台共叛乱史』（「保防参考叢書之一」中央委員会第六組印、一九五四年四月）［筆者按：『台共叛乱及覆亡経過紀実』は実際は郭乾輝（華倫）著の『台共叛乱史』である］
谷正文口述『白色恐怖秘密档案』（台北・独家出版社、一九九五年九月）
谷正文「李登輝究竟有幾位？」（初出：李敖主編『烏鴉評論』第四期、一九八八年十月二十一日）

丘念台『嶺海微飆』前掲
『中央日報』一九四九年十二月十一日／一九五〇年十月十五日
◎原著には、図版の提供者等が明示してあるが、本書では原作者の了解を得て省いた。

口述証言インタビュー記録

蔣蘊瑜：一九八八年三月十九日　台北市
一九八八年六月十三日　高雄美濃
一九八八年六月二十二日　台北市
一九八八年七月一日　台北市
一九八八年九月十四日　台北市
一九八九年九月五日　台北市、蕭道応・黄素貞・李清増・李南鋒等との座談
一九九〇年一月九日　台北市
一九九〇年三月九日　台北より高雄、公路局長距離バス国光号車中
一九九〇年三月二十九日　広東羅浮山沖虚古観
一九九〇年四月三日　桂林
鍾里義：一九八八年六月十三日　屏東県麟洛郷

鍾里志：一九九〇年一月二十四日　三重市
一九九四年十一月十日　新店市
蕭道応：一九九三年十一月七日　台北市
一九九四年三月十七日　台北市
黄素貞：一九九三年十一月七日　台北市
一九九四年十一月九日　台北市
李南鋒：一九八九年九月二十五日　台北市
一九九六年四月十二日　基隆中学
鍾潤生：一九九三年三月二十九日　屏東県長治郷崙山村
呉克泰：一九九〇年四月七日　北京
李清増：一九八七年三月八日　台北市
戴伝李：一九九〇年五月三十日　台北市
一九九七年六月十四日　北投
一九九七年八月十一日　台湾大学法学院
李旺輝：一九八七年三月十二日　高雄美濃
一九九六年十月六日　高雄美濃
黎明華：一九九二年三月四日　台北市
一九九四年十一月九日　台北市
邱連和：一九八九年八月十一日　屏東県長治郷崙山村

劉茂常：一九九〇年三月二十七日　広州
謝　克：一九九〇年三月二十七日　広州
丘継英：一九九五年一月十一日　広東蕉嶺

幌馬車の歌　関連年表

※本関連年表は、著者作成の「大事年表」を日本語版用に整理再編した。証言内容の食い違いや事実と合致しない箇所があるが、証言を尊重し、気づいた箇所には（　）を付し、注をつけた。

年	「幌馬車の歌」関連	台湾関連	日中関連その他
1894	丘念台・鍾鎮栄出生		7/25 日清戦争勃発
1895		6/7 日本軍、台北に無血入城 6/17 始政式挙行 7/16 総督府学務部、芝山巌に学堂設立	4/17 日清講和条約締結→台湾を日本に割譲
1896		1/1 芝山巌の変 4/1「六三法」施行	
1898		3/28 児玉源太郎総督、後藤新平民政長官着任 7/28 公学校令公布	
1905			8/20 孫文ら中国同盟会結成
1908		4月基隆・高雄間鉄道開通	
1911			10/10 辛亥革命
1912			1/1 中華民国（孫文）南京にて成立
1914			7/28 第一次世界大戦勃発
1915	12月鍾浩東（本名和鳴）・鍾理和出生	8/2 西来庵事件→武装抗日運動終息	1/18 対華二十一ヶ条の要求→排日運動激化
1916	1/1 蕭道応出生		
1917	11/10 黄素貞出生		ロシア十月革命→ソビエト政権誕生
1918			11/11 第一次世界大戦終結
1919	2/25 李南鋒出生	1/4 台湾教育令公布 11/24 初の文官総督・田健治郎着任	5/4 五四運動
1920		1/11 新民会結成	1/10 国際連盟発足
1921	1/10 蔣蘊瑜（本名碧玉）出生	1/30 第一回「台湾議会設置請願書」提出 10/17 台湾文化協会結成	7/1 中国共産党成立

1922	4月鍾浩東・鍾理和、塩埔公学校、蕭道応、佳冬公学校入学	2/6 台湾新教育令公布→日台共学 4月高雄州立高雄中学校、台湾総督府高等学校創立 12/28 治安警察法適用	7/15 日本共産党成立 12/30 ソビエト連邦成立
1923	3月丘念台、東京帝国大学卒業		
1924			1月第一次国共合作 5月黄埔軍官学校開校
1925			3/12 孫文死去 4/21 治安維持法制定 5/30 五・三〇運動→省港ストへ発展 7/1 国民政府（汪精衛）広州にて成立
1927		1月台湾文化協会、左右に分裂 7/10 蒋渭水ら台湾民衆党結成	1月国民政府、武漢へ遷る 3/24 国民革命軍、南京占領。南京事件 4/12 蔣介石、四・一二クーデター。/18 南京国民政府（蔣介石）樹立 7/15 第一次国共合作破綻 8/1 中共、南昌蜂起
1928	4月蕭道応、佳冬公学校高等科入学	4/15 日本共産党台湾民族支部、上海にて成立。/30 台北帝国大学創立	
1929	4月鍾浩東・鍾九河・蕭道応ら高雄中学校入学	10/17 台湾民衆党第三回全島大会、左傾化	10/24 ニューヨーク株式市場大暴落
1930		8/17 楊肇嘉ら台湾地方自治連盟結成 10/27 霧社事件	12月国民党軍、紅軍包囲討伐（～1934）
1931	8月鍾浩東、大陸遊学中 9月丘念台、抗日活動参加	2月台湾民衆党、結党禁止処分を受け解散 8/5 蒋渭水死去。/14 上海にて蒋渭水氏追悼会開催	9/18 柳条湖事件→日本、東北三省占領 11/7 中共「中華ソビエト」設立
1932		1月台湾文化協会、活動停止に追い込まれる	1/28 上海事変 3/1 満洲国成立 5/5「上海停戦協定」調印

1933	4月蕭道応、台北高等学校理科乙類入学		3/27 日本、国際連盟脱退 4月日本軍、長城に進攻 5/31 日中「塘沽停戦協定」調印
1934	4月鍾浩東、台北高等学校文科乙類入学	9/2 台湾議会設置請願運動中止	10月長征開始
1935	4月鍾九河、台北高等学校文科乙類入学(※台北高校卒業名簿では1936年入学の12期生) 9月鍾浩東、二学期以降休学・入院→蔣蘊瑜と知り合う	11/12 地方自治制度改正後初の選挙実施	7/6「梅津・何応欽協定」締結
1936	3/10 蕭道応、台北高等学校卒業 4月蕭道応・許強、台北帝国大学医学部入学 鍾浩東、明治大学留学	4月台北帝国大学医学部設立	12/12 西安事件
1937	7月中共中央、陝北公学創設決定 8/19 黄素貞帰台	4/1 総督府、新聞・雑誌の漢文欄廃止 8/15 台湾地方自治連盟解散	7/7 盧溝橋事件→日中全面戦争開始 9/23 第二次国共合作 11/12 上海陥落。/20 国民政府、重慶遷都 12/13 南京陥落→南京大虐殺
1938	春、丘念台、延安視察 10/21 東区服務隊成立		1/16 近衛内閣、第一次声明発表「爾後国民政府を対手とせず」 4/7 国民党軍、台児荘勝利 7/9 三民主義青年団設立 10/12 日本軍、広東上陸。/21 広州陥落。/27 武漢陥落 11/3 近衛内閣「東亜新秩序声明」発表 12/22 近衛内閣、中国政府に「近衛三原則」提示。12月恵宝人民抗日遊撃総隊(曾生)成立
1939	3/10 鍾九河、台北高等学校卒業	2/22 台湾義勇隊・台湾少年団成立	1月国民党「溶共・防共・限共・反共」に転換。東江華僑回郷服務団

1939		10月李友邦、台湾義勇隊隊長兼台湾少年団団長就任	(以下回郷服務団) 成立 12月国民党軍、共産党本拠地包囲攻撃
1940	1月鍾浩東・蒋蘊瑜・李南鋒、上海へ先行。蕭道応と黄素貞結婚 2月東区服務隊、恵陽に移動 4月蕭道応、台北帝大医学部卒業 5月鍾浩東ら上海淪陥区から英租界へ移動 7月五人は九龍で合流し恵陽へ移動。日本軍スパイ容疑で一か月以上勾留 12月鍾浩東ら桂林の軍事委員会へ護送		1月国民党、回郷服務団博羅隊を逮捕 3/30 国民政府(汪精衛)南京にて成立 5/21 回郷服務団恵州団部封鎖 10月国民党、共産党本拠地包囲軍強化 10/12 大政翼賛会発足
1941	1月鍾浩東ら韶関へ移動。鍾・李は工作活動訓練、蒋・蕭・黄は南雄陸軍総医院で医療活動に従事 2月蒋蘊瑜長男継堅出産。/28 黄素貞長男継誠出産 9月蒋蘊瑜・黄素貞、子供を養子に出し、五人で東区服務隊駐屯地徐福田へ移動	2/10 台湾革命同盟会成立→台湾革命戦線統一 4/19 総督府、皇民奉公会設立	1月皖南事件勃発→国共合作崩壊 3/19 中国民主政団同盟(民盟) 秘密裏に成立 4/8「華商報」創刊 9/18 民盟「光明日報」創刊 12/8 真珠湾攻撃、太平洋戦争勃発
1942			1/1 連合国共同宣言調印→国連の母体。/2 蒋介石、連合軍中国戦区統帥就任
1943	8/31 鍾鎮栄死去 12月丘念台、党務に専念すべく東区服務隊の任務終了を発表するも隊員は党務への配属を拒否	11/18 翁俊明暗殺	11/27 カイロ宣言発表 12/2 東江縦隊成立
1944	2月丘念台、鍾浩東らを連れ永安に赴く 3月蒋蘊瑜次男恵東出産 12月鍾浩東ら広州淪陥区で策動工作に従事	9月台湾人に対する徴兵制実施	9月民盟、中国民主同盟へ改組左傾化

1945	1月丘念台・粤東工作団、恵州へ撤退 2月丘念台・粤東工作団、南口圩へ移動。鍾浩東・蔣蘊瑜、梅県嵩山訪問 8月中共中央、蔡孝乾を台湾省工作委員会書記に任命 9月鍾浩東、台湾三青団第三分団名義で広州に事務所設置、広州在住台湾人の帰郷に尽力	8/15 台湾総督安藤利吉「終戦の詔勅」発表 9/1 国民政府、台湾省行政長官公署組織大綱布告。陳儀台湾省行政長官就任 10/17 軍隊と官吏第一陣、基隆上陸。/24 陳儀長官着任。/25 中国戦区台湾地区降伏式 11/1 接収開始→食料不足・物価高騰始まる。/11 国民党台湾省党部、公務開始 12/3 台北市にてコメ配給開始	1/15 広東ほぼ陥落。東江縦隊、ゲリラ戦展開 8/6 広島原爆投下。/9 ソ連軍、関東軍に対し総攻撃開始。長崎原爆投下。/15 日本無条件降伏。/28 重慶会談 9/9 中国戦区降伏文書署名式 10/10 双十協定発表→内戦回避 11月中共「双十協定」に基づき、東江縦隊主力を山東省煙台に撤退させる。「客観」出版(1946年4月まで)
1946	3月丘念台・李旺輝・呉克泰帰台 4月張志忠、幹部第一陣を率い活動開始。鍾浩東、広東の台湾人を三便に分けて帰台させる 5/4 基隆中学学生、「五四運動記念反汚職・反飢餓」デモに参加し逮捕。 7月蔡孝乾、台湾潜入。台湾省工作委員会(台工委)成立。鍾浩東、台湾地下党入党 8月鍾浩東、基隆中学校長就任。次男恵東死亡 12月蔣蘊瑜三男継東出産	1/22 台北市民千余名、物価暴騰に抗議 4/20 在台日本人引上げ完了 5/23 台湾銀行、新券発行。教職員の給与遅配。/31 台湾総督府廃止 6月ペスト流行 7月台湾南部でコレラ流行、三百人以上死亡 8月台北地区にコレラ流行	1/10 中国政治協商会議開幕 6/26 中国全面内戦突入 9/1「観察」創刊 11/4 中共、国民大会をボイコット
1947	3/1 戴伝李・藍明谷、基隆市臨時参議会傍聴。/4 鍾浩東、外省籍教職員と家族の避難を手配 8/26 丘念台、国民党省党部主任就任 9月台工委基隆中学支部成立 10月徐森源、台中で国民党台中県党部書記長就任	1月屏東・嘉義などで天然痘流行。金価・物価高騰。一日数回にわたり米価暴騰 2月台北市にてコメ配給開始。/27 台北市専売分局ヤミ煙草取締隊と煙草売り林江邁との悶着から死者が出る騒動発生	1月国民政府、中華民国憲法公布 5/20 五・二〇学生運動 7/7 中共中央「七七宣言」発表。/9 国民政府、政治協商会議解散決定 9月中共、全国土地会議召集 10/10 中国土地法大綱制定。10月国民党、中国民主同盟を解散に追

1947	11月李蒼降、共産党加入	2/28 二二八事件。警備司令部、台北市区臨時戒厳令発表 3/1 陳儀長官、台北市区戒厳令解除。基隆要塞司令部、基隆地区戒厳令発表。/2 基隆地区戒厳令解除。/3 二二八事件処理委員会成立。/7 処理委員会、陳儀長官に処理大綱提出。/8 閩台監察使楊亮功、基隆到着。陳儀長官、処理委員会の要求拒否。/9 第二十一師団、基隆上陸後殺戮開始。警備総司令部、台北市に戒厳令再発表。/17 戒厳令全省に拡大 4/22 魏道明、初代台湾省主席就任 5/5 台湾省警備総司令部、警備司令部と改称し彭孟緝、司令就任。/18 警備司令部、全省戒厳令解除 7/25 警備司令部、「社会秩序安寧維持弁法」公布	い込む
1948	3/5 台工委署名入り「二二八を紀念し全島同胞に告ぐる書」全島に出現 9月李旺輝、組織加入。丘念台、省党部主任辞職 秋、台工委「光明報」発刊（※1948.2の説もあるがいずれも不詳）	5/10「動員戡乱時期臨時条款」施行 12/29 陳誠、台湾省政府主席就任。/30 蔣経国、台湾省党部主任就任	1月中国民主同盟、中共との連携宣言 5/1「展望」再刊 9/12 遼瀋戦役展開。9月三民主義青年団を国民党に合併 11/2 遼瀋戦役終結→中国東北部全域解放。/6 淮海戦役展開。/29 平津戦役展開 12/24 白崇禧ら、蔣介石に引退を迫る
1949	4/6 四六事件 5月基隆市工作委員会成立 6/23 林啓周逮捕 7月鍾浩東ら獅頭山へ地形調査登山	3/1「軍人公務員及旅客の台湾省入境暫行弁法」施行 5月台北の金融・経済混乱。/20 戒厳令実施。/24「懲治反乱条例」施	1/10 淮海戦役終結。/14 毛沢東、国民党政府に和平会談を提案。/21 蔣介石引退宣言。李宗仁副総統、総統代行。/31 北平無血解放

1949	7/11 台工委「台湾同胞に告ぐる書」を全省に一斉配布、国民党に対し政治宣伝攻勢開始 8/18 王明徳、身柄拘留。/23 保密局、共産スパイ・容疑者四十四名逮捕。/27 戴伝李ら逮捕（※戴伝李談：8.13)。蒋蘊瑜・戴芷芳逮捕 9/9 軍隊警察、基隆中学教職員・学生十名逮捕。9 月李南鋒・邱連球・邱連和逮捕 12/10 張奕明・鍾国員・羅卓才・談開誠銃殺刑。12 月鍾浩東、保安司令部に移送	行 6/15 新台湾元発行→デノミ断行 7 月台湾省郵政管理局にて労働争議。陳誠「光明報」入手 9/1 台湾省保安司令部（司令官彭孟緝）成立 10/2 台北県にて五人連座制実施 12/9 国民政府、台北へ遷る。/23 コメの配給開始	4/1 国共和平交渉。/21 解放軍、長江を渡る。/24 南京解放。/25 国民政府、広州へ遷る。要人台湾へ撤退 5/27 上海解放 8/5 米、中国白書発表。内戦不介入・蒋介石への援助停止を声明 10/1 中華人民共和国成立。/12 国民政府、重慶へ遷る 11/29 国民政府、成都へ遷る
1950	1 月李蒼降逮捕 9 月李旺輝・鍾国輝逮捕 10/14 鍾浩東・李蒼降・唐志堂銃殺刑 11/28 許強・張国雄銃殺刑 12/28 藍明谷自首	2/1 新生総隊成立 3/1 蒋介石復職。陳誠、行政院長就任。/8 ～中共地下工作員の山狩り実施 5/13 蒋経国、台工委（蔡孝乾）事件解決を発表。「在台中共党員自首弁法」公布 6/13「戡乱時期検粛匪諜条例」公布。/18 陳儀謀反罪で銃殺刑。/28 蒋介石、朝鮮戦争派兵参戦表明 9/29「戡乱時期検粛匪諜挙弁聯保連座弁法」制定	1/5 トルーマン米大統領「台湾海峡不介入」宣言 6/25 朝鮮戦争勃発。/27 トルーマン米大統領「台湾海峡中立化」宣言。第七艦隊を台湾海峡に派遣
1951	1/10 鍾里志自首 8/14 戴伝李保釈 11/3 方弢銃殺刑	1 月米の軍事援助開始 4/4 新生総隊、緑島移転。新生訓導総隊編成	9/8 日米安全保障条約締結
1952	4/22 李友邦銃殺刑	4/28 日華平和条約締結	
1953	10/1 鍾浩東の母死去		7/27 朝鮮戦争休戦成立
1954	3/16 張志忠銃殺刑 5/5 邱連球銃殺刑	12/3 米華共同防衛条約締結	
1955	6 月李南鋒釈放		
1958	6 月邱連和釈放		
1960	8/4 鍾理和死去		
1967	1 月丘念台、東京にて		

1967	死去		
1971		10/25 国連脱退	
1972		9/29 日華断交	2/21 ニクソン米大統領訪中 9/29 田中首相訪中、日中共同声明調印
1975		4/5 蔣介石死去	
1976			9/9 毛沢東死去
1978			12月鄧小平、改革開放路線採択
1987		7/15 戒厳令解除。動員時期国家安全法施行 9/8 軍人・公務員・教職員以外の大陸渡航解禁	
1988	5/5 蔣蘊瑜、四十五年ぶり長男と再会	1/13 蔣経国死去により、李登輝総統に昇格	
1995	1/10 蔣蘊瑜死去		
2002	9/25 蕭道応死去		
2005	9/18 黄素貞死去		

【訳者略歴】

間ふさ子（あいだ・ふさこ）

2005年九州大学大学院比較社会文化学府博士後期課程中退。現在福岡大学人文学部東アジア地域言語学科専任講師、現代中国語講座（福岡市）講師。共訳に『初版・幌馬車の歌』（藍博洲著、藍天文芸出版、1997年）、『満映―国策映画の諸相』（胡昶著、パンドラ、1999年）など。共著に『境外の文化』（山田敬三編、汲古書院、2004年）

塩森由岐子（しおもり・ゆきこ）

1980年信州大学文学部卒。1988年より現代中国語講座で中国語を学ぶ。共訳に『海内天涯』（李暁著・藍天文芸出版、1993年）、『初版・幌馬車の歌』、翻訳に「ロマンティストと病退」（李暁著、『還郷篇』、藍天文芸出版、1994年）など。

妹尾加代（せのお・かよ）

1964年京都外国語大学英米語学科卒。現在中国語通訳、講師。訳書に『サハラ物語』（三毛著・筑摩書房、1991年）、共訳に『二つの家郷のはざまで』（白先勇・朱天心著、藍天文芸出版、1999年）『放生・討海人』（黄春明・廖鴻基著、藍天文芸出版、2001年）など。

幌馬車の歌

著　者　藍　博　洲　Lan Bo-zhou
訳　者　間ふさ子／塩森由岐子／妹尾加代
装丁者　菊地信義
発行日　二〇〇六年二月二十日
発行者　内川千裕
発行所　株式会社 草風館 ⓒ
　　　　東京都千代田区神田神保町三—一〇
印刷所　株式会社 シナノ

Co.,Sofukan 〒101-0051
tel 03-3262-1601
fax 03-3262-1602
e-mail:info@sofukan.co.jp
http://www.sofuka.co.jp
ISBN4-88323-165-8